LA DÉBACLE

ŒUVRES COMPLÈTES ILLUSTRÉES DE ÉMILE ZOLA

— ÉDITION NE VARIETUR —

LES ROUGON-MACQUART

HISTOIRE NATURELLE ET SOCIALE D'UNE FAMILLE SOUS LE SECOND EMPIRE

LA DÉBACLE

TOME PREMIER

PARIS

BIBLIOTHÈQUE-CHARPENTIER

EUGÈNE FASQUELLE, ÉDITEUR

11, RUE DE GRENELLE, 11

1906

LA DÉBACLE

PREMIÈRE PARTIE

I

A deux kilomètres de Mulhouse, vers le Rhin, au milieu de la plaine
fertile, le camp était dressé. Sous le jour finissant de cette soirée d'août,
au ciel trouble, traversé de lourds nuages, les tentes-abris s'alignaient,
les faisceaux luisaient, s'espaçaient régulièrement sur le front de bandière ; tandis que, fusils chargés, les sentinelles les gardaient, immobiles, les yeux perdus, là-bas, dans les brumes violâtres du lointain
horizon, qui montaient du grand fleuve.

On était arrivé de Belfort vers cinq heures. Il en était huit, et les hommes venaient seulement de toucher les vivres. Mais le bois devait s'être égaré, la distribution n'avait pu avoir lieu. Impossible d'allumer du feu et de faire la soupe. Il avait fallu se contenter de mâcher à froid le biscuit, qu'on arrosait de grands coups d'eau-de-vie, ce qui achevait de casser les jambes, déjà molles de fatigue. Deux soldats pourtant, en arrière des faisceaux, près de la cantine, s'entêtaient à vouloir enflammer un tas de bois vert, de jeunes troncs d'arbre qu'ils avaient coupés avec leurs sabres-baïonnettes, et qui refusaient obstinément de brûler. Une grosse fumée, noire et lente, montait dans l'air du soir, d'une infinie tristesse.

Il n'y avait là que douze mille hommes, tout ce que le général Félix Douay avait avec lui du 7ᵉ corps d'armée. La première division, appelée la veille, était partie pour Frœschwiller; la troisième se trouvait encore à Lyon; et il s'était décidé à quitter Belfort, à se porter ainsi en avant avec la deuxième division, l'artillerie de réserve et une division de cavalerie, incomplète. Des feux avaient été aperçus à Lorrach. Une dépêche du sous-préfet de Schelestadt annonçait que les Prussiens allaient passer le Rhin à Markolsheim. Le général, se sentant trop isolé à l'extrême droite des autres corps, sans communication avec eux, venait de hâter d'autant plus son mouvement vers la frontière, que, la veille, la nouvelle était arrivée de la surprise désastreuse de Wissembourg. D'une heure à l'autre, s'il n'avait pas lui-même l'ennemi à repousser, il pouvait craindre d'être appelé pour soutenir le 1ᵉʳ corps. Ce jour-là, ce samedi d'inquiète journée d'orage, le 6 août, on devait s'être battu quelque part, du côté de Frœschwiller : cela était dans le ciel anxieux et accablant, de grands frissons passaient, de brusques souffles de vent, chargés d'angoisse. Et, depuis deux jours, la division croyait marcher au combat, les soldats s'attendaient à trouver les Prussiens devant eux, au bout de cette marche forcée de Belfort à Mulhouse.

Le jour baissait, la retraite partit d'un coin éloigné du camp, un roulement des tambours, une sonnerie des clairons, faibles encore, emportés par le grand air. Et Jean Macquart, qui s'occupait à consolider la tente, en enfonçant les piquets davantage, se leva. Aux premiers bruits de guerre, il avait quitté Rognes, tout saignant du drame où il venait de perdre sa femme Françoise et les terres qu'elle lui avait apportées; il s'était réengagé à trente-neuf ans, retrouvant ses galons de caporal, tout de suite incorporé au 106ᵉ régiment de ligne, dont on complétait les cadres; et, parfois, il s'étonnait encore, de se revoir avec la capote aux épaules, lui qui, après Solférino, était si joyeux de quitter le service, de n'être plus un traîneur de sabre, un tueur de monde. Mais quoi faire? quand on n'a plus de métier, qu'on n'a plus ni femme ni bien au soleil, que le cœur vous saute dans la gorge de tristesse et de rage? Autant vaut-il cogner sur les ennemis, s'ils vous embêtent. Et il se rappelait son cri:

ah! bon sang! puisqu'il n'avait plus de courage à la travailler, il la défendrait, la vieille terre de France !

Jean, debout, jeta un coup d'œil dans le camp, où une agitation dernière se produisait, au passage de la retraite. Quelques hommes couraient. D'autres, assoupis déjà, se soulevaient, s'étiraient d'un air de lassitude irritée. Lui, patient, attendait l'appel, avec cette tranquillité d'humeur, ce bel équilibre raisonnable, qui faisait de lui un excellent soldat. Les camarades disaient qu'avec de l'instruction il serait peut-être allé loin. Sachant tout juste lire et écrire, il n'ambitionnait même pas le grade de sergent. Quand on a été paysan, on reste paysan.

Mais la vue du feu de bois vert qui fumait toujours, l'intéressa, et il interpella les deux hommes en train de s'acharner, Loubet et Lapoulle, tous deux de son escouade.

— Lâchez donc ça! vous nous empoisonnez!

Loubet, maigre et vif, l'air farceur, ricanait.

— Ça prend, caporal, je vous assure... Souffle donc, toi!

Et il poussait Lapoulle, un colosse, qui s'épuisait à déchaîner une tempête, de ses joues enflées comme des outres, la face congestionnée, les yeux rouges et pleins de larmes.

Deux autres soldats de l'escouade, Chouteau et Pache, le premier étalé sur le dos, en fainéant qui aimait ses aises, l'autre accroupi, très occupé à recoudre soigneusement une déchirure de sa culotte, éclatèrent, égayés par l'affreuse grimace de cette brute de Lapoulle.

— Tourne-toi, souffle de l'autre côté, ça ira mieux! cria Chouteau.

Jean les laissa rire. On n'allait peut-être plus en trouver si souvent l'occasion ; et lui, avec son air de gros garçon sérieux, à la figure pleine et régulière, n'était pourtant pas pour la mélancolie, fermant les yeux volontiers quand ses hommes prenaient du plaisir. Mais un autre groupe l'occupa, un soldat de son escouade encore, Maurice Levasseur, en train, depuis une heure bientôt, de causer avec un civil, un monsieur roux, d'environ trente-six ans, une face de bon chien, éclairée de deux gros yeux bleus à fleur de tête, des yeux de myope qui l'avaient fait réformer. Un artilleur de la réserve, maréchal des logis, l'air crâne et d'aplomb avec ses moustaches et sa barbiche brunes, était venu les rejoindre ; et tous les trois s'oubliaient là, comme en famille.

Obligeamment, pour leur éviter quelque algarade, Jean crut devoir intervenir.

— Vous feriez bien de partir, monsieur. Voici la retraite, si le lieutenant vous voyait...

Maurice ne le laissa pas achever.

— Restez donc, Weiss.

Et, sèchement, au caporal :

— Monsieur est mon beau-frère. Il a une permission du colonel, qu'il connaît.

De quoi se mêlait-il, ce paysan, dont les mains sentaient encore le fumier? Lui, reçu avocat au dernier automne, engagé volontaire que la protection du colonel avait fait incorporer dans le 106ᵉ, sans passer par le dépôt, consentait bien à porter le sac ; mais, dès les premières heures, une répugnance, une sourde révolte l'avait dressé contre cet illettré, ce rustre qui le commandait.

— C'est bon, répondit Jean, de sa voix tranquille, faites-vous empoigner, je m'en fiche.

Puis, il tourna le dos, en voyant bien que Maurice ne mentait pas ; car le colonel, M. de Vineuil, passait à ce moment, de son grand air noble, sa longue face jaune coupée de ses épaisses moustaches blanches ; et il avait salué Weiss et le soldat d'un sourire. Vivement, le colonel se rendait à une ferme que l'on apercevait sur la droite, à deux ou trois cents pas, parmi des pruniers, et où l'état-major s'était installé pour la nuit. On ignorait si le commandant du 7ᵉ corps se trouvait là, dans l'affreux deuil dont venait de le frapper la mort de son frère, tué à Wissembourg. Mais le général de brigade Bourgain-Desfeuilles, qui avait sous ses ordres le 106ᵉ, y était sûrement, très braillard comme à l'ordinaire, roulant son gros corps sur ses courtes jambes, avec son teint fleuri de bon vivant que son peu de cervelle ne gênait point. Une agitation grandissait autour de la ferme, des estafettes partaient et revenaient à chaque minute, toute l'attente fébrile des dépêches, trop lentes, sur cette grande bataille que chacun sentait fatale et voisine depuis le matin. Où donc avait-elle été livrée, et quels en étaient à cette heure les résultats? A mesure que tombait la nuit, il semblait que, sur le verger, sur les meules éparses autour des étables, l'anxiété roulât, s'étalât en un lac d'ombre. Et l'on disait encore que l'on venait d'arrêter un espion prussien rôdant autour du camp, et qu'on l'avait conduit à la ferme, pour que le général l'interrogeât. Peut-être le colonel de Vineuil avait-il reçu quelque télégramme, qu'il courait si fort.

Cependant, Maurice s'était remis à causer avec son beau-frère Weiss et son cousin Honoré Fouchard, le maréchal des logis. La retraite, venue de loin, peu à peu grossie, passa près d'eux, sonnante, battante, dans la paix mélancolique du crépuscule ; et ils ne semblèrent même pas l'entendre. Petit-fils d'un héros de la grande armée, le jeune homme était né, au Chêne-Populeux, d'un père détourné de la gloire, tombé à un maigre emploi de percepteur. Sa mère, une paysanne, avait succombé en les mettant au monde, lui et sa sœur jumelle Henriette, qui, toute petite, l'avait élevé. Et, s'il se trouvait là, engagé volontaire, c'était à la suite de grandes fautes, toute une dissipation de tempérament faible et exalté, de l'argent qu'il avait jeté au jeu, aux femmes, aux sottises de Paris dévorateur, lorsqu'il y était venu terminer son droit et que la famille s'était saignée pour faire de lui un monsieur. Le père en était mort, la sœur, après s'être dépouillée, avait eu la chance de trouver un mari, cet honnête

Chouteau et Pache, le premier, étalé sur le dos, l'autre, très occupé à recoudre
une déchirure de sa culotte (Page 3.)

garçon de Weiss, un Alsacien de Mulhouse, longtemps comptable à
la Raffinerie générale du Chêne-Populeux, aujourd'hui contremaître chez
M. Delaherche, un des principaux fabricants de drap de Sedan. Et Maurice
se croyait bien corrigé, dans sa nervosité prompte à l'espoir du bien
comme au découragement du mal, généreux, enthousiaste, mais sans
fixité aucune, soumis à toutes les sautes du vent qui passe. Blond, petit,
avec un front très développé, un nez et un menton menus, le visage fin,
il avait des yeux gris et caressants, un peu fous parfois.

Weiss était accouru à Mulhouse, à la veille des premières hostilités,
dans le brusque désir d'y régler une affaire de famille; et, s'il s'était
servi, pour serrer la main de son beau-frère, du bon vouloir du colonel
de Vineuil, c'était que ce dernier se trouvait être l'oncle de la jeune
madame Delaherche, une jolie veuve épousée l'année d'auparavant par le
fabricant de drap, et que Maurice et Henriette avaient connue, gamine,
grâce à un hasard de voisinage. D'ailleurs, outre le colonel, Maurice
venait de retrouver dans le capitaine de sa compagnie, le capitaine
Beaudoin, une connaissance de Gilberte, la jeune madame Delaherche,
un ami à elle, intime, disait-on, lorsqu'elle était à Mézières madame
Maginot, femme de M. Maginot, inspecteur des forêts.

— Embrassez bien Henriette pour moi, répétait à Weiss le jeune
homme, qui aimait passionnément sa sœur. Dites-lui qu'elle sera contente,
que je veux la rendre enfin fière de moi.

Des larmes lui emplissaient les yeux, au souvenir de ses folies. Son
beau-frère, ému lui-même, coupa court, en s'adressant à Honoré
Fouchard, l'artilleur.

— Et, dès que je passerai à Remilly, je monterai dire à l'oncle
Fouchard que je vous ai vu et que vous vous portez bien.

L'oncle Fouchard, un paysan, qui avait quelques terres et qui faisait
le commerce de boucher ambulant, était un frère de la mère d'Henriette
et de Maurice. Il habitait Remilly, en haut, sur le coteau, à six kilomètres de Sedan.

— Bon! répondit tranquillement Honoré, le père s'en fiche, mais
allez-y tout de même, si ça vous fait plaisir.

A cette minute, une agitation se produisit, du côté de la ferme; et ils
en virent sortir, libre, conduit par un seul officier, le rôdeur, l'homme
qu'on avait accusé d'être un espion. Sans doute, il avait montré des
papiers, conté une histoire, car on l'expulsait simplement du camp. De
si loin, dans l'ombre naissante, on le distinguait mal, énorme, carré,
avec une tête roussâtre.

Pourtant, Maurice eut un cri.

— Honoré, regarde donc... On dirait le Prussien, tu sais, Goliath!

Ce nom fit sursauter l'artilleur. Il braqua ses yeux ardents. Goliath
Steinberg, le garçon de ferme, l'homme qui l'avait fâché avec son père,
qui lui avait pris Silvine, toute la vilaine histoire; toute l'abominable

saleté dont il souffrait encore! Il aurait couru, l'aurait étranglé. Mais déjà l'homme, au delà des faisceaux, s'en allait, s'évanouissait dans là nuit.

— Oh! Goliath! murmura-t-il, pas possible! Il est là-bas, avec les autres... Si jamais je le rencontre!

D'un geste menaçant, il avait montré l'horizon envahi de ténèbres, tout cet Orient violâtre, qui pour lui était la Prusse. Il y eut un silence, on entendit de nouveau la retraite, mais très lointaine, qui se perdait à l'autre bout du camp, d'une douceur mourante au milieu des choses devenues indécises.

— Fichtre! reprit Honoré, je vais me faire pincer, moi, si je ne suis pas là pour l'appel... Bonsoir! adieu à tout le monde!

Et, ayant serré une dernière fois les deux mains de Weiss, il fila à grandes enjambées vers le monticule où était parquée l'artillerie de réserve, sans avoir reparlé de son père, sans rien avoir fait dire à Silvine, dont le nom lui brûlait les lèvres.

Des minutes encore se passèrent, et vers la gauche, du côté de la deuxième brigade, un clairon sonna l'appel. Plus près, un autre répondit. Puis, ce fut un troisième, très loin. De proche en proche, tous sonnaient à la fois, lorsque Gaude, le clairon de la compagnie, se décida, à toute volée des notes sonores. C'était un grand garçon, maigre et douloureux, sans un poil de barbe, toujours muet, et qui soufflait ses sonneries d'une haleine de tempête.

Alors, le sergent Sapin, un petit homme pincé et aux grands yeux vagues, commença l'appel. Sa voix grêle jetait les noms, tandis que les soldats qui s'étaient approchés, répondaient sur tous les tons, du violon celle à la flûte. Mais un arrêt se produisit.

— Lapoulle! répéta très haut le sergent.

Personne ne répondit encore. Et il fallut que Jean se précipitât vers le tas de bois vert, que le fusilier Lapoulle, excité par les camarades, s'obstinait à vouloir enflammer. Maintenant, sur le ventre, le visage cuit, il chassait au ras du sol la fumée du bois, qui noircissait.

— Mais, tonnerre de Dieu! lâchez donc ça! cria Jean. Répondez à l'appel!

Lapoulle, ahuri, se souleva, parut comprendre, hurla un: Présent! d'une telle voix de sauvage, que Loubet en tomba sur le derrière, tant il le trouva farce. Pache, qui avait fini sa couture, répondit, à peine distinct, d'un marmottement de prière. Chouteau, dédaigneusement, sans même se lever, jeta le mot et s'étala davantage.

Cependant, le lieutenant de service, Rochas, immobile, attendait à quelques pas. Lorsque, l'appel fini, le sergent Sapin vint lui dire qu'il ne manquait personne, il gronda dans ses moustaches, en désignant du menton Weiss toujours en train de causer avec Maurice:

— Il y en a même un de trop, qu'est-ce qu'il fiche, ce particulier-là?

— Permission du colonel, mon lieutenant, crut devoir expliquer Jean, qui avait entendu.

Rochas haussa furieusement les épaules, et, sans un mot, se remit à marcher le long des tentes, en attendant l'extinction des feux ; pendant que Jean, les jambes cassées par l'étape de la journée, s'asseyait à quelques pas de Maurice, dont les paroles lui arrivèrent, bourdonnantes d'abord, sans qu'il les écoutât, envahi lui-même de réflexions obscures, à peine formulées, au fond de son épaisse et lente cervelle.

Maurice était pour la guerre, la croyait inévitable, nécessaire à l'existence même des nations. Cela s'imposait à lui, depuis qu'il se donnait aux idées évolutives, à toute cette théorie de l'évolution qui passionnait dès lors la jeunesse lettrée. Est-ce que la vie n'est pas une guerre de chaque seconde ? est-ce que la condition même de la nature n'est pas le combat continu, la victoire du plus digne, la force entretenue et renouvelée par l'action, la vie renaissant toujours jeune de la mort ? Et il se rappelait le grand élan qui l'avait soulevé, lorsque, pour racheter ses fautes, cette pensée d'être soldat, d'aller se battre à la frontière, lui était venue. Peut-être la France du plébiscite, tout en se livrant à l'empereur, ne voulait-elle pas la guerre. Lui-même, huit jours auparavant, la déclarait coupable et imbécile. On discutait sur cette candidature d'un prince allemand au trône d'Espagne ; dans la confusion qui, peu à peu, s'était faite, tout le monde semblait avoir tort ; si bien qu'on ne savait plus de quel côté partait la provocation, et que, seul, debout, l'inévitable demeurait, la loi fatale qui, à l'heure marquée, jette un peuple sur un autre. Mais un grand frisson avait traversé Paris, il revoyait la soirée ardente, les boulevards charriant la foule, les bandes qui secouaient des torches, en criant : A Berlin ! à Berlin ! Devant l'Hôtel de Ville, il entendait encore, montée sur le siège d'un cocher, une grande belle femme, au profil de reine, dans les plis d'un drapeau et chantant la *Marseillaise*. Était-ce donc menteur, le cœur de Paris n'avait-il pas battu ? Et puis, comme toujours chez lui, après cette exaltation nerveuse, des heures de doute affreux et de dégoût avaient suivi : son arrivée à la caserne, l'adjudant qui l'avait reçu, le sergent qui l'avait fait habiller, la chambrée empestée et d'une crasse repoussante, la camaraderie grossière avec ses nouveaux compagnons, l'exercice mécanique qui lui cassait les membres et lui appesantissait le cerveau. En moins d'une semaine pourtant, il s'était habitué, sans répugnance désormais. Et l'enthousiasme l'avait repris, lorsque le régiment était enfin parti pour Belfort.

Dès les premiers jours, Maurice avait eu l'absolue certitude de la victoire. Pour lui, le plan de l'empereur était clair : jeter quatre cent mille hommes sur le Rhin, franchir le fleuve avant que les Prussiens fussent prêts, séparer l'Allemagne du Nord de l'Allemagne du Sud par une pointe vigoureuse ; et, grâce à quelque succès éclatant, forcer tout de suite l'Autriche et l'Italie à se mettre avec la France. Le bruit n'avait-il pas

On attend des nouvelles, je vais vous les donner, moi ! On a rossé les Prussiens (p. 15).

couru, un instant, que ce 7ᵉ corps, dont son régiment faisait partie
devait prendre la mer à Brest, pour être débarqué en Danemark et opére
une diversion qui obligerait la Prusse à immobiliser une de ses armées
Elle allait être surprise, accablée de toutes parts, écrasée en quelque
semaines. Une simple promenade militaire, de Strasbourg à Berlin. Mais
depuis son attente à Belfort, des inquiétudes le tourmentaient. L
7ᵉ corps, chargé de surveiller la trouée de la Forêt-Noire, y était arriv
dans une confusion inexprimable, incomplet, manquant de tout. On atten
dait d'Italie la troisième division ; la deuxième brigade de cavalerie resta
à Lyon, par crainte d'un mouvement populaire ; et trois batteries s'étaie
égarées, on ne savait où. Puis, c'était un dénuement extraordinaire, le
magasins de Belfort qui devaient tout fournir étaient vides : ni tente
ni marmites, ni ceintures de flanelle, ni cantines médicales, ni forge
ni entraves à chevaux. Pas un infirmier et pas un ouvrier d'administra
tion. Au dernier moment, on venait de s'apercevoir que trente mill
pièces de rechange manquaient, indispensables au service des fusils ;
il avait fallu envoyer à Paris un officier, qui en avait rapporté cinq mill
arrachées avec peine. D'autre part, ce qui l'angoissait, c'était l'inaction
Depuis deux semaines qu'on se trouvait là, pourquoi ne marchait-on p
en avant? Il sentait bien que chaque jour de retard était une irréparab
faute, une chance perdue de victoire. Et, devant le plan rêvé, se dre
sait la réalité de l'exécution, ce qu'il devait savoir plus tard, dont il n'ava
alors que l'anxieuse et obscure conscience : les sept corps d'armée éch
lonnés, disséminés le long de la frontière, de Metz à Bitche et de Bitche
Belfort ; les effectifs partout incomplets, les quatre cent trente mille homm
se réduisant à deux cent trente mille au plus ; les généraux se jalousa
bien décidés chacun à gagner son bâton de maréchal, sans porter ai
au voisin ; la plus effroyable imprévoyance, la mobilisation et la conce
tration faites d'un seul coup pour gagner du temps, aboutissant à u
gâchis inextricable ; la paralysie lente enfin, partie de haut, de l'emp
reur malade, incapable d'une résolution prompte, et qui allait enval
l'armée entière, la désorganiser, l'annihiler, la jeter aux pires désastre
sans qu'elle pût se défendre. Et, cependant, au-dessus du sourd malai
de l'attente, dans le frisson instinctif de ce qui allait venir, la certitu
de victoire demeurait.

Brusquement, le 3 août, avait éclaté la nouvelle de la victoire de Sa
rebruck, remportée la veille. Grande victoire, on ne savait. Mais l
journaux débordaient d'enthousiasme, c'était l'Allemagne envahie,
premier pas dans la marche glorieuse ; et le prince impérial, qui av
ramassé froidement une balle sur le champ de bataille, commençait
légende. Puis, deux jours plus tard, lorsqu'on avait su la surprise
l'écrasement de Wissembourg, un cri de rage s'était échappé des p
trines. Cinq mille hommes pris dans un guet-apens, qui avaient rési
pendant dix heures à trente-cinq mille Prussiens, ce lâche massac

criait simplement vengeance ! Sans doute, les chefs étaient coupables de s'être mal gardés et de n'avoir rien prévu. Mais tout cela allait être réparé, Mac-Mahon avait appelé la première division du 7ᵉ corps, le 1ᵉʳ corps serait soutenu par le 5ᵉ, les Prussiens devaient, à cette heure, avoir repassé le Rhin, avec les baïonnettes de nos fantassins dans le dos. Et la pensée qu'on s'était furieusement battu ce jour-là, l'attente de plus en plus enfiévrée des nouvelles, toute l'anxiété épandue s'élargissait à chaque minute sous le vaste ciel pâlissant.

C'était ce que Maurice répétait à Weiss.

— Ah ! on leur a sûrement aujourd'hui allongé une fameuse raclée !

Sans répondre, Weiss hocha la tête d'un air soucieux. Lui aussi regardait du côté du Rhin, vers cet Orient où la nuit s'était déjà complètement faite, un mur noir, assombri de mystère. Depuis les dernières sonneries de l'appel, un grand silence tombait sur le camp engourdi, troublé à peine par les pas et les voix de quelques soldats attardés. Une lumière venait de s'allumer, une étoile clignotante, dans la salle de la ferme où l'état-major veillait, attendant les dépêches qui arrivaient d'heure en heure, obscures encore. Et le feu de bois vert, enfin abandonné, fumait toujours d'une grosse fumée triste, qu'un léger vent poussait au-dessus de cette ferme inquiète, salissant au ciel les premières étoiles.

— Une raclée, finit par répéter Weiss, Dieu vous entende !

Jean, toujours assis à quelques pas, dressa l'oreille ; tandis que le lieutenant Rochas, ayant surpris ce vœu tremblant de doute, s'arrêta net pour écouter.

— Comment ! reprit Maurice, vous n'avez pas une entière confiance, vous croyez une défaite possible !

D'un geste, son beau-frère l'arrêta, les mains frémissantes, sa bonne face tout d'un coup bouleversée et pâlie.

— Une défaite, le ciel nous en garde !... Vous savez, je suis de ce pays, mon grand-père et ma grand'mère ont été assassinés par les Cosaques, en 1814 ; et, quand je songe à l'invasion, mes poings se serrent, je ferais le coup de feu, avec ma redingote, comme un troupier !... Une défaite, non, non ! je ne veux pas la croire possible !

Il se calma, il eut un abandon d'épaules, plein d'accablement.

— Seulement, que voulez-vous ! je ne suis pas tranquille... Je la connais bien, mon Alsace ; je viens de la traverser encore, pour mes affaires ; et nous avons vu, nous autres, ce qui crevait les yeux des généraux, et ce qu'ils ont refusé de voir... Ah ! la guerre avec la Prusse, nous la désirions, il y avait longtemps que nous attendions paisiblement de régler cette vieille querelle. Mais ça n'empêchait pas nos relations de bon voisinage avec Bade et avec la Bavière, nous avons tous des parents ou des amis, de l'autre côté du Rhin. Nous pensions qu'ils rêvaient comme nous d'abattre l'orgueil insupportable des Prussiens... Et nous, si calmes, si résolus, voilà plus de quinze jours que l'impatience et l'inquiétude nous prennent, à voir comment tout va de mal en pis. Dès la déclaration de guerre, on a laissé les cavaliers ennemis terrifier les villages, reconnaître le terrain, couper les fils télégraphiques. Bade et la Bavière se lèvent, d'énormes mouvements de troupes ont lieu dans le Palatinat, les renseignements venus de partout, des marchés, des foires, nous prouvent que la frontière est menacée; et, quand les habitants, les maires des communes, effrayés enfin, accourent dire cela aux officiers qui passent, ceux-ci haussent les épaules : des hallucinations de poltrons, l'ennemi est loin... Quoi? lorsqu'il n'aurait pas fallu perdre une heure, les jours et les jours se passent! Que peut-on attendre? que l'Allemagne tout entière nous tombe sur les reins!

Il parlait d'une voix basse et désolée, comme s'il se fût répété ces choses à lui-même, après les avoir pensées longtemps.

— Ah! l'Allemagne, je la connais bien aussi; et le terrible, c'est que vous autres, vous paraissez l'ignorer autant que la Chine... Vous vous souvenez, Maurice, de mon cousin Gunther, ce garçon qui est venu, le printemps dernier, me serrer la main à Sedan. Il est mon cousin par les femmes : sa mère, une sœur de la mienne, s'est mariée à Berlin; et il est bien de là-bas, il a la haine de la France. Il sert aujourd'hui comme capitaine dans la garde prussienne... Le soir où je l'ai reconduit à la gare, je l'entends encore me dire de sa voix coupante : « Si la France nous déclare la guerre, elle sera battue. »

Du coup, le lieutenant Rochas, qui s'était contenu jusque-là, s'avança, furieux. Agé de près de cinquante ans, c'était un grand diable maigre, avec une figure longue et creusée, tannée, enfumée. Le nez énorme, busqué, tombait dans une large bouche violente et bonne, où se hérissaient de rudes moustaches grisonnantes. Et il s'emportait, la voix tonnante.

— Ah çà! qu'est-ce que vous foutez là, vous, à décourager nos hommes.

Jean, sans se mêler de la querelle, trouva au fond qu'il avait raison. Lui non plus, tout en commençant à s'étonner des longs retards et du désordre où l'on était, n'avait jamais douté de la raclée formidable que l'on allait allonger aux Prussiens. C'était sûr, puisqu'on n'était venu que pour ça.

— Mais, lieutenant, répondit Weiss interloqué, je ne veux décourager personne... Au contraire, je voudrais que tout le monde sût ce que je sais, parce que le mieux est de savoir pour prévoir et pouvoir... Et, tenez! cette Allemagne...

Il continua, de son air raisonnable, il expliqua ses craintes : la Prusse grandie après Sadowa, le mouvement national qui la plaçait à la tête des autres États allemands, tout ce vaste empire en formation, rajeuni, ayant de l'enthousiasme et l'irrésistible élan de son unité à conquérir;

le système du service militaire obligatoire, qui mettait debout la nation
en armes, instruite, disciplinée, pourvue d'un matériel puissant, rompue
à la grande guerre, encore glorieuse de son triomphe foudroyant sur
l'Autriche; l'intelligence, la force morale de cette armée, commandée
par des chefs presque tous jeunes, obéissant à un généralissime qui
semblait devoir renouveler l'art de se battre, d'une prudence et d'une
prévoyance parfaites, d'une netteté de vue merveilleuse. Et, en face de
cette Allemagne, il osa ensuite montrer la France : l'Empire vieilli,
acclamé encore au plébiscite, mais pourri à la base, ayant affaibli l'idée
de patrie en détruisant la liberté, redevenu libéral trop tard et pour sa
ruine, prêt à crouler dès qu'il ne satisferait plus les appétits de jouis-
sances déchaînés par lui; l'armée, certes, d'une admirable bravoure de
race, toute chargée des lauriers de Crimée et d'Italie, seulement gâtée
par le remplacement à prix d'argent, laissée dans sa routine de l'école
d'Afrique, trop certaine de la victoire pour tenter le grand effort de la
science nouvelle; les généraux enfin, médiocres pour la plupart, dévorés
de rivalités, quelques-uns d'une ignorance stupéfiante, et l'empereur à
leur tête, souffrant et hésitant, trompé et se trompant, dans l'effroyable
aventure qui commençait, où tous se jetaient en aveugles, sans prépa-
ration sérieuse, au milieu d'un effarement, d'une débandade de troupeau
mené à l'abattoir.

Rochas, béant, les yeux arrondis, écoutait. Son terrible nez s'était
froncé. Puis, tout d'un coup, il prit le parti de rire, d'un rire énorme qui
lui fendait les mâchoires.

— Qu'est-ce que vous nous chantez là, vous! qu'est-ce que ça veut
dire, toutes ces bêtises!... Mais ça n'a pas de sens, c'est trop bête pour
qu'on se casse la tête à comprendre... Allez conter ça à des recrues, mais
pas à moi, non! pas à moi qui ai vingt-sept ans de service!

Et il se tapait la poitrine du poing. Fils d'un ouvrier maçon, venu du
Limousin, né à Paris et répugnant à l'état de son père, il s'était engagé
dès l'âge de dix-huit ans. Soldat de fortune, il avait porté le sac, caporal
en Afrique, sergent à Sébastopol, lieutenant après Solférino, ayant mis
quinze années de dure existence et d'héroïque bravoure pour conquérir
ce grade, d'un manque tel d'instruction, qu'il ne devait jamais passer
capitaine.

— Mais, monsieur, vous qui savez tout, vous ne savez pas ça... Oui,
à Mazagran, j'avais dix-neuf ans à peine, et nous étions cent vingt-trois
hommes, pas un de plus, et nous avons tenu quatre jours contre douze
mille Arabes... Ah! oui, pendant des années et des années, là-bas, en
Afrique, à Mascara, à Biskra, à Dellys, plus tard dans la grande Kabylie,
plus tard à Laghouat, si vous aviez été avec nous, monsieur, vous auriez
vu tous ces sales moricauds filer comme des lièvres, dès que nous
paraissions... Et à Sébastopol, monsieur, fichtre? on ne peut pas dire que
ç'a été commode. Des tempêtes à vous déraciner les cheveux, un froid

de loup, toujours des alertes, puis ces sauvages qui, à la fin, ont tout fait sauter! N'empêche pas que nous les avons fait sauter eux-mêmes, oh! en musique et dans la grande poêle à frire!... Et à Solférino, vous n'y étiez pas, monsieur, alors pourquoi en parlez-vous? Oui, à Solférino, où il a fait si chaud, bien qu'il ait tombé ce jour-là plus d'eau que vous n'en avez peut-être jamais vu dans votre vie! à Solférino, la grande brossée aux Autrichiens, il fallait les voir, devant nos baïonnettes, galoper, se culbuter, pour courir plus vite, comme s'ils avaient eu le feu au derrière!

Il éclatait d'aise, toute la vieille gaieté militaire française sonnait dans son rire de triomphe. C'était la légende, le troupier français parcourant le monde, entre sa belle et une bouteille de bon vin, la conquête de la terre faite en chantant des refrains de goguette. Un caporal et quatre hommes, et des armées immenses mordaient la poussière.

Brusquement, sa voix gronda.

— Battue, la France battue!... Ces cochons de Prussiens nous battre, nous autres!

Il s'approcha, saisit violemment Weiss par un revers de sa redingote. Tout son grand corps maigre de chevalier errant exprimait l'absolu mépris de l'ennemi, quel qu'il fût, dans une insouciance complète du temps et des lieux.

— Écoutez bien, monsieur... Si les Prussiens osent venir, nous les reconduirons chez eux à coups de pied dans le cul... Vous entendez, à coups de pied dans le cul, jusqu'à Berlin!

Et il eut un geste superbe, la sérénité d'un enfant, la conviction candide de l'innocent qui ne sait rien et ne craint rien.

Parbleu! c'est comme ça, parce que c'est comme ça!

Weiss, étourdi, convaincu presque, se hâta de déclarer qu'il ne demandait pas mieux. Quant à Maurice, qui se taisait, n'osant intervenir devant son supérieur, il finit par éclater de rire avec lui : ce diable d'homme, que d'ailleurs il jugeait stupide, lui faisait chaud au cœur. De même, Jean, d'un hochement de tête, avait approuvé chaque parole du lieutenant. Lui aussi était à Solférino, où il avait tant plu. Et voilà qui était parler. Si tous les chefs avaient parlé comme ça, on ne se serait pas mal fichu qu'il manquât des marmites et des ceintures de flanelle!

La nuit était complètement venue depuis longtemps, et Rochas continuait d'agiter ses grands membres dans les ténèbres. Il n'avait jamais épelé qu'un volume des victoires de Napoléon, tombé au fond de son sac de la boîte d'un colporteur. Et il ne pouvait se calmer, et toute sa science sortit en un cri impétueux.

— L'Autriche rossée à Castiglione, à Marengo, à Austerlitz, à Wagram! la Prusse rossée à Eylau, à Iéna, à Lutzen! la Russie rossée à Friedland, à Smolensk, à la Moskowa! l'Espagne, l'Angleterre rossées partout! la terre entière rossée, rossée de haut en bas, de long en large!... Et, aujourd'hui, c'est nous qui serions rossés! Pourquoi? comment? On aurait donc changé le monde?

Il se grandit encore, levant son bras comme la hampe d'un drapeau!

— Tenez! on s'est battu là-bas aujourd'hui, on attend les nouvelles. Eh bien! les nouvelles, je vais vous les donner, moi!... On a rossé les Prussiens, rossé à ne leur laisser ni ailes ni pattes, rossé à en balayer les miettes!

Sous le ciel sombre, à ce moment, un grand cri douloureux passa. Était-ce la plainte d'un oiseau de nuit? Était-ce une voix du mystère, venue de loin, chargée de larmes? Tout le camp, noyé de ténèbres, en frissonna, et l'anxiété épandue dans l'attente des dépêches si lentes à venir, s'en trouva enfiévrée, élargie encore. Au loin, dans la ferme, éclairant la veillée inquiète de l'état-major, la chandelle brûlait plus haute, d'une flamme droite et immobile de cierge.

Mais il était dix heures, Gaude surgit du sol noir, où il avait disparu, et le premier sonna le couvre-feu. Les autres clairons répondirent, s'éteignirent de proche en proche, dans une fanfare mourante, déjà comme engourdie de sommeil. Et Weiss, qui s'était oublié là si tard, serra tendrement Maurice entre ses bras : bon espoir et bon courage! il embrasserait Henriette pour son frère, il irait dire bien des choses à l'oncle Fouchard. Alors, comme il partait enfin, une rumeur courut, toute une agitation fébrile. C'était une grande victoire que le maréchal de Mac-Mahon venait de remporter : le prince royal de Prusse fait prisonnier avec vingt-cinq mille hommes, l'armée ennemie refoulée, détruite, laissant entre nos mains ses canons et ses bagages.

— Parbleu! cria simplement Rochas, de sa voix de tonnerre.

Puis, poursuivant Weiss, tout heureux, qui se hâtait de rentrer à Mulhouse :

— A coups de pied dans le cul, monsieur, à coups de pied dans le cul, jusqu'à Berlin!

Un quart d'heure plus tard, une autre dépêche disait que l'armée avait dû abandonner Wœrth et battait en retraite. Ah! quelle nuit! Rochas, foudroyé de sommeil, venait de s'envelopper dans son manteau et dormait sur la terre, insoucieux d'un abri, comme cela lui arrivait souvent. Maurice et Jean s'étaient glissés sous la tente, où déjà Loubet, Chouteau, Pache et Lapoulle se tassaient, la tête sur leur sac. On tenait six, à condition de replier les jambes. Loubet avait d'abord égayé leur faim à tous, en faisant croire à Lapoulle qu'il y aurait du poulet, le lendemain matin, à la distribution; mais ils étaient trop las, ils ronflaient, les Prussiens pouvaient venir. Un instant, Jean resta sans bouger, serré contre Maurice; malgré sa grande fatigue, il tardait à s'endormir, tout ce qu'avait dit ce monsieur lui tournait dans la tête, l'Allemagne en armes, innombrable, dévorante; et il sentait bien que son compagnon non plus ne dormait pas, pensait aux mêmes choses. Puis, celui-ci eut une impatience, un mouvement de recul, et l'autre comprit qu'il le gênait. Entre le paysan et le lettré, l'inimitié d'instinct, la répugnance de classe et d'éducation étaient comme un malaise physique. Le premier pourtant en éprouvait une honte, une tristesse au fond, se faisant petit, tâchant d'échapper à ce mépris hostile qu'il devinait là. Si la nuit dehors devenait fraîche, on étouffait tellement sous la tente, parmi l'entassement des corps, que Maurice, exaspéré de fièvre, sortit d'un saut brusque, alla s'étendre à quelques pas. Jean, malheureux, roula dans un cauchemar, un demi-sommeil pénible, où se mêlaient le regret de ne pas être aimé et l'appréhension d'un immense malheur, dont il croyait entendre le galop, là-bas, au fond de l'inconnu.

Des heures durent se passer, tout le camp noir, immobile, semblait s'anéantir sous l'oppression de la vaste nuit mauvaise, où pesait ce quelque chose d'effroyable, sans nom encore. Des sursauts venaient d'un lac d'ombre, un râle subit sortait d'une tente invisible. Ensuite, c'étaient des bruits qu'on ne reconnaissait pas, l'ébrouement d'un cheval, le choc d'un sabre, la fuite d'un rôdeur attardé, toutes les ordinaires rumeurs qui prenaient des retentissements de menace. Mais, tout à coup, près des cantines, une grande lueur éclata. Le front de bandière en était vivement éclairé, on aperçut les faisceaux alignés, les canons des fusils réguliers et clairs, où filaient des reflets rouges, pareils à des coulures fraîches de sang; et les sentinelles, sombres et droites, apparurent dans ce brusque incendie. Était-ce donc l'ennemi, que les chefs annonçaient depuis deux jours, et que l'on était venu chercher de Belfort à Mulhouse? Puis, au milieu d'un grand pétillement d'étincelles, la flamme s'éteignit. Ce n'était que le tas de bois vert, si longtemps tracassé par Lapoulle, qui, après avoir couvé pendant des heures, venait de flamber comme un feu de paille.

Jean, effrayé par cette clarté vive, sortit à son tour précipitamment de la tente; et il faillit buter dans Maurice, soulevé sur un coude, regardant. Déjà, la nuit était retombée plus opaque, les deux hommes restèrent allongés sur la terre nue, à quelques pas l'un de l'autre. Il n'y avait plus, en face d'eux, au fond des ténèbres épaisses, que la fenêtre toujours éclairée de la ferme, cette chandelle perdue qui semblait veiller un mort. Quelle heure pouvait-il être? deux heures, trois heures peut-être. Là-bas, l'état-major ne s'était décidément pas couché. On entendait la voix braillarde du général Bourgain-Desfeuilles, enragé de cette nuit de veille, pendant laquelle il n'avait pu se soutenir qu'à l'aide de grogs et de cigares. De nouveaux télégrammes arrivaient, les choses devaient se gâter, des ombres d'estafettes galopaient, affolées et indistinctes. Il y eut des piétinements, des jurons, comme un cri étouffé de mort, suivi d'un effrayant silence. Quoi donc? était-ce la fin? Un souffle glacé avait couru sur le camp, anéanti de sommeil et d'angoisse.

Et ce fut alors que Jean et Maurice reconnurent le colonel de Vineuil,

Il n'y avait là que des soldats isolés, un pêle-mêle d'inconnus, éreintés... (p. 23).

dans une ombre maigre et haute, qui passait rapidement. Il devait être
avec le major Bouroche, un gros homme à tête de lion. Tous les deux
echangeaient des paroles sans suite, de ces paroles incomplètes, chu-
chotées, comme on en entend dans les mauvais rêves.

— Elle vient de Bâle... Notre première division détruite... Douze
heures de combat, toute l'armée en retraite...

L'ombre du colonel s'arrêta, appela une autre ombre qui se hâtait,
légère, fine et correcte.

— C'est vous, Beaudoin?

— Oui, mon colonel.

— Ah! mon ami, Mac-Mahon battu à Frœschwiller, Frossard battu à
Spickeren, de Failly immobilisé, inutile entre les deux... A Frœschwiller,
un seul corps contre toute une armée, des prodiges. Et tout emporté, la
déroute, la panique, la France ouverte...

Des larmes l'étranglaient, des paroles encore se perdirent, les trois
ombres disparurent, noyées, fondues.

Dans un frémissement de tout son être, Maurice s'était mis debout.

— Mon Dieu! bégaya-t-il.

Et il ne trouvait rien autre chose, tandis que Jean, le cœur glacé,
murmurait :

— Ah! fichu sort!... Ce monsieur, votre parent, avait tout de même
raison de dire qu'ils sont plus forts que nous.

Hors de lui, Maurice l'aurait étranglé. Les Prussiens plus forts que
les Français! c'était de cela que saignait son orgueil. Déjà le paysan
ajoutait, calme et têtu :

— Ça ne fait rien, voyez-vous. Ce n'est pas parce qu'on reçoit une
tape, qu'on doit se rendre... Faudra cogner tout de même.

Mais, devant eux, une longue figure s'était dressée. Ils reconnurent
Rochas, drapé encore de son manteau, et que les bruits errants, le
souffle de la défaite peut-être venait de tirer de son dur sommeil. Il
questionna, voulut savoir.

Quand il eut compris, à grand'peine, une immense stupeur se peignit
dans ses yeux vides d'enfant.

A plus de dix reprises, il répéta :

— Battus! comment battus? pourquoi battus?

Maintenant, à l'Orient, le jour blanchissait, un jour louche d'une
infinie tristesse, sur les tentes endormies, dans l'une desquelles on
commençait à distinguer les faces terreuses de Loubet et de Lapoulle, de
Chouteau et de Pache, qui ronflaient toujours, la bouche ouverte. Une
aube de deuil se levait, parmi les brumes couleur de suie qui étaient
montées, là-bas, du fleuve lointain.

II

Vers huit heures, le soleil dissipa les nuées lourdes, et un ardent et pur dimanche d'août resplendit sur Mulhouse, au milieu de la vaste plaine fertile. Du camp, maintenant éveillé, bourdonnant de vie, on entendait les cloches de toutes les paroisses carillonner à la volée, dans l'air limpide. Ce beau dimanche d'effroyable désastre avait sa gaieté, son ciel éclatant des jours de fête.

Gaude, brusquement, sonna à la distribution, et Loubet s'étonna. Quoi? qu'y avait-il? était-ce le poulet qu'il avait promis la veille à Lapoulle? Né dans les Halles, rue de la Cossonnerie, fils de hasard d'une marchande au petit tas, engagé « pour des sous », comme il disait, après avoir fait tous les métiers, il était le fricoteur, le nez tourné continuellement à la friandise. Et il alla voir, pendant que Chouteau, l'artiste, le peintre en bâtiments de Montmartre, bel homme et révolutionnaire, furieux d'avoir été rappelé après son temps fini, blaguait férocement Pache, qu'il venait de surprendre en train de faire sa prière, à genoux derrière la tente. En voilà un calotin! est-ce qu'il ne pouvait pas lui demander cent mille livres de rente, à son bon Dieu? Mais Pache, arrivé d'un village perdu de la Picardie, chétif et la tête en pointe, se laissait plaisanter, avec la douceur muette des martyrs. Il était le souffre-douleur de l'escouade, en compagnie de Lapoulle, le colosse, la brute poussée dans les marais de la Sologne, si ignorant de tout, que, le jour de son arrivée au régiment, il avait demandé à voir le roi. Et, bien que la nouvelle désastreuse de Frœschwiller circulât depuis le lever, les quatre hommes riaient, faisaient avec leur indifférence de machine les besognes accoutumées.

Mais il y eut un mouvement de surprise goguenarde. C'était Jean, le caporal, qui, accompagné de Maurice, revenait de la distribution, avec du bois à brûler. Enfin, on distribuait le bois, que les troupes avaient vainement attendu la veille, pour cuire la soupe. Douze heures de retard seulement.

— Bravo, l'intendance! cria Chouteau.

— N'importe, ça y est! dit Loubet. Ah! ce que je vais vous faire un chouette pot-au-feu!

D'habitude, il se chargeait volontiers de la popote ; et on l'en remerciait, car il cuisinait à ravir. Mais il accablait alors Lapoulle de corvées extraordinaires.

— Va chercher le champagne, va chercher les truffes...

Puis, ce matin-là, une idée baroque de gamin de Paris se moquant d'un innocent, lui traversa la cervelle.

— Plus vite que ça! donne-moi le poulet.

— Où donc, le poulet?

— Mais là, par terre... Le poulet que je t'ai promis, le poulet que le caporal vient d'apporter!

Il lui désignait un gros caillou blanc, à leurs pieds. Lapoulle, interloqué, finit par le prendre et par le retourner entre ses doigts.

— Tonnerre de Dieu! veux-tu laver le poulet!... Encore! lave-lui les pattes, lave-lui le cou!... A grande eau, feignant!

Et, pour rien, pour la rigolade, parce que l'idée de la soupe le rendait gai et farceur, il flanqua la pierre avec la viande dans la marmite pleine d'eau.

— C'est ça qui va donner du goût au bouillon! Ah! tu ne savais pas ça, tu ne sais donc rien, sacrée andouille!... Tu auras le croupion, tu verras si c'est tendre!

L'escouade se tordait de la tête de Lapoulle, maintenant convaincu, se pourléchant. Cet animal de Loubet, pas moyen de s'ennuyer avec lui! Et, lorsque le feu crépita au soleil, lorsque la marmite se mit à chanter, tous, en dévotion, rangés autour, s'épanouirent, regardant danser la viande, humant la bonne odeur qui commençait à se répandre. Ils avaient une faim de chien depuis la veille, l'idée de manger emportait tout. On était rossé, mais ça n'empêchait pas qu'il fallait s'emplir. D'un bout à l'autre du camp, les feux des cuisines flambaient, les marmites bouillaient, et c'était une joie vorace et chantante, au milieu des claires volées de cloches qui continuaient à venir de toutes les paroisses de Mulhouse.

Mais, comme il allait être neuf heures, une agitation se propagea, des officiers coururent, et le lieutenant Rochas, à qui le capitaine Beaudoin avait donné un ordre, passa devant les tentes de sa section.

— Allons, pliez tout, emballez tout, on part!

— Mais la soupe?

— Un autre jour, la soupe! On part tout de suite!

Le clairon de Gaude sonnait, impérieux. Ce fut une consternation, une colère sourde. Eh quoi! partir sans manger, ne pas attendre une heure que la soupe fût possible! L'escouade voulut quand même boire le bouillon ; mais ce n'était encore que de l'eau chaude ; et la viande, pas cuite, résistait, pareille à du cuir sous les dents. Chouteau grogna des paroles rageuses. Jean dut intervenir, afin de hâter les préparatifs de ses hommes. Qu'y avait-il donc de si pressé, à filer ainsi, à bousculer les gens, sans leur laisser le temps de reprendre des forces ? Et, comme, devant Maurice, on disait qu'on marchait à la rencontre des Prussiens, pour la revanche, il haussa les épaules, incrédule. En moins d'un quart d'heure, le camp fut levé, les tentes pliées, rattachées sur les sacs, les faisceaux défaits, et il ne resta, sur la terre nue, que les feux des cuisines qui achevaient de s'éteindre.

C'étaient de graves raisons qui venaient de décider le général Douay à une retraite immédiate. La dépêche du sous-préfet de Schelestadt, vieille déjà de trois jours, se trouvait confirmée : on télégraphiait qu'on avait vu de nouveau les feux des Prussiens qui menaçaient Markolsheim ; et, d'autre part, un télégramme annonçait qu'un corps d'armée ennemi passait le Rhin à Huningue. Des détails arrivaient, abondants, précis : la cavalerie et l'artillerie aperçues, les troupes en marche, se rendant de toutes parts à leur point de ralliement. Si l'on s'attardait une heure, c'était sûrement la ligne de retraite sur Belfort coupée. Dans le contre-coup de la défaite, après Wissembourg et Frœschwiller, le général, isolé, perdu à l'avant-garde, n'avait qu'à se replier en hâte ; d'autant plus que les nouvelles, reçues le matin, aggravaient encore celles de la nuit.

En avant, était parti l'état-major, au grand trot, poussant de l'éperon les montures, dans la crainte d'être devancé et de trouver déjà les Prussiens à Altkirch. Le général Bourgain-Desfeuilles, qui prévoyait une étape dure, avait eu la précaution de traverser Mulhouse, pour y déjeuner copieusement, en maugréant de la bousculade. Et Mulhouse, sur le passage des officiers, était désolé ; les habitants, à l'annonce de la retraite, sortaient dans les rues, se lamentaient du brusque départ de ces troupes, dont ils avaient si instamment imploré la venue : on les abandonnait donc, les richesses incalculables entassées dans la gare allaient-elles être laissées à l'ennemi, leur ville elle-même devait-elle, avant le soir, n'être plus qu'une ville conquise ? Puis, le long des routes, au travers des campagnes, les habitants des villages, des maisons isolées, s'étaient eux aussi plantés devant leur porte, étonnés, effarés. Et quoi ! ces régiments qu'ils avaient vus passer la veille, marchant au combat, se repliaient, fuyaient sans avoir combattu ! Les chefs étaient sombres, hâtaient leurs chevaux, sans vouloir répondre aux questions, comme si le malheur eût galopé à leurs trousses. C'était donc vrai que les Prussiens venaient d'écraser l'armée, qu'ils coulaient de toutes parts en France, comme la crue d'un fleuve débordé ? Et déjà, dans l'air muet, les populations, gagnées par la panique montante, croyaient entendre le lointain roulement de l'invasion, grondant plus haut de minute en minute ; et déjà, des charrettes s'emplissaient de meubles, des maisons se vidaient, des familles se sauvaient à la file par les chemins, où passait le galop d'épouvante.

Dans la confusion de la retraite, le long du canal du Rhône au Rhin, près du pont, le 106e dut s'arrêter, au premier kilomètre de l'étape. Les ordres de marche, mal donnés et plus mal exécutés encore, venaient d'accumuler là toute la deuxième division ; et le passage était si étroit, un passage de cinq mètres à peine, que le défilé s'éternisait.

Deux heures s'écoulèrent, le 106e attendait toujours, immobile, devant l'interminable flot qui passait devant lui. Les hommes debout, sous le soleil ardent, le sac au dos, l'arme au pied, finissaient par se révolter d'impatience.

— Paraît que nous sommes de l'arrière-garde, dit la voix blagueuse de Loubet.

Mais Chouteau s'emporta.

— C'est pour se foutre de nous qu'ils nous font cuire. Nous étions là les premiers, nous aurions dû filer.

Et, comme, de l'autre côté du canal, par la vaste plaine fertile, par les chemins plats, entre les houblonnières et les blés mûrs, on se rendait bien compte maintenant du mouvement de retraite des troupes, qui refaisaient en sens inverse le chemin déjà fait la veille, des ricanements circulèrent, toute une moquerie furieuse.

— Ah ! nous nous cavalons ! reprit Chouteau ! Eh bien ! elle est rigolo, leur marche à l'ennemi, dont ils nous bourrent les oreilles, depuis l'autre matin... Non, vrai, c'est trop crâne ! On arrive, et puis on refout le camp, sans avoir seulement le temps d'avaler sa soupe !

L'enragement des rires augmenta, et Maurice, qui était près de Chouteau, lui donnait raison. Puisqu'on restait là, comme des pieux, à attendre depuis deux heures, pourquoi ne les avait-on pas laissés faire tranquillement bouillir la soupe et la manger ? La faim les reprenait, ils avaient une rancune noire de leur marmite renversée trop tôt, sans qu'ils pussent comprendre la nécessité de cette précipitation, qui leur paraissait imbécile et lâche. De fameux lièvres, tout de même !

Mais le lieutenant Rochas rudoya le sergent Sapin, qu'il accusait de la mauvaise tenue de ses hommes. Attiré par le bruit, le capitaine Beaudoin s'était approché.

— Silence dans les rangs !

Jean, muet, en vieux soldat d'Italie, rompu à la discipline, regardait Maurice, que la blague mauvaise et emportée de Chouteau semblait amuser ; et il s'étonnait, comment un monsieur, un garçon qui avait reçu tant d'instruction, pouvait-il approuver des choses, peut-être vraies tout de même, mais qui n'étaient pas à dire ! Si chaque soldat se mettait à blâmer les chefs et à donner son avis, on n'irait pas loin, pour sûr.

Enfin, après une heure encore d'attente, le 106e reçut l'ordre d'avancer. Seulement, le pont était toujours si encombré par la queue de la division, que le plus fâcheux désordre se produisit. Plusieurs régiments se mêlèrent, des compagnies filèrent quand même, emportées ; tandis

que d'autres, rejetées au bord de la route, durent marquer le pas. Et,
pour mettre le comble à la confusion, un escadron de cavalerie s'entêta à passer, refoulant dans les champs voisins les traînards que l'infanterie semait déjà. Au bout de la première heure de marche, toute une
débandade traînait le pied, s'allongeait, attardée comme à plaisir.

Ce fut ainsi que Jean se trouva en arrière, égaré au fond d'un chemin creux, avec son escouade, qu'il n'avait pas voulu lâcher. Le 106ᵉ
avait disparu, plus un homme ni même un officier de la compagnie. Il n'y
avait là que des soldats isolés, un pêle-mêle d'inconnus, éreintés dès le
commencement de l'étape, chacun marchant à son loisir, au hasard des
sentiers. Le soleil était accablant, il faisait très chaud; et le sac, alourdi
par la tente et le matériel compliqué qui le gonflait, pesait terriblement
aux épaules. Beaucoup n'avaient point l'habitude de le porter, gênés déjà
dans l'épaisse capote de campagne, pareille à une chape de plomb. Brusquement, un petit soldat pâle, les yeux emplis d'eau, s'arrêta, jeta son
sac dans un fossé, avec un grand soupir, le souffle fort de l'homme à
l'agonie qui se reprend à l'existence.

— En voilà un qui est dans le vrai, murmura Chouteau.

Pourtant, il continuait de marcher, le dos arrondi sous le poids.
Mais, deux autres s'étant débarrassés à leur tour, il ne put tenir.

— Ah! zut! cria-t-il.

Et, d'un coup d'épaule, il lança son sac contre un talus. Merci! vingt-
cinq kilos sur l'échine, il en avait assez! On n'était pas des bêtes de
somme, pour traîner ça.

Presque aussitôt, Loubet l'imita et força Lapoulle à en faire autant.
Pache, qui se signait devant les croix de pierre rencontrées, défit les
bretelles, posa tout le paquet soigneusement au pied d'un petit mur,
comme s'il devait revenir le chercher. Et Maurice seul restait chargé,
lorsque Jean, en se retournant, vit ses hommes les épaules libres.

— Reprenez vos sacs, on m'empoignerait, moi !

Mais les hommes, sans se révolter encore, la face mauvaise et muette,
allaient toujours, poussant le caporal devant eux, dans le chemin
étroit.

— Voulez-vous bien reprendre vos sacs, ou je ferai mon rapport !

Ce fut comme un coup de fouet en travers de la figure de Maurice. Son
rapport! cette brute de paysan allait faire son rapport, parce que des malheureux, les muscles broyés, se soulageaient ! Et, dans une fièvre
d'aveugle colère, lui aussi fit sauter les bretelles, laissa tomber son sac au
bord du chemin, en fixant sur Jean des yeux de défi.

— C'est bon, dit de son air sage ce dernier, qui ne pouvait engager
une lutte. Nous réglerons ça ce soir.

Maurice souffrait abominablement des pieds. Ses gros et durs souliers,
auxquels il n'était pas accoutumé, lui avaient mis la chair en sang. Il
était de santé assez faible, il gardait à la colonne vertébrale comme une

plaie vive, la meurtrissure intolérable du sac, bien qu'il en fût débarrassé; et le poids de son fusil, qu'il ne savait de quel bras porter, suffisait à lui faire perdre le souffle. Mais il était angoissé plus encore par
son agonie morale, dans une de ces crises de désespérance auxquelles
il était sujet. Tout d'un coup, sans résistance possible, il assistait à la
ruine de sa volonté, il tombait aux mauvais instincts, à un abandon
de lui-même, dont il sanglotait de honte ensuite. Ses fautes, à Paris,
n'avaient jamais été que les folies de « l'autre », comme il disait, du
garçon faible qu'il devenait aux heures lâches, capable des pires vilenies.
Et, depuis qu'il traînait les pieds, sous l'écrasant soleil, dans cette retraite
qui ressemblait à une déroute, il n'était plus qu'une bête de ce troupeau
attardé, débandé, semant les chemins. C'était le choc en retour de la défaite, du tonnerre qui avait éclaté très loin, à des lieues, et dont l'écho
perdu battait maintenant les talons de ces hommes, pris de panique,
fuyant sans avoir vu un ennemi. Qu'espérer à cette heure? Tout n'était-
il pas fini? On était battu, il n'y avait plus qu'à se coucher et à dormir.

— Ça ne fait rien, cria très haut Loubet, avec son rire d'enfant des
Halles, ce n'est tout de même pas à Berlin que nous allons.

A Berlin! à Berlin! Maurice entendit ce cri hurlé par la foule grouillante des boulevards, pendant la nuit de fol enthousiasme, qui l'avait
décidé à s'engager. Le vent venait de tourner, sous un coup de tempête;
et il y avait une saute terrible, et tout le tempérament de la race était
dans cette confiance exaltée, qui tombait brusquement, dès le premier
revers, à la désespérance dont le galop l'emportait parmi ces soldats
errants, vaincus et dispersés, avant d'avoir combattu.

— Ah! ce qu'il me scie les pattes, le flingot! reprit Loubet, en chan-
geant une fois encore son fusil d'épaule. En voilà un mirliton, pour se
promener!

Et, faisant allusion à la somme qu'il avait touchée comme remplaçant:

— N'importe! quinze cents balles, pour ce métier-là, on est rudement volé!... Ce qu'il doit fumer de bonnes pipes, au coin de son feu,
le richard à la place de qui je vas me faire casser la gueule!

— Moi, grogna Chouteau, j'avais fini mon temps, j'allais filer... Ah!
vrai, ce n'est pas de chance, de tomber dans une cochonnerie d'histoire
pareille!

Il balançait son fusil, d'une main rageuse. Puis, violemment, il le
lança aussi de l'autre côté d'une haie.

— Eh! va donc, sale outil!

Le fusil tourna deux fois sur lui-même, alla s'abattre dans un sillon
et resta là, très long, immobile, pareil à un mort. Déjà, d'autres volaient,
le rejoignaient. Le champ bientôt fut plein d'armes gisantes, d'une tristesse raidie d'abandon, sous le lourd soleil. Ce fut une épidémique folie,
la faim qui tordait les estomacs, les chaussures qui blessaient les pieds,

Dès qu'apparaissaient les troupes en retraite, les habitants s'agitaient,
hâtaient leur fuite (p. 29).

cette marche dont on souffrait, cette défaite imprévue dont on entendait derrière soi la menace. Plus rien à espérer de bon, les chefs qui lâchaient pied, l'intendance qui ne les nourrissait seulement pas, la colère, l'embêtement, l'envie d'en finir tout de suite, avant d'avoir commencé. Alors, quoi ? le fusil pouvait aller rejoindre le sac. Et, dans une rage imbécile, au milieu de ricanements de fous qui s'amusent, les fusils volaient, le long de la queue sans fin des traînards, épars au loin dans la campagne.

Loubet, avant de se débarrasser du sien, lui fit exécuter un beau moulinet, comme à une canne de tambour-major. Lapoulle, en voyant tous les camarades jeter le leur, dût croire que cela rentrait dans la manœuvre ; et il imita le geste. Mais Pache, dans la confuse conscience du devoir, qu'il devait à son éducation religieuse, refusa d'en faire autant, couvert d'injures par Chouteau, qui le traitait d'enfant de curé.

— En voilà un cafard !... Parce que sa vieille paysanne de mère lui a fait avaler le bon Dieu tous les dimanches !... Va donc servir la messe, c'est lâche de ne pas être avec les camarades !

Très sombre, Maurice marchait en silence, la tête penchée sous le ciel de feu. Il n'avançait plus que dans un cauchemar d'atroce lassitude, halluciné de fantômes, comme s'il allait à un gouffre, là-bas, devant lui ; et c'était une dépression de toute sa culture d'homme instruit, un abaissement qui le tirait à la bassesse des misérables dont il était entouré.

— Tenez ! dit-il brusquement à Chouteau, vous avez raison !

Et Maurice avait déjà posé son fusil sur un tas de pierres, lorsque Jean, qui tentait vainement de s'opposer à cet abandon abominable des armes, l'aperçut. Il se précipita.

— Reprenez votre fusil tout de suite, tout de suite, entendez-vous !

Un flot de terrible colère était monté soudain à la face de Jean. Lui, si calme d'habitude, toujours porté à la conciliation, avait des yeux de flamme, une voix tonnante d'autorité. Ses hommes, qui ne l'avaient jamais vu comme ça, s'arrêtèrent, surpris.

— Reprenez votre fusil tout de suite, ou vous aurez affaire à moi !

Maurice, frémissant, ne laissa tomber qu'un mot, qu'il voulait rendre outrageux.

— Paysan !

— Oui, c'est bien ça, je suis un paysan, tandis que vous êtes un monsieur, vous !... Et c'est pour ça que vous êtes un cochon, oui ! un sale cochon. Je ne vous l'envoie pas dire.

Des huées s'élevaient, mais le caporal poursuivait avec une force extraordinaire :

Quand on a de l'instruction, on le fait voir... Si nous sommes des paysans et des brutes, vous nous devriez l'exemple à tous, puisque vous en savez plus long que nous... Reprenez votre fusil, nom de Dieu ! ou je vous fais fusiller en arrivant à l'étape.

Dompté, Maurice avait ramassé le fusil. Des larmes de rage lui voilaient les yeux. Il continua sa marche en chancelant comme un homme ivre, au milieu des camarades qui, à présent, ricanaient de ce qu'il avait cédé. Ah! ce Jean! il le haïssait d'une inextinguible haine, frappé au cœur de cette leçon si dure, qu'il sentait juste. Et, Chouteau ayant grogné, à son côté, que des caporaux de cette espèce, on attendait un jour de bataille pour leur loger une balle dans la tête, il vit rouge, il se vit nettement cassant le crâne de Jean, derrière un mur.

Mais il y eut une diversion. Loubet remarqua que Pache, pendant la querelle, avait, lui aussi, abandonné enfin son fusil, doucement, en le couchant au bas d'un talus. Pourquoi? Il n'essaya point de l'expliquer, riant en dessous, de la façon gourmande et un peu honteuse d'un garçon sage à qui on reproche son premier péché. Très gai, ragaillardi, il marcha les bras ballants. Et, par les longues routes ensoleillées, entre les blés mûrs et les houblonnières qui se succédaient toujours pareils, la débandade continuait, les traînards n'étaient plus, sans sacs et sans fusils, qu'une foule égarée, piétinante, un pêle-mêle de vauriens et de mendiants, à l'approche desquels les portes des villages épouvantés se fermaient.

A ce moment, une rencontre acheva d'enrager Maurice. Un sourd roulement arrivait de loin, c'était l'artillerie de réserve, partie la dernière, dont la tête, tout d'un coup, déboucha d'un coude de la route; et les traînards débandés n'eurent que le temps de se jeter dans les champs voisins. Elle marchait en colonne, elle défilait d'un trot superbe, dans un bel ordre correct, tout un régiment de six batteries, le colonel en dehors et au centre, les officiers à leur place. Les pièces passaient, sonores, à des intervalles égaux, strictement observés, accompagnées chacune de son caisson, de ses chevaux et de ses hommes. Et Maurice, dans la cinquième batterie, reconnut parfaitement la pièce de son cousin Honoré. Le maréchal des logis était là, campé fièrement sur son cheval, à la gauche du conducteur de devant, un bel homme blond, Adolphe, qui montait un porteur solide, une bête alezane, admirablement accouplée avec le sous-verge trottant près d'elle; tandis que, parmi les six servants, assis deux par deux sur les coffres de la pièce et du caisson, se trouvait à son rang le pointeur, Louis, un petit brun, le camarade d'Adolphe, la paire, comme on disait, selon la règle établie de marier un homme à cheval et un homme à pied. Ils apparurent grandis à Maurice, qui avait fait leur connaissance au camp; et la pièce, attelée de ses quatre chevaux, suivie du caisson que six autres chevaux tiraient, lui sembla éclatante ainsi qu'un soleil, soignée, astiquée, aimée de tout son monde, des bêtes et des gens, serrés autour d'elle, dans une discipline et une tendresse de famille brave; et surtout il souffrit affreusement du regard méprisant que le cousin Honoré jeta sur les traînards, stupéfait soudain de l'apercevoir parmi ce troupeau d'hommes désarmés. Déjà, le défilé se terminait, le matériel des batteries, les prolonges, les fourragères, les forges. Puis, dans un dernier flot de poussière, ce furent les haut-le-pied, les hommes et les chevaux de rechange, dont le trot se perdit à un autre coude de la route, au milieu du grondement peu à peu décroissant des sabots et des roues.

— Pardi ! déclara Loubet, ce n'est pas malin de faire les crânes, quand on va en voiture !

L'état-major avait trouvé Altkirch libre. Pas de Prussiens encore. Et, toujours dans la crainte d'être talonné, de les voir paraître d'une minute à l'autre, le général Douay avait voulu qu'on poussât jusqu'à Dannemarie, où les têtes de colonne n'étaient entrées qu'à cinq heures du soir. Il était huit heures, la nuit se faisait, qu'on établissait à peine les bivouacs, dans la confusion des régiments réduits de moitié. Les hommes, exténués, tombaient de faim et de fatigue. Jusqu'à près de dix heures, on vit arriver, cherchant et ne retrouvant plus leurs compagnies, les soldats isolés, les petits groupes, toute cette lamentable et interminable queue des éclopés et des révoltés, semés le long des chemins.

Jean, dès qu'il put rejoindre son régiment, se mit en quête du lieutenant Rochas, pour faire son rapport. Il le trouva, ainsi que le capitaine Beaudoin, en conférence avec le colonel, tous les trois devant la porte d'une petite auberge, très préoccupés de l'appel, inquiets de savoir où étaient leurs hommes. Dès les premiers mots du caporal au lieutenant, le colonel de Vineuil qui entendit, le fit approcher, le força à tout dire. Sa longue face jaune, où les yeux étaient restés très noirs, dans la blancheur des épais cheveux de neige et des longues moustaches tombantes, exprima une désolation muette.

— Mon colonel, s'écria le capitaine Beaudoin, sans attendre l'avis de son chef, il faut fusiller une demi-douzaine de ces bandits.

Et le lieutenant Rochas approuvait du menton. Mais le colonel eut un geste d'impuissance.

— Ils sont trop... Comment voulez-vous ? près de sept cents ! Qui prendre là dedans ?... Et puis, si vous saviez ! le général ne veut pas. Il est paternel, il dit qu'en Afrique il n'a jamais puni un homme... Non, non ! je ne puis rien. C'est terrible.

Le capitaine osa répéter :

— C'est terrible... C'est la fin de tout.

Et Jean se retirait, lorsqu'il entendit le major Bouroche, qu'il n'avait pas vu, debout sur le seuil de l'auberge, gronder de sourdes paroles : plus de discipline, plus de punitions, armée fichue ! Avant huit jours, les chefs recevraient des coups de pied au derrière ; tandis que, si l'on avait tout de suite cassé la tête à quelques-uns de ces gaillards, les autres auraient réfléchi peut-être.

Personne ne fut puni. Des officiers, à l'arrière-garde, qui escortaient les voitures du convoi, avaient eu l'heureuse précaution de faire ramasser les sacs et les fusils, aux deux bords des chemins. Il n'en manqua qu'un petit nombre, les hommes furent réarmés à la pointe du jour, comme furtivement, pour étouffer l'affaire. Et l'ordre était de lever le camp à cinq heures; mais, dès quatre heures, on réveilla les soldats, on pressa la retraite sur Belfort, dans la certitude que les Prussiens n'étaient plus qu'à deux ou trois lieues. On avait dû encore se contenter de biscuit, les troupes restaient fourbues de cette nuit trop courte et fiévreuse, sans rien de chaud dans l'estomac. De nouveau, ce matin-là, la bonne conduite de la marche se trouva compromise par ce départ précipité.

Ce fut une journée pire, d'une infinie tristesse. L'aspect du pays avait changé, on était entré dans une contrée montagneuse, les routes montaient, dévalaient par des pentes plantées de sapins; et les étroites vallées, embroussaillées de genêts, étaient toutes fleuries d'or. Mais, au travers de cette campagne éclatante sous le grand soleil d'août, la panique soufflait plus affolée à chaque heure, depuis la veille. Une dépêche, recommandant aux maires d'avertir les habitants qu'ils feraient bien de mettre à l'abri ce qu'ils avaient de précieux, venait de porter l'épouvante à son comble. L'ennemi était donc là? Aurait-on seulement le temps de se sauver? Et tous croyaient entendre grossir le grondement de l'invasion, ce roulement sourd de fleuve débordé qui, maintenant, à chaque nouveau village, s'aggravait d'un nouvel effroi, au milieu des clameurs et des lamentations.

Maurice marchait d'un pas de somnambule, les pieds saignants, les épaules écrasées par le sac et le fusil. Il ne pensait plus, il avançait dans le cauchemar de ce qu'il voyait; et, autour de lui, la conscience du piétinement des camarades s'en était allée, il ne sentait que Jean à sa gauche, exténué par la même fatigue et la même douleur. C'était lamentable, ces villages qu'on traversait, d'une pitié à serrer le cœur d'angoisse. Dès qu'apparaissaient les troupes en retraite, cette débandade des soldats éreintés, traînant la jambe, les habitants s'agitaient, hâtaient leur fuite. Eux si tranquilles quinze jours plus tôt, toute cette Alsace qui attendait la guerre avec un sourire, convaincue qu'on se battrait en Allemagne! Et la France était envahie, et c'était chez eux, autour de leur maison, dans leurs champs, que la tempête crevait, comme un de ces terribles ouragans de grêle et de foudre qui anéantissent une province en deux heures! Devant les portes, au milieu d'une furieuse confusion, les hommes chargeaient les voitures, entassaient les meubles, au risque de briser tout. En haut, par les fenêtres, les femmes jetaient un dernier matelas, passaient le berceau qu'on allait oublier. On sanglait le bébé dedans, on l'accrochait au sommet, parmi les pieds des chaises et des tables renversées. Sur une autre charrette, à l'arrière, on liait, contre une armoire, le vieux grand-père infirme, qu'on emportait comme une chose. Puis, c'étaient ceux qui n'avaient pas de voiture, qui empilaient leur ménage en travers d'une brouette; et d'autres s'éloignaient avec une charge de hardes entre les bras, d'autres n'avaient songé qu'à sauver la pendule, qu'ils serraient sur leur cœur, ainsi qu'un enfant. On ne pouvait tout prendre, des meubles abandonnés, des paquets de linge trop lourds restaient dans le ruisseau. Certains, avant le départ, fermaient tout, les maisons semblaient mortes, portes et fenêtres closes ; tandis que le plus grand nombre, dans leur hâte, dans la certitude désespérée que tout serait détruit, laissaient les vieilles demeures ouvertes, les fenêtres et les portes béantes sur le vide des pièces déménagées ; et elles étaient les plus tristes, d'une tristesse affreuse de ville prise, dépeuplée par la peur, ces pauvres maisons ouvertes au vent, d'où les chats eux-mêmes s'étaient enfuis, dans le frisson de ce qui allait venir. A chaque village, le pitoyable spectacle s'assombrissait, le nombre des déménageurs et des fuyards devenait plus grand, parmi la bousculade croissante, les poings tendus, les jurons et les larmes.

Mais Maurice, surtout, sentait l'angoisse l'étouffer, le long de la grand'route, par la campagne libre. Là, à mesure qu'on approchait de Belfort, la queue des fuyards se resserrait, n'était plus qu'un cortège ininterrompu. Ah ! les pauvres gens qui croyaient trouver un asile sous les murs de la place ! L'homme tapait sur le cheval, la femme suivait, traînant les enfants. Des familles se hâtaient, écrasées de fardeaux, débandées, les petits ne pouvant suivre, dans l'aveuglante blancheur du chemin que chauffait le soleil de plomb. Beaucoup avaient retiré leurs souliers, marchaient pieds nus, pour courir plus vite ; et des mères à moitié vêtues, sans cesser d'allonger le pas, donnaient le sein à des marmots en larmes. Les faces effarées se tournaient en arrière, les mains hagardes faisaient de grands gestes, comme pour fermer l'horizon, dans ce vent de panique qui échevelait les têtes et fouettait les vêtements attachés à la hâte. D'autres, des fermiers, avec tous leurs serviteurs, se jetaient à travers champs, poussaient devant eux les troupeaux lâchés, les moutons, les vaches, les bœufs, les chevaux, qu'on avait fait sortir à coups de bâton des étables et des écuries. Ceux-là gagnaient les gorges, les hauts plateaux, les forêts désertes, soulevant la poussière des grandes migrations, lorsque autrefois les peuples envahis cédaient la place aux barbares conquérants. Ils allaient vivre sous la tente, dans quelque cirque de rochers solitaires, si loin de tout chemin, que pas un soldat ennemi n'oserait s'y hasarder. Et les fumées volantes qui les enveloppaient, se perdaient derrière les bouquets de sapins, avec le bruit décroissant des beuglements et des sabots du bétail, tandis que, sur la route, le flot des voitures et des piétons passait toujours, gênant la marche des troupes, si compact aux approches de Belfort, d'un tel courant irrésistible de torrent élargi, que des haltes, à plusieurs reprises, devinrent nécessaires.

Alors, ce fut pendant une de ces courtes haltes que Maurice assista à une scène, dont le souvenir lui resta comme celui d'un soufflet, reçu en plein visage.

Au bord du chemin, se trouvait une maison isolée, la demeure de quelque paysan pauvre, dont le maigre bien s'étendait derrière. Celui-là n'avait pas voulu quitter son champ, attaché au sol par des racines trop profondes; et il restait, ne pouvant s'éloigner, sans laisser là des lambeaux de sa chair. On l'apercevait dans une salle basse, écrasé sur un banc, regardant d'un œil vide défiler ces soldats, dont la retraite allait livrer son blé mûr à l'ennemi. Debout à son côté, sa femme, jeune encore, tenait un enfant, tandis qu'un autre se pendait à ses jupes; et tous les trois se lamentaient. Mais, tout d'un coup, dans le cadre de la porte violemment ouverte, parut la grand'mère, une très vieille femme, haute, maigre, avec des bras nus, pareils à des cordes noueuses, qu'elle agitait furieusement. Ses cheveux gris, échappés de son bonnet, s'envolaient autour de sa tête décharnée, et sa rage était si grande, que les paroles qu'elle criait, s'étranglaient dans sa gorge, indistinctes.

D'abord, les soldats s'étaient mis à rire. Elle avait une bonne tête, la vieille folle! Puis des mots leur parvinrent, la vieille criait:

— Canailles! brigands! lâches! lâches!

D'une voix de plus en plus perçante, elle leur crachait l'insulte de lâcheté, à toute volée. Et les rires cessèrent, un grand froid avait passé dans les rangs. Les hommes baissaient la tête, regardaient ailleurs.

— Lâches! lâches! lâches!

Brusquement, elle parut encore grandir. Elle se soulevait, d'une maigreur tragique, dans son lambeau de robe, promenant son long bras de l'ouest à l'est, d'un tel geste immense, qu'il semblait emplir le ciel.

— Lâches, le Rhin n'est pas là... Le Rhin est là-bas, lâches, lâches!

Enfin, on se remettait en marche, et Maurice dont le regard, à ce moment, rencontra le visage de Jean, vit que les yeux de celui-ci étaient pleins de grosses larmes. Il en eut un saisissement, son malheur en fût accru, à l'idée que les brutes avaient elles-mêmes senti l'injure, qu'on ne méritait pas et qu'il fallait subir. Tout s'effondrait dans sa pauvre tête endolorie, jamais il ne put se rappeler comment il avait achevé l'étape.

Le 7ᵉ corps avait employé la journée entière, pour franchir les vingt-trois kilomètres qui séparent Dannemarie de Belfort; et de nouveau la nuit tombait, il était très tard, lorsque les troupes purent installer leurs bivouacs sous les murs de la place, à l'endroit même d'où elles étaient parties, quatre jours auparavant, pour marcher à l'ennemi. Malgré l'heure avancée et la fatigue extrême, les soldats tinrent absolument à allumer les feux de cuisine et à faire la soupe. Depuis le départ, c'était enfin la première fois qu'ils avalaient quelque chose de chaud. Et, autour des feux, sous la nuit fraîche, les nez s'enfonçaient dans les écuelles, des grognements d'aise commençaient à s'élever, lorsqu'une rumeur qui courait, stupéfia le camp. Deux dépêches nouvelles étaient arrivées coup sur coup : les Prussiens n'avaient point passé le Rhin à Markolsheim, et il n'y avait plus un seul Prussien à Huningue. Le passage du Rhin à Markolsheim, le pont de bateaux établi à la clarté de grands foyers électriques, tous ces récits alarmants étaient simplement un cauchemar, une hallucination inexpliquée du sous-préfet de Schelestadt. Et quant au corps d'armée qui menaçait Huningue, le fameux corps d'armée de la Forêt-Noire, devant lequel tremblait l'Alsace, il n'était composé que d'un infime détachement wurtembergeois, deux bataillons et un escadron, dont la tactique habile, les marches, les contremarches répétées, les apparitions imprévues et soudaines, avaient fait croire à la présence de trente à quarante mille hommes. Dire que, le matin encore, on avait failli faire sauter le viaduc de Dannemerie ! Vingt lieues d'une riche contrée venaient d'être ravagées, sans raison aucune, par la plus imbécile des paniques ; et, au souvenir de ce qu'ils avaient vu dans cette journée lamentable, les habitants fuyant affolés, poussant leurs bestiaux vers la montagne, le flot des voitures chargées de meubles coulant vers la ville, parmi le troupeau des enfants et des femmes, les soldats se fâchaient, s'exclamaient, au milieu de ricanements exaspérés.

— Ah ! non, elle est trop drôle ! bégayait Loubet, la bouche pleine, en agitant sa cuiller. Comment ! c'est là l'ennemi qu'on nous menait combattre ? Il n'y avait personne !... Douze lieues en avant, douze lieues en arrière, et pas un chat devant nous ! Tout ça pour rien, pour le plaisir d'avoir eu peur !

Chouteau, qui torchait bruyamment l'écuelle, gueula alors contre les généraux, sans les nommer.

— Hein ? les cochons ! sont-ils assez crétins ! De fameux lièvres qu'on nous a donnés là ! S'ils se sont cavalés ainsi, quand il n'y avait personne, hein ? auraient-ils pris leurs jambes à leur cou, s'ils s'étaient trouvés en face d'une vraie armée !

On avait jeté une nouvelle brassée de bois dans le feu, pour la joie claire de la grande flamme qui montait, et Lapoulle, en train de se chauffer béatement les jambes, éclatait d'un rire idiot, sans comprendre, lorsque Jean, après avoir commencé par faire la sourde oreille, se permit de dire, paternellement :

— Taisez-vous donc !... Si l'on vous entendait, ça pourrait mal tourner.

Lui-même, dans son simple bon sens, était outré de la bêtise des chefs. Mais il fallait bien les faire respecter ; et, comme Chouteau grognait encore, il lui coupa la parole.

— Taisez-vous !... Voici le lieutenant, adressez-vous à lui, si vous avez des observations à faire.

Maurice, assis silencieusement à l'écart, avait baissé la tête. Ah ! c'était bien la fin de tout ! A peine avait-on commencé, et c'était fini.

« Répète un peu voir, que je corne ! » P. 37.)

Cette indiscipline, cette révolte des hommes, au premier revers, faisaient déjà de l'armée une bande sans liens aucuns, démoralisée, mûre pour toutes les catastrophes. Là, sous Belfort, eux n'avaient pas vu un Prussien, et ils étaient battus.

Les jours qui suivirent, furent, dans leur monotonie, frissonnants d'attente et de malaise. Pour occuper ses troupes, le général Douay les fit travailler aux ouvrages de défense de la place, fort incomplets. On remuait la terre avec rage, on tranchait le roc. Et pas une nouvelle! Où était l'armée de Mac-Mahon? que faisait-on sous Metz? Les rumeurs les plus extravagantes circulèrent, à peine quelques journaux de Paris venaient-ils augmenter par leurs contradictions les ténèbres anxieuses où l'on se débattait. Deux fois, le général avait écrit, demandé des ordres, sans même recevoir de réponse. Cependant, le 12 août enfin, le 7e corps se compléta par l'arrivée de la troisième division, qui débarquait d'Italie; mais il n'y avait toujours là que deux divisions, car la première, battue à Frœschwiller, s'était trouvée emportée dans la déroute, sans qu'on sût encore à cette heure où le courant l'avait jetée. Puis, après une semaine de cet abandon, de cette séparation totale d'avec le reste de la France, un télégramme apporta l'ordre du départ. Ce fut une grande joie, on préférait tout à cette vie murée qu'on menait. Et, pendant les préparatifs, les suppositions recommencèrent, personne ne savait où l'on se rendait: les uns disaient qu'on allait défendre Strasbourg, tandis que d'autres parlaient même d'une pointe hardie dans la Forêt-Noire, pour couper la ligne de retraite des Prussiens.

Dès le lendemain matin, le 106e partit un des premiers, entassé dans des wagons à bestiaux. Le wagon où se trouvait l'escouade de Jean, fut particulièrement empli, à ce point que Loubet prétendait qu'il n'avait pas la place pour éternuer. Comme les distributions, une fois de plus, venaient d'avoir lieu dans le plus grand désordre, les soldats ayant reçu en eau-de-vie ce qu'ils auraient dû recevoir en vivres, presque tous étaient ivres, d'une ivresse violente et hurlante, qui se répandait en chansons obscènes. Le train roulait, on ne se voyait plus dans le wagon, que la fumée des pipes noyait d'un brouillard; il y régnait une insupportable chaleur, la fermentation de ces corps empilés; tandis que, de la voiture noire et fuyante, sortaient des vociférations, dominant le grondement des roues, allant s'éteindre au loin, dans les mornes campagnes. Et ce fut seulement à Langres que les troupes comprirent qu'on les ramenait vers Paris.

— Ah! nom de Dieu! répétait Chouteau, qui régnait déjà dans son coin, en maître indiscuté, par sa toute-puissance de beau parleur, c'est bien sûr qu'on va nous aligner à Charentonneau, pour empêcher Bismarck d'aller coucher aux Tuileries.

Les autres se tordaient, trouvaient ça très farce, sans savoir pourquoi D'ailleurs, les moindres incidents du voyage soulevaient des huées, des cris et des rires assourdissants : les paysans plantés sur le bord de la voie, les groupes de gens anxieux qui attendaient le passage des trains, aux petites stations, avec l'espoir d'obtenir des nouvelles, toute cette France effarée et frissonnante devant l'invasion. Et les populations accourues ne recevaient ainsi au visage, dans le coup de vent de la locomotive et la vision rapide du train, noyé de vapeur et de bruit, que le hurlement de toute cette chair à canon, charriée à grande vitesse. Cependant, dans une gare où l'on s'arrêta, trois dames bien mises, des bourgeoises riches de la ville, qui distribuaient aux soldats des tasses de bouillon, eurent un vrai succès. Les hommes pleuraient, en les remerciant et en leur baisant les mains.

Mais, plus loin, les abominables chansons, les cris sauvages recommencèrent. Et il arriva ainsi, un peu après Chaumont, que le train en croisa un autre, chargé d'artilleurs, que l'on devait conduire à Metz. La marche venait d'être ralentie, les soldats des deux trains fraternisèrent dans une effroyable clameur. Du reste, ce furent les artilleurs, plus ivres sans doute, debout, les poings hors des wagons, qui l'emportèrent, en jetant ce cri, avec une telle violence désespérée, qu'il couvrait tout :

— A la boucherie! à la boucherie! à la boucherie!

Il sembla qu'un grand froid, un vent glacial de charnier passait. Il se fit un brusque silence, dans lequel on entendit le ricanement de Loubet.

— Pas gais, les camarades!

— Mais ils ont raison, reprit Chouteau, de sa voix d'orateur de cabaret, c'est dégoûtant d'envoyer un tas de braves garçons se faire casser la gueule, pour de sales histoires dont ils ne savent pas le premier mot.

Et il continua. C'était le pervertisseur, le mauvais ouvrier de Montmartre, le peintre en bâtiments flâneur et noceur, ayant mal digéré les bouts de discours entendus dans les réunions publiques, mêlant des âneries révoltantes aux grands principes d'égalité et de liberté. Il savait tout, il endoctrinait les camarades, surtout Lapoulle, dont il avait promis de faire un gaillard.

— Hein? vieux, c'est bien simple!... Si Badinguet et Bismarck ont une dispute, qu'ils règlent ça entre eux, à coups de poing, sans déranger des centaines de mille hommes qui ne se connaissent seulement pas et qui n'ont pas envie de se battre.

Tout le wagon riait, amusé, conquis, et Lapoulle, sans savoir qui était Badinguet, incapable de dire même s'il se battait pour un empereur ou pour un roi, répétait, de son air de colosse enfant :

— Bien sûr, à coups de poing, et on trinque après!

Mais Chouteau avait tourné la tête vers Pache, qu'il entreprenait à son tour.

— C'est comme toi qui crois au bon Dieu... Il a défendu de se battre, ton bon Dieu. Alors, espèce de serin, pourquoi es-tu ici?

— Dame! répondit Pache interloqué, je n'y suis pas pour mon plaisir... Seulement, les gendarmes...

— Les gendarmes! ah, ouiche! on s'en fout, des gendarmes!... Vous ne savez pas, vous tous, ce que nous ferions, si nous étions de bons bougres? Tout à l'heure, quand on nous débarquera, nous filerions, oui! nous filerions tranquillement, en laissant ce gros cochon de Badinguet et toute sa clique de généraux de quatre sous se débarbouiller comme ils l'entendraient avec leurs sales Prussiens!

Des bravos éclatèrent, la perversion agissait, et Chouteau alors triompha, en sortant ses théories, où roulaient dans un flot trouble la République, les droits de l'homme, la pourriture de l'Empire qu'il fallait jeter bas, la trahison de tous les chefs qui les commandaient, vendus chacun pour un million, ainsi que cela était prouvé. Lui se proclamait révolutionnaire, les autres ne savaient seulement pas s'ils étaient républicains, ni même de quelle façon on pouvait l'être, excepté Loubet, le fricoteur, qui, lui aussi, connaissait son opinion, n'ayant jamais été que pour la soupe; mais, tous, entraînés, n'en criaient pas moins contre l'empereur, les officiers, la sacrée boutique qu'ils lâcheraient, et raide! au premier embêtement. Et, soufflant sur leur ivresse montante, Chouteau guettait de l'œil Maurice, le monsieur, qu'il égayait, qu'il était fier d'avoir avec lui; si bien que, pour le passionner à son tour, il eut l'idée de tomber sur Jean, immobile et comme endormi jusque-là, au milieu du vacarme, les yeux demi-clos. Depuis la dure leçon donnée par le caporal à l'engagé volontaire, qu'il avait forcé à reprendre son fusil, si celui-ci gardait quelque rancune contre son chef, c'était bien le cas de jeter les deux hommes l'un sur l'autre.

— C'est comme j'en connais qui ont parlé de nous faire fusiller, reprit Chouteau menaçant. Des salauds qui nous traitent pire que des bêtes, qui ne comprennent pas que, lorsqu'on a assez du sac et du flingot, vie donc! on foute tout ça dans les champs, pour voir s'il en poussera d'autres!... Hein? les camarades, qu'est-ce qu'ils diraient, ceux-là, si, à cette heure que nous les tenons dans un petit coin, nous les jetions à leur tour sur la voie?... Ça y est-il, hein? faut un exemple, pour qu'on ne nous embête plus avec cette sale guerre! A mort les punaises à Badinguet! à mort les salauds qui veulent qu'on se batte!

Jean était devenu très rouge, sous le flot du sang de colère qui parfois lui montait au visage, dans ses rares coups de passion. Bien qu'il fût serré par ses voisins comme dans un étau vivant, il se leva, avança ses poings tendus et sa face enflammée, d'un air si terrible, que l'autre blêmit.

— Tonnerre de Dieu! veux-tu te taire à la fin, cochon!... Voilà des heures que je ne dis rien, puisqu'il n'y a plus de chefs et que je ne puis seulement pas vous faire coller au bloc. Bien sûr, oui ! j'aurais rendu un fier service au régiment, en le débarrassant d'une fichue crapule de ton espèce... Mais écoute, du moment où les punitions sont de la blague, c'est à moi que tu auras affaire. Il n'y a plus de caporal, il y a un bon bougre que tu embêtes et qui va te fermer le bec... Ah ! sacré lâche, tu ne veux pas te battre et tu cherches à empêcher les autres de se battre ! Répète un peu voir, que je cogne !

Déjà, tout le wagon, retourné, soulevé par la belle crânerie de Jean, abandonnait Chouteau, qui bégayait, reculant devant les gros poings de son adversaire.

— Et je me fiche de Badinguet, comme de toi, entends-tu ? Moi, la politique, la République ou l'Empire, je m'en suis toujours fichu ; et, aujourd'hui comme autrefois, lorsque je cultivais mon champ, je n'ai jamais désiré qu'une chose, c'est le bonheur de tous, le bon ordre, les bonnes affaires... Certainement que ça embête tout le monde, de se battre. Mais ça n'empêche qu'on devrait les coller au mur, les canailles qui viennent vous décourager, quand on a déjà tant de peine à se conduire proprement. Nom de Dieu ! les amis, votre sang ne fait donc pas qu'un tour, lorsqu'on vous dit que les Prussiens sont chez vous et qu'il faut les foutre dehors !

Alors, avec cette facilité des foules à changer de passion, les soldats acclamèrent le caporal, qui répétait son serment de casser la gueule au premier de son escouade qui parlerait de ne pas se battre. Bravo, le caporal ! on allait vite régler son affaire à Bismarck !

Et, au milieu de la sauvage ovation, Jean, calmé, dit poliment à Maurice, comme s'il ne se fût pas adressé à un de ses hommes :

— Monsieur, vous ne pouvez pas être avec les lâches... Allez, nous ne sommes pas encore battus, c'est nous qui finirons bien par les rosser un jour, les Prussiens !

A cette minute, Maurice sentit un chaud rayon de soleil lui couler jusqu'au cœur. Il restait troublé, humilié. Quoi ? cet homme n'était donc pas qu'un rustre ? Et il se rappelait l'affreuse haine dont il avait brûlé, en ramassant son fusil, jeté dans une minute d'inconscience. Mais il se rappelait aussi son saisissement, à la vue des deux grosses larmes du caporal, lorsque la vieille grand'mère, ses cheveux gris au vent, les insultait, en montrant le Rhin, là-bas, derrière l'horizon. Était-ce la fraternité des mêmes fatigues et des mêmes douleurs, subies ensemble, qui emportait ainsi sa rancune ? Lui, de famille bonapartiste, n'avait jamais rêvé la République qu'à l'état théorique ; et il se sentait plutôt tendre pour la personne de l'empereur, il était pour la guerre, la vie même des peuples. Tout d'un coup, l'espoir lui revenait, dans une de ces sautes d'imagination qui lui étaient familières ; tandis que l'enthousiasme qui l'avait, un soir, poussé à s'engager, battait de nouveau en lui, gonflant son cœur d'une certitude de victoire.

— Mais c'est certain, caporal, dit-il gaiement, nous les rosserons !

Le wagon roulait, roulait toujours, emportant sa charge d'hommes, dans l'épaisse fumée des pipes et l'étouffante chaleur des corps entassés, jetant aux stations anxieuses qu'on traversait, aux paysans hagards, plantés le long des haies, ses obscènes chansons en une clameur d'ivresse. Le 20 août on était à Paris, à la gare de Pantin, et le soir même on repartait, on débarquait le lendemain à Reims, en route pour le camp de Châlons.

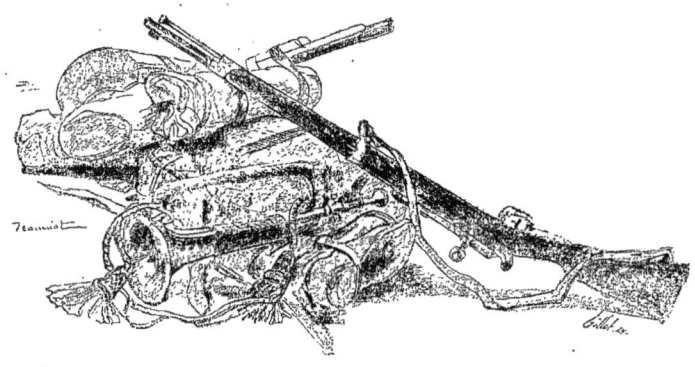

III

A sa grande surprise, Maurice vit que le 106e descendait à Reims et recevait l'ordre d'y camper. On n'allait donc pas à Châlons rejoindre l'armée ? Et, lorsque, deux heures plus tard, son régiment eut formé les faisceaux, à une lieue de la ville, du côté de Courcelles, dans la vaste plaine qui s'étend le long du canal de l'Aisne à la Marne, son étonnement grandit encore, en apprenant que toute l'armée de Châlons se repliait depuis le matin et venait bivouaquer en cet endroit. En effet, d'un bout de l'horizon à l'autre, jusqu'à Saint-Thierry et à la Neuvillette, au delà même de la route de Laon, des tentes se dressaient, les feux de quatre corps d'armée flamberaient là le soir. Évidemment, le plan qui avait prévalu était d'aller prendre position sous Paris, pour y attendre les Prussiens. Et il en fut très heureux. N'était-ce pas le plus sage ?

Cette après-midi du 21, Maurice la passa à flâner au travers du camp, en quête de nouvelles. On était très libre, la discipline semblait s'être relâchée encore, les hommes s'écartaient, rentraient à leur fantaisie. Lui, tranquillement, finit par retourner à Reims, où il voulait toucher un bon de cent francs, qu'il avait reçu de sa sœur Henriette. Dans un café, il entendit un sergent parler du mauvais esprit des dix-huit bataillons de la garde mobile de la Seine, qu'on venait de renvoyer à Paris : le 6e bataillon surtout avait failli tuer ses chefs. Là-bas, au camp, journellement, les généraux étaient insultés, et les soldats ne saluaient même plus le maréchal de Mac-Mahon, depuis Frœschwiller. Le café s'emplissait de voix, une violente discussion éclata entre deux bourgeois paisibles, au sujet du nombre d'hommes que le maréchal allait avoir sous ses ordres. L'un parlait de trois cent mille, c'était fou. L'autre, plus raisonnable, énumérait les quatre corps : le 12e, péniblement complété au camp, à l'aide de régiments de marche et d'une division d'infanterie de marine ; le 1er, dont les débris arrivaient débandés depuis le 14, et dont on reformait tant bien que mal les cadres ; enfin, le 5e, défait sans avoir combattu, emporté, disloqué dans la déroute, et le 7ᵉ qui débarquait, démoralisé lui aussi, amoindri de sa première division, qu'il venait seulement de retrouver à Reims, en pièces ; au plus, cent vingt mille hommes, en comptant la cavalerie de réserve, les divisions Bonnemain et Margueritte. Mais le sergent s'étant mêlé à la querelle, en traitant avec un mépris furieux cette armée, un ramassis d'hommes sans cohésion, un troupeau d'innocents menés au massacre par des imbéciles, les deux bourgeois, pris d'inquiétude, craignant d'être compromis, filèrent.

Dehors, Maurice tâcha de se procurer des journaux. Il se bourra les poches de tous les numéros qu'il put acheter ; et il les lisait en marchant, sous les grands arbres des magnifiques promenades qui bordent la ville. Où étaient donc les armées allemandes ? Il semblait qu'on les eût perdues. Deux sans doute se trouvaient du côté de Metz : la première, celle que le général Steinmetz commandait, surveillant la place ; la seconde, celle du prince Frédéric-Charles, tâchant de remonter la rive droite de la Moselle, pour couper à Bazaine la route de Paris. Mais la troisième armée, celle du prince royal de Prusse, l'armée victorieuse à Wissembourg et à Frœschwiller, et qui poursuivait le 1ᵉʳ corps et le 5ᵉ, où était-elle réellement, au milieu du gâchis des informations contradictoires ? Campait-elle encore à Nancy ? Arrivait-elle devant Châlons, pour qu'on eût quitté le camp avec une telle hâte, en incendiant les magasins, des objets d'équipement, des fourrages, des provisions de toutes sortes ? Et la confusion, les hypothèses les plus contraires recommençaient d'ailleurs, à propos des plans qu'on prêtait aux généraux. Maurice, comme séparé du monde, apprit seulement alors les événements de Paris : le coup de foudre de la défaite sur tout un peuple certain de la victoire, l'émotion terrible des rues, la convocation des Chambres, la chute du ministère libéral qui avait fait le plébiscite, l'empereur déchu de son titre de général en chef, forcé de passer le commandement suprême au maréchal Bazaine. Depuis le 16, l'empereur était au camp de Châlons, et tous les journaux parlaient d'un grand conseil, tenu le 17, où avaient assisté le prince Napoléon et des généraux ; mais ils ne s'accordaient guère entre eux sur les véritables décisions prises, en dehors des faits qui en résultaient : le général Trochu nommé gouverneur de Paris, le maréchal de Mac-Mahon mis à la tête de l'armée de Châlons, ce qui impliquait le complet effacement de l'empereur. On sentait un effarement, une irrésolution immenses, des plans opposés, qui se combattaient, qui se succédaient d'heure en heure. Et toujours cette question : où donc étaient les armées allemandes ? Qui avait raison, de ceux qui prétendaient Bazaine libre, en train d'opérer sa retraite par les places du Nord, ou de ceux qui le disaient déjà bloqué sous Metz ? Un bruit persistant courait de gigantesques batailles, de luttes héroïques soutenues du 14 au 20, pendant toute une semaine, sans qu'il s'en dégageât autre chose qu'un formidable retentissement d'armes, lointain et perdu.

« —Est-ce que Monsieur déjeune ? » (P. 43.)

Alors, Maurice, les jambes cassées de fatigue, s'assit sur un banc. La ville, autour de lui, semblait vivre de sa vie quotidienne, et des bonnes, sous les beaux arbres, surveillaient des enfants, tandis que les petits rentiers faisaient d'un pas ralenti leur habituelle promenade. Il avait repris ses journaux, lorsqu'il tomba sur un article qui lui avait échappé, l'article d'une feuille ardente de l'opposition républicaine. Brusquement, tout s'éclaira. Le journal affirmait que, dans le conseil du 17, tenu au camp de Châlons, la retraite de l'armée sur Paris avait été décidée; et que la nomination du général Trochu n'était faite que pour préparer la rentrée de l'empereur. Mais il ajoutait que ces résolutions venaient de se briser devant l'attitude de l'impératrice-régente et du nouveau ministère. Pour l'impératrice, une révolution était certaine, si l'empereur reparaissait. On lui prêtait ce mot : « Il n'arriverait pas vivant aux Tuileries ». Aussi voulait-elle, de toute son entêtée volonté, la marche en avant, la jonction quand même avec l'armée de Metz, soutenue d'ailleurs par le général de Palikao, le nouveau ministre de la guerre, qui avait un plan de marche foudroyante et victorieuse, pour donner la main à Bazaine. Et, le journal glissé sur les genoux, Maurice maintenant, les regards perdus, croyait tout comprendre : les deux plans qui se combattaient, les hésitations du maréchal de Mac-Mahon à entreprendre cette marche de flanc si dangereuse avec des troupes peu solides, les ordres impatients, de plus en plus irrités, qui lui arrivaient de Paris, qui le poussaient à la témérité folle de cette aventure. Puis, au milieu de cette lutte tragique, il eut tout d'un coup la vision nette de l'empereur, démis de son autorité impériale qu'il avait confiée aux mains de l'impératrice-régente, dépouillé de son commandement de général en chef dont il venait d'investir le maréchal Bazaine, n'étant plus absolument rien, une ombre d'empereur, indéfinie et vague, une inutilité sans nom et encombrante, dont on ne savait quoi faire, que Paris repoussait et qui n'avait plus de place dans l'armée, depuis qu'il s'était engagé à ne pas même donner un ordre.

Cependant, le lendemain matin, après une nuit orageuse, qu'il dormit hors de la tente, roulé dans sa couverture, ce fut un soulagement pour Maurice, d'apprendre que, décidément, la retraite sur Paris l'emportait. On parlait d'un nouveau conseil, tenu la veille au soir, auquel assistait l'ancien vice-empereur, M. Rouher, envoyé par l'impératrice pour hâter la marche sur Verdun, et que le maréchal semblait avoir convaincu du danger d'un pareil mouvement. Avait-on reçu de mauvaises nouvelles de Bazaine? on n'osait l'affirmer. Mais l'absence de nouvelles même était significative, tous les officiers de quelque bon sens se prononçaient pour l'attente sous Paris, dont on allait être ainsi l'armée de secours. Et, convaincu qu'on se replierait dès le lendemain, puisqu'on disait les ordres donnés, Maurice, heureux, voulut satisfaire une envie d'enfant qui le tourmentait : celle d'échapper pour une fois à la gamelle, de déjeuner quelque part sur une nappe, d'avoir devant lui une bouteille, un verre, une assiette, toutes ces choses dont il lui semblait être privé depuis des mois. Il avait de l'argent, il fila le cœur battant, comme pour une fredaine, cherchant une auberge.

Ce fut, au delà du canal, à l'entrée du village de Courcelles, qu'il trouva le déjeuner rêvé. La veille, on lui avait dit que l'empereur était descendu dans une maison bourgeoise de ce village ; et il y était venu flâner par curiosité, il se souvenait d'avoir vu, à l'angle de deux routes, ce cabaret avec sa tonnelle, d'où pendaient de belles grappes de raisin, déjà dorées et mûres. Sous la vigne grimpante, il y avait des tables peintes en vert, tandis que, dans la vaste cuisine, par la porte grande ouverte, on apercevait l'horloge sonore, les images d'Épinal collées parmi les faïences, l'hôtesse énorme activant le tournebroche. Derrière, s'étendait un jeu de boules. Et c'était bon enfant, gai et joli, toute la vieille guinguette française.

Une belle fille, de poitrine solide, vint lui demander, en montrant ses dents blanches :

— Est-ce que monsieur déjeune ?

— Mais oui, je déjeune !... Donnez-moi des œufs, une côtelette, du fromage ! Et du vin blanc !

Il la rappela.

— Dites, n'est-ce pas dans une de ces maisons que l'empereur est descendu ?

— Tenez ! monsieur, dans celle qui est là devant nous... Vous ne voyez pas la maison, elle est derrière ce grand mur que des arbres dépassent.

Alors, il s'installa sous la tonnelle, déboucla son ceinturon pour être plus à l'aise, choisit sa table, sur laquelle le soleil, filant à travers les pampres, jetait des palets d'or. Et il revenait toujours à ce grand mur jaune, qui abritait l'empereur. C'était en effet une maison cachée, mystérieuse, dont on ne voyait pas même les tuiles du dehors. L'entrée donnait de l'autre côté, sur la rue du village, une rue étroite, sans une boutique, ni même une fenêtre, qui tournait entre des murailles mornes. Derrière, le petit parc faisait comme un îlot d'épaisse verdure, parmi les quelques constructions voisines. Et là, il remarqua, à l'autre bord de la route, encombrant une large cour, entourée de remises et d'écuries, tout un matériel de voitures et de fourgons, au milieu d'un va-et-vient continu d'hommes et de chevaux.

— Est-ce que c'est pour l'empereur, tout ça ? demanda-t-il, croyant plaisanter, à la servante, qui étalait sur la table une nappe très blanche.

— Pour l'empereur tout seul, justement ! répondit-elle de son bel air de gaieté, heureuse de montrer ses dents fraîches.

Et, renseignée sans doute par les palefreniers, qui, depuis la veille, venaient boire, elle énuméra : l'état-major composé de vingt-cinq officiers,

les soixante cent-gardes et le peloton de guides du service d'escorte, les
six gendarmes du service de la prévôté; puis, la maison, comprenant
soixante-treize personnes, des chambellans, des valets de chambre et de
bouche, des cuisiniers, des marmitons; puis, quatre chevaux de selle et
deux voitures pour l'empereur, dix chevaux pour les écuyers, huit pour
les piqueurs et les grooms, sans compter quarante-sept chevaux de poste;
puis, un char à bancs, douze fourgons à bagages, dont deux, réservés
aux cuisiniers, avaient fait son admiration par la quantité d'ustensiles,
d'assiettes et de bouteilles qu'on y apercevait, en bel ordre.

— Oh! monsieur, on n'a pas idée de ces casseroles! Ça luit comme
des soleils... Et toutes sortes de plats, de vases, de machines qui
servent je ne peux pas même vous dire à quoi!... Et une cave! oui, du
bordeaux, du bourgogne, du champagne, de quoi donner une fameuse
noce!

Dans la joie de la nappe très blanche, ravi du vin blanc qui étincelait
dans son verre, Maurice mangea deux œufs à la coque, avec une gourmandise qu'il ne se connaissait pas. A gauche, lorsqu'il tournait la tête, il
avait, par une des portes de la tonnelle, la vue de la vaste plaine, plantée
de tentes, toute une ville grouillante qui venait de pousser parmi les
chaumes, entre le canal et Reims. A peine quelques maigres bouquets
d'arbres tachaient-ils de vert la grise étendue. Trois moulins dressaient
leurs bras maigres. Mais, au-dessus des confuses toitures de Reims, que
noyaient des cimes de marronniers, le colossal vaisseau de la cathédrale
se profilait dans l'air bleu, géant malgré la distance, à côté des maisons
basses. Et des souvenirs de classe, des leçons apprises, ânonnées, revenaient dans sa mémoire : le sacre de nos rois, la sainte ampoule, Clovis,
Jeanne d'Arc, toute la glorieuse vieille France.

Puis, comme Maurice, envahi de nouveau par l'idée de l'empereur,
dans cette modeste maison bourgeoise, si discrètement close, ramenait
les yeux sur le grand mur jaune, il fut surpris d'y lire, charbonné en
énormes lettres, ce cri : Vive Napoléon! à côté d'obscénités maladroites,
démesurément grossies. La pluie avait lavé les lettres, l'inscription, évidemment, était ancienne. Quelle singulière chose, sur cette muraille, ce
cri du vieil enthousiasme guerrier, qui acclamait sans doute l'oncle, le
conquérant, et non le neveu! Déjà, toute son enfance renaissait, chantait
dans ses souvenirs, lorsque, là-bas, au Chêne-Populeux, dès le berceau,
il écoutait les histoires de son grand-père, un des soldats de la Grande
Armée. Sa mère était morte, son père avait dû accepter un emploi de
percepteur, dans cette faillite de la gloire qui avait frappé les fils des
héros, après la chute de l'empire; et le grand-père vivait là, d'une infime
pension, retombé à la médiocrité de cet intérieur de bureaucrate, n'ayant
d'autre consolation que de conter ses campagnes à ses petits-enfants, les
deux jumeaux, le garçon et la fille, aux mêmes cheveux blonds, dont il
était un peu la mère. Il installait Henriette sur son genou gauche, Mau-

rice sur son genou droit, et c'était pendant des heures des récits homériques de batailles.

Les temps se confondaient, cela semblait se passer en dehors de l'histoire, dans un choc effroyable de tous les peuples. Les Anglais, les Autrichiens, les Prussiens, les Russes, défilaient tour à tour et ensemble, au petit bonheur des alliances, sans qu'il fût toujours possible de savoir pourquoi les uns étaient battus plutôt que les autres. Mais, en fin de compte, tous étaient battus, inévitablement battus à l'avance, dans une poussée d'héroïsme et de génie qui balayait les armées comme de la paille. C'était Marengo, la bataille en plaine, avec ses grandes lignes savamment développées, son impeccable retraite en échiquier, par bataillons, silencieux et impassibles sous le feu, la légendaire bataille perdue à trois heures, gagnée à six, où les huit cents grenadiers de la garde consulaire brisèrent l'élan de toute la cavalerie autrichienne, où Desaix arriva pour mourir et pour changer la déroute commençante en une immortelle victoire. C'était Austerlitz, avec son beau soleil de gloire dans la brume d'hiver, Austerlitz débutant par la prise du plateau de Pratzen, se terminant par la terrifiante débâcle des étangs glacés, tout un corps d'armée russe s'effondrant sous la glace, les hommes, les bêtes, dans un affreux craquement, tandis que le dieu Napoléon, qui avait naturellement tout prévu, hâtait le désastre à coups de boulets. C'était Iéna, le tombeau de la puissance prussienne, d'abord des feux de tirailleurs à travers le brouillard d'octobre, l'impatience de Ney qui manque de tout compromettre, puis l'entrée en ligne d'Augereau qui le dégage, le grand choc dont la violence emporte le centre ennemi, enfin la panique, le sauve-qui-peut d'une cavalerie trop vantée, que nos hussards sabrent ainsi que des avoines mûres, semant la vallée romantique d'hommes et de chevaux moissonnés. C'était Eylau, l'abominable Eylau, la plus sanglante, la boucherie entassant les corps hideusement défigurés, Eylau rouge de sang sous sa tempête de neige, avec son morne et héroïque cimetière, Eylau encore tout retentissant de sa foudroyante charge des quatre-vingts escadrons de Murat, qui traversèrent de part en part l'armée russe, jonchant le sol d'une telle épaisseur de cadavres, que Napoléon lui-même en pleura. C'était Friedland, le grand piège effroyable où les Russes de nouveau vinrent tomber comme une bande de moineaux étourdis, le chef-d'œuvre de stratégie de l'empereur qui savait tout et pouvait tout, notre gauche immobile, imperturbable, tandis que Ney, ayant pris la ville, rue par rue, détruisait les ponts, puis notre gauche alors se ruant sur la droite ennemie, là poussant à la rivière, l'écrasant dans cette impasse, une telle besogne de massacre, qu'on tuait encore à dix heures du soir. C'était Wagram, les Autrichiens voulant nous couper du Danube, renforçant toujours leur aile droite pour battre Masséna, qui, blessé, commandait en calèche découverte, et Napoléon, malin et titanique, les laissant faire, et tout d'un coup cent pièces de canon enfonçant

d'un feu terrible leur centre dégarni, le rejetant à plus d'une lieue, pendant que la droite, épouvantée de son isolement, lâchant pied devant
Masséna redevenu victorieux, emporte le reste de l'armée dans une
dévastation de digue rompue. C'était enfin la Moskowa, où le clair soleil
d'Austerlitz reparut pour la dernière fois, une terrifiante mêlée d'hommes,
la confusion du nombre et du courage entêté, des mamelons enlevés
sous l'incessante fusillade, des redoutes prises d'assaut à l'arme blanche,
de continuels retours offensifs disputant chaque pouce de terrain, un tel
acharnement de bravoure de la garde russe, qu'il fallut pour la victoire
les furieuses charges de Murat, le tonnerre de trois cents canons tirant
ensemble et la valeur de Ney, le triomphal prince de la journée. Et,
quelle que fût la bataille, les drapeaux flottaient avec le même frisson
glorieux dans l'air du soir, les mêmes cris de : Vive Napoléon ! retentis-
saient à l'heure où les feux de bivouac s'allumaient sur les positions
conquises, la France était partout chez elle, en conquérante qui promenait ses aigles invincibles d'un bout de l'Europe à l'autre, n'ayant qu'à
poser le pied dans les royaumes pour faire rentrer en terre les peuples
domptés.

Maurice achevait sa côtelette, grisé moins par le vin blanc qui pétil-
lait au fond de son verre que par tant de gloire évoquée, chantant dans
sa mémoire, lorsque son regard tomba sur deux soldats en loques, couverts de boue, pareils à des bandits las de rouler les routes ; et il les
entendit demander à la servante des renseignements sur l'exacte position
des régiments campés le long du canal.

Alors, il les appela.

— Eh! camarades, par ici!... Mais vous êtes du 7° corps, vous !

— Bien sûr, de la première division !... Ah! foutre! je vous le promets, que j'en suis! A preuve que j'étais à Frœschwiller, où il ne faisait
pas froid, je vous en réponds... Et, tenez! le camarade, lui, est du
1er corps, et il était à Vissembourg, encore un sale endroit !

Ils dirent leur histoire, roulés dans la panique et dans la déroute,
restés à demi morts de fatigue au fond d'un fossé, blessés même légèrement l'un et l'autre, et dès lors traînant la jambe à la queue de l'armée,
forcés de s'arrêter dans des villes par des crises épuisantes de fièvre, si
en retard enfin, qu'ils arrivaient seulement, un peu remis, en quête de
leur escouade.

Le cœur serré, Maurice, qui allait attaquer un morceau de gruyère,
remarqua leur yeux voraces, fixés sur son assiette.

— Dites donc, mademoiselle! encore du fromage, et du pain, et du
vin!... N'est-ce pas, camarades, vous allez faire comme moi? Je régale.
A votre santé !

Ils s'attablèrent, ravis. Et lui, envahi d'un froid grandissant, les
regardait, dans leur déchéance lamentable de soldats sans armes, vêtus
de pantalons rouges et de capotes si rattachés de ficelles, rapiécés de

tant de lambeaux différents, qu'ils ressemblaient à des pillards, à des bohémiens achevant d'user la défroque de quelque champ de bataille.

— Ah! foutre, oui! répondit le plus grand, la bouche pleine, ce n'était pas drôle, là-bas!... Faut avoir vu, raconte donc, Coutard.

Et le petit raconta, avec des gestes, agitant son pain.

— Moi, je lavais ma chemise, tandis qu'on faisait la soupe... Imaginez-vous un sale trou, un vrai entonnoir, avec des bois tout autour, qui avaient permis à ces cochons de Prussiens de s'approcher à quatre pattes, sans qu'on s'en doute seulement... Alors, à sept heures, voilà que les obus se mettent à tomber dans nos marmites. Nom de Dieu! ça n'a pas traîné, nous avons sauté sur nos flingots, et jusqu'à onze heures, vrai! on a cru qu'on leur allongeait une raclée dans les grands prix... Mais faut que vous sachiez que nous n'étions pas cinq mille et que ces cochons arrivaient, arrivaient toujours. J'étais, moi, sur un petit coteau, couché derrière un buisson, et j'en voyais déboucher en face, à droite, à gauche, oh! de vraies fourmilières, des files de fourmis noires, si bien que, quand il n'y en avait plus, il y en avait encore. Ce n'est pas pour dire, mais nous pensions tous que les chefs étaient de rudes serins, de nous avoir fourrés dans un pareil guêpier, loin des camarades, et de nous y laisser aplatir, sans venir à notre aide... Pour lors, voilà notre général, le pauvre bougre de général Douay, pas une bête ni un capon, celui-là, qui gobe une prune et qui s'étale, les quatre fers en l'air. Nettoyé, plus personne! Ça ne fait rien, on tient tout de même. Pourtant, ils étaient trop, il fallait bien déguerpir. On se bat dans un enclos, on défend la gare, au milieu d'un tel train, qu'il y avait de quoi rester sourd... Et puis, je ne sais plus, la ville devait être prise, nous nous sommes trouvés sur une montagne, le Geissberg, comme ils disent, je crois; et alors, là, retranchés dans une espèce de château, ce que nous en avons tué, de ces cochons! Ils sautaient en l'air, ça faisait plaisir de les voir retomber sur le nez... Et puis, que voulez-vous, il en arrivait, il en arrivait toujours, dix hommes contre un, et du canon tant qu'on en demandait. Le courage, dans ces histoires-là, ça ne sert qu'à rester sur le carreau. Enfin, une telle marmelade, que nous avons dû foutre le camp... N'empêche que, pour des serins, nos officiers se sont montrés de fameux serins, n'est-ce pas, Picot?

Il y eut un silence. Picot, le plus grand, avala un verre de vin blanc; et, se torchant d'un revers de main:

— Bien sûr... C'est comme à Frœschwiller, fallait être bête à manger du foin pour se battre dans des conditions pareilles. Mon capitaine, un petit malin, le disait... La vérité est qu'on ne devait pas savoir. Toute une armée de ces salauds nous est tombée sur le dos, quand nous étions à peine quarante mille, nous autres. Et on ne s'attendait pas à se battre ce jour-là, la bataille s'est engagée peu à peu, sans que les chefs le veuillent, paraît-il... Bref! moi, je n'ai pas tout vu, naturellement.

Mais ce que je sais bien, c'est que la danse a recommencé d'un bout à l'autre de la journée, et que, lorsqu'on croyait que c'était fini, pas du tout! les violons reprenaient de plus belle... D'abord, à Wœrth, un gentil village, avec un clocher drôle, qui a l'air d'un poêle à cause des carreaux de faïence qu'on a mis dessus. Je ne sais foutre pas pourquoi on nour l'avait fait quitter le matin, car nous nous sommes usé les dents et les ongles pour le réoccuper, sans y parvenir. Oh! mes enfants, ce qu'on s'est bûché là, ce qu'il y a eu de ventres ouverts et de cervelles écrabouillées, c'est à ne pas croire!... Ensuite, ç'a été autour d'un autre village qu'on s'est cogné : Elsasshaussen, un nom à coucher à la porte. Nous étions canardés par un tas de canons, qui tiraient à leur aise du haut d'une sacrée colline, que nous avions lâchée aussi le matin. Et c'est alors que j'ai vu, oui! moi qui vous parle, j'ai vu la charge des cuirassiers. Ce qu'ils se sont fait tuer, les pauvres bougres! Une vraie pitié de lancer des chevaux et des hommes sur un terrain pareil, une pente couverte de broussailles, coupée de fossés! D'autant plus, nom de Dieu! que ça ne pouvait servir à rien du tout. N'importe! c'était crâne, ça vous réchauffait le cœur... Ensuite, n'est-ce pas? il semblait que le mieux était de s'en aller souffler plus loin. Le village flambait comme une allumette, les Badois, les Wurtembergeois, les Prussiens, toute la clique, plus de cent vingt mille de ces salauds, à ce qu'on a compté plus tard, avaient fini par nous envelopper. Et pas du tout, voilà la musique qui repart plus fort, autour de Frœschwiller! Car, c'est la vérité pure, Mac-Mahon est peut-être un serin, mais il est brave. Fallait le voir sur son grand cheval, au milieu des obus! Un autre aurait filé dès le commencement, jugeant qu'il n'y a pas de honte à refuser de se battre, quand on n'est pas de force. Lui, puisque c'était commencé, a voulu se faire casser la gueule jusqu'au bout. Et ce qu'il y a réussi!... Dans Frœschwiller, voyez-vous! ce n'étaient plus des hommes, c'étaient des bêtes qui se mangeaient. Pendant près de deux heures, les ruisseaux ont roulé du sang... Ensuite, ensuite, dame! il a tout de même fallu décamper. Et dire qu'on est venu nous raconter qu'à la gauche nous avions culbuté les Bavarois! Tonnerre de bon Dieu! si nous avions été cent vingt mille, nous aussi! si nous avions eu assez de canons et des chefs un peu moins serins!

Et violents, exaspérés encore, dans leurs uniformes en guenilles, gris de poussière, Coutard et Picot se coupaient du pain, avalaient de gros morceaux de fromage, en jetant le cauchemar de leurs souvenirs, sous la jolie treille, aux grappes mûres, criblées par les flèches d'or du soleil. Maintenant, ils en étaient à l'effroyable déroute qui avait suivi, les régiments débandés, démoralisés, affamés, fuyant à travers champs, les grands chemins roulant une affreuse confusion d'hommes, de chevaux, de voitures, de canons, toute la débâcle d'une armée détruite, fouettée du vent fou de la panique. Puisqu'on n'avait point su se replier sagement et défendre les passages des Vosges, où dix mille hommes en

Sous une pluie ba'tante, on descendait vers Bayon, pour éviter Nancy (p. 50)

auraient arrêté cent mille, on aurait dû au moins faire sauter les ponts, combler les tunnels. Mais les généraux galopaient, dans l'effarement, et une telle tempête de stupeur soufflait, emportant à la fois les vaincus et les vainqueurs, qu'un instant les deux armées s'étaient perdues, dans cette poursuite à tâtons sous le grand jour, Mac-Mahon filant vers Lunéville, tandis que le prince royal de Prusse le cherchait du côté des Vosges. Le 7, les débris du 1ᵉʳ corps traversaient Saverne, ainsi qu'un fleuve limoneux et débordé, charriant des épaves. Le 8, à Sarrebourg, le 5ᵉ corps venait tomber dans le 1ᵉʳ, comme un torrent démonté dans un autre, en fuite lui aussi, battu sans avoir combattu, entraînant son chef, le général de Failly, éperdu, affolé de ce qu'on faisait remonter à son inaction la responsabilité de la défaite. Le 9, le 10, la galopade continuait, un sauve-qui-peut enragé qui ne regardait même pas en arrière. Le 11, sous une pluie battante, on descendait vers Bayon, pour éviter Nancy, à la suite d'une rumeur fausse qui disait cette ville au pouvoir de l'ennemi. Le 12, on campait à Haroué, le 13, à Vicherey; et, le 14, on était à Neufchâteau, où le chemin de fer, enfin, recueillit cette masse roulante d'hommes qu'il chargea à la pelle dans des trains, pendant trois jours, pour les transporter à Châlons. Vingt-quatre heures après le départ du dernier train, les Prussiens arrivaient.

— Ah! foutu sort! conclut Picot, ce qu'il a fallu jouer des jambes!... Et nous qu'on avait laissés à l'hôpital!

Coutard achevait de vider la bouteille dans son verre et dans celui du camarade.

— Oui, nous avons pris nos cliques et nos claques, et nous courons encore... Bah! ça va mieux tout de même, puisqu'on peut boire un coup à la santé de ceux qui n'ont pas eu la gueule cassée.

Maurice, alors, comprit. Après la surprise imbécile de Wissembourg, l'écrasement de Frœschwiller était le coup de foudre, dont la lueur sinistre venait d'éclairer nettement la terrible vérité. Nous étions mal préparés, une artillerie médiocre, des effectifs menteurs, des généraux incapables; et l'ennemi, tant dédaigné, apparaissait fort et solide, innombrable, avec une discipline et une tactique parfaites. Le faible rideau de nos sept corps, disséminés de Metz à Strasbourg, venait d'être enfoncé par les trois armées allemandes, comme par des coins puissants. Du coup, nous restions seuls, ni l'Autriche, ni l'Italie ne viendraient, le plan de l'empereur s'était effondré dans la lenteur des opérations et dans l'incapacité des chefs. Et jusqu'à la fatalité qui travaillait contre nous, accumulant les contretemps, les coïncidences fâcheuses, réalisant le plan secret des Prussiens, qui était de couper en deux nos armées, d'en rejeter une partie sous Metz, pour l'isoler de la France, tandis qu'ils marcheraient sur Paris, après avoir anéanti le reste. Dès maintenant, cela apparaissait mathématique, nous devions être vaincus pour toutes les causes dont l'inévitable résultat éclatait, c'était le choc de la bravoure

inintelligente contre le grand nombre et la froide méthode. On aurait
beau disputer plus tard, la défaite, malgré tout, était fatale, comme la loi
des forces qui mènent le monde.

Brusquement, Maurice, les yeux rêveurs et perdus, relut là-bas,
devant lui, le cri : Vive Napoléon! charbonné sur le grand mur jaune. Et
il eut une sensation d'intolérable malaise, un élancement dont la brûlure lui trouait le cœur. C'était donc vrai que cette France, aux victoires
légendaires, et qui s'était promenée, tambours battants, au travers de
l'Europe, venait d'être culbutée du premier coup par un petit peuple
dédaigné? Cinquante ans avaient suffi, le monde était changé, la défaite
s'abattait effroyable sur les éternels vainqueurs. Et il se souvenait de
tout ce que Weiss, son beau-frère, avait dit, pendant la nuit d'angoisse,
devant Mulhouse. Oui, lui seul alors était clairvoyant, devinait les causes
lentes et cachées de notre affaiblissement, sentait le vent nouveau de
jeunesse et de force qui soufflait d'Allemagne. N'était-ce pas un âge
guerrier qui finissait, un autre qui commençait? Malheur à qui s'arrête
dans l'effort continu des nations, la victoire est à ceux qui marchent à
l'avant-garde, aux plus savants, aux plus sains, aux plus forts!

Mais, à ce moment, il y eut des rires, des cris de fille qu'on force et
qui plaisante. C'était le lieutenant Rochas, qui, dans la vieille cuisine
enfumée, égayée d'images d'Épinal, tenait entre ses bras la jolie servante, en troupier conquérant. Il parut sous la tonnelle, où il se fit servir un café; et, comme il avait entendu les dernières paroles de Coutard
et de Picot, il intervint gaiement :

— Bah! mes enfants, ce n'est rien, tout ça! C'est le commencement
de la danse, vous allez voir la sacrée revanche, à cette heure!... Pardi!
jusqu'à présent, ils se sont mis cinq contre un. Mais ça va changer, c'est
moi qui vous en fiche mon billet!... Nous sommes trois cent mille, ici.
Tous les mouvements que nous faisons et qu'on ne comprend pas, c'est
pour attirer les Prussiens sur nous, tandis que Bazaine, qui les surveille,
va les prendre en queue... Alors, nous les aplatissons, crac! comme cette
mouche!

D'une claque sonore, entre ses mains, il avait écrasé une mouche au
vol; et il s'égayait plus haut, et il croyait de toute son innocence à ce
plan si aisé, retombé d'aplomb dans sa foi au courage invincible. Obligeamment, il indiqua aux deux soldats la place exacte de leur régiment;
puis, heureux, un cigare aux dents, il s'installa devant sa demi-tasse.

— Le plaisir a été pour moi, camarades! répondit Maurice à Coutard
et à Picot qui s'en allaient, en le remerciant de son fromage et de sa
bouteille de vin.

Il s'était fait également servir une tasse de café, et il regardait le
lieutenant, gagné par sa belle humeur, un peu surpris pourtant des trois
cent mille hommes, lorsqu'on n'était guère plus de cent mille, et de sa
singulière facilité à écraser les Prussiens entre l'armée de Châlons et

l'armée de Metz. Mais il avait, lui aussi, un tel besoin d'illusion! Pourquoi ne pas espérer encore, lorsque le passé glorieux chantait toujours si haut dans sa mémoire? La vieille guinguette était si joyeuse, avec sa treille d'où pendait le clair raisin de France, doré de soleil! De nouveau, il eut une heure de confiance, au-dessus de la grande tristesse sourde amassée peu à peu en lui.

Maurice avait un instant suivi des yeux un officier de chasseurs d'Afrique, accompagné d'une ordonnance, qui tous deux venaient de disparaître au grand trot, à l'angle de la maison silencieuse, occupée par l'empereur. Puis, comme l'ordonnance reparaissait seule et s'arrêtait avec les deux chevaux, à la porte du cabaret, il eut un cri de surprise :

— Prosper!... Moi qui vous croyais à Metz!

C'était un homme de Remilly, un simple valet de ferme, qu'il avait connu enfant, lorsqu'il allait passer les vacances chez l'oncle Fouchard. Tombé au sort, il était depuis trois ans en Afrique, lorsque la guerre avait éclaté; et il avait bon air sous la veste bleu de ciel, le large pantalon rouge à bandes bleues et la ceinture de laine rouge, avec sa longue face sèche, ses membres souples et forts, d'une adresse extraordinaire.

— Tiens! cette rencontre!... Monsieur Maurice!

Mais il ne se pressait pas, conduisait à l'écurie les chevaux fumants, donnait surtout au sien un coup d'œil paternel. L'amour du cheval, pris sans doute dès l'enfance, quand il menait les bêtes au labour, lui avait fait choisir la cavalerie.

— C'est que nous arrivons de Monthois, plus de dix lieues d'une traite, reprit-il, quand il revint; et Zéphir va prendre volontiers quelque chose.

Zéphir, c'était son cheval. Lui, refusa de manger, accepta un café seulement. Il attendait son officier, qui attendait l'empereur... Ça pouvait durer cinq minutes, ça pouvait durer deux heures. Alors, son officier lui avait dit de mettre les chevaux à l'ombre. Et, comme Maurice, la curiosité éveillée, tâchait de savoir, il eut un geste vague.

— Sais pas... Une commission bien sûr... Des papiers à remettre.

Mais Rochas, d'un œil attendri, regardait le chasseur, dont l'uniforme éveillait ses souvenirs d'Afrique.

— Eh! mon garçon, où étiez-vous, là-bas?

— A Médéah, mon lieutenant.

Médéah! Et ils causèrent, rapprochés, malgré la hiérarchie. Prosper s'était fait à cette vie de continuelle alerte, toujours à cheval, partant pour la bataille comme on part pour la chasse, quelque grande battue d'Arabes. On avait une seule gamelle par six hommes, par tribu; et chaque tribu était une famille, l'un faisant la cuisine, l'autre lavant le linge, les autres plantant la tente, soignant les bêtes, nettoyant les armes. On chevauchait le matin et l'après-midi, chargé d'un paquetage énorme, par des soleils de plomb. On allumait le soir, pour chasser les moustiques, de grands feux, autour desquels on chantait des chansons de France. Souvent, sous la nuit claire, criblée d'étoiles, il fallait se relever et mettre la paix parmi les chevaux, qui, fouettés de vent tiède, se mordaient tout d'un coup, arrachaient les piquets, avec de furieux hennissements. Puis, c'était le café, le délicieux café, la grande affaire, qu'on écrasait au fond d'une gamelle et qu'on passait au travers d'une ceinture rouge d'ordonnance. Mais il y avait aussi les jours noirs, loin de tout centre habité, en face de l'ennemi. Alors, plus de feux, plus de chants, plus de noces. On souffrait parfois horriblement de la privation de sommeil, de la soif et de la faim. N'importe! on l'aimait, cette existence d'imprévu et d'aventures, cette guerre d'escarmouches, si propre à l'éclat de la bravoure personnelle, amusante comme la conquête d'une île sauvage, égayée par les razzias, le vol en grand, et par le maraudage, les petits vols des chapardeurs, dont les bons tours légendaires faisaient rire jusqu'aux généraux.

— Ah! dit Prosper, devenu grave, ce n'est pas ici comme là-bas, on se bat autrement.

Et, sur une nouvelle question de Maurice, il dit leur débarquement à Toulon, leur long et pénible voyage jusqu'à Lunéville. C'était là qu'ils avaient appris Wissembourg et Frœschwiller. Ensuite, il ne savait plus, confondait les villes : de Nancy à Saint-Mihiel, de Saint-Mihiel à Metz. Le 14, il devait y avoir eu une grande bataille, l'horizon était en feu; mais lui n'avait vu que quatre uhlans, derrière une haie. Le 16, on s'était battu encore, le canon faisait rage dès six heures du matin; et on lui avait dit que, le 18, la danse avait recommencé, plus terrible. Seulement, les chasseurs n'étaient plus là, parce que, le 16, à Gravelotte, comme ils attendaient d'entrer en ligne, le long d'une route, l'empereur, qui filait dans une calèche, les avait pris en passant, pour l'accompagner à Verdun. Une jolie trotte, quarante-deux kilomètres au galop, avec la peur, à chaque instant, d'être coupés par les Prussiens!

— Et Bazaine? demanda Rochas.

— Bazaine? on dit qu'il a été rudement content que l'empereur lui fiche la paix.

Mais le lieutenant voulait savoir si Bazaine arrivait. Et Prosper eut un geste vague : est-ce qu'on pouvait dire? Eux, depuis le 16, avaient passé les journées en marches et contremarches sous la pluie, en reconnaissances, en grand'gardes, sans voir un ennemi. Maintenant, ils faisaient partie de l'armée de Châlons. Son régiment, deux autres de chasseurs de France et un de hussards, formaient l'une des divisions de la cavalerie de réserve, la 1re division, commandée par le général Margueritte, dont il parlait avec une tendresse enthousiaste.

— Ah! le bougre! en voilà un rude lapin! Mais à quoi bon? puisqu'on n'a encore su que nous faire patauger dans la boue!

Il y eut un silence. Puis, Maurice causa un instant de Remilly, de l'oncle Fouchard, et Prosper regretta de ne pouvoir aller serrer la main d'Honoré, le maréchal des logis, dont la batterie devait camper à plus d'une lieue de là, de l'autre côté du chemin de Laon. Mais un ébrouement de cheval lui fit dresser l'oreille, il se leva, disparut pour s'assurer que Zéphir ne manquait de rien. Peu à peu, des soldats de toute arme et de tous grades envahissaient la guinguette, à cette heure de la demitasse et du pousse-café. Pas une des tables ne restait libre, c'était une gaieté éclatante d'uniformes dans la verdure des pampres éclaboussés de soleil. Le major Bouroche venait de s'asseoir près de Rochas, lorsque Jean se présenta, porteur d'un ordre.

— Mon lieutenant, c'est le capitaine qui vous attendra à trois heures, pour un règlement de service.

— D'un signe de tête, Rochas dit qu'il serait exact; et Jean ne partit pas tout de suite, sourit à Maurice, qui allumait une cigarette. Depuis la scène du wagon, il y avait entre les deux hommes une trêve tacite, comme une étude réciproque, de plus en plus bienveillante.

Prosper était revenu, pris d'impatience.

— Je vas manger, moi, si mon chef ne sort pas de cette baraque... C'est fichu, l'empereur est capable de ne pas rentrer avant ce soir.

— Dites donc, demanda Maurice, dont la curiosité se réveillait, c'est peut-être bien des nouvelles de Bazaine que vous apportez?

— Possible! on en causait là-bas, à Monthois.

Mais il y eut un brusque mouvement. Et Jean, qui était resté à une des portes de la tonnelle, se retourna, en disant :

— L'empereur!

Tous furent aussitôt debout. Entre les peupliers, par la grande route blanche, un peloton de cent-gardes apparaissait, d'un luxe d'uniformes correct encore et resplendissant, avec le grand soleil doré de leur cuirasse. Puis, tout de suite, venait l'empereur à cheval, dans un large espace libre, accompagné de son état-major, que suivait un second peloton de cent-gardes.

Les fronts s'étaient découverts, quelques acclamations retentirent. Et l'empereur, au passage, leva la tête, très pâle, la face déjà tirée, les yeux vacillants, comme troubles et pleins d'eau. Il parut s'éveiller d'une somnolence, il eut un faible sourire à la vue de ce cabaret ensoleillé, et salua.

Alors, Jean et Maurice entendirent distinctement, derrière eux, Bouroche qui grognait, après avoir sondé à fond l'empereur de son coup d'œil de praticien :

— Décidément, il a une sale pierre dans son sac.

Puis, d'un mot, il arrêta son diagnostic :

— Foutu!

Jean, dans son étroit bon sens, avait eu un hochement de tête : une

sacrée malechance pour une armée, un pareil chef! Et, dix minutes
plus tard, après avoir serré la main de Prosper, lorsque Maurice, heureux
de son fin déjeuner, s'en alla fumer en flânant d'autres cigarettes, il
emporta cette image de l'empereur, si blême et si vague, passant au petit
trot de son cheval. C'était le conspirateur, le rêveur à qui l'énergie
manque au moment de l'action. On le disait très bon, très capable d'une
grande et généreuse pensée, très tenace d'ailleurs en son vouloir
d'homme silencieux; et il était aussi très brave, méprisant le danger en
fataliste prêt toujours à subir le destin. Mais il semblait frappé de stupeur dans les grandes crises, comme paralysé devant l'accomplissement
des faits, impuissant dès lors à réagir contre la fortune, si elle lui devenait adverse. Et Maurice se demandait s'il n'y avait pas là un état physio-
logique spécial, aggravé par la souffrance, si la maladie dont l'empereur
souffrait visiblement n'était pas la cause de cette indécision, de cette
incapacité grandissantes qu'il montrait depuis le commencement de la
campagne. Cela aurait tout expliqué. Un gravier dans la chair d'un
homme, et les empires s'écroulent.

Le soir, dans le camp, après l'appel, il y eut une soudaine agitation,
des officiers courant, transmettant des ordres, réglant le départ du lendemain matin, à cinq heures. Et ce fut, pour Maurice, un sursaut de
surprise et d'inquiétude, quand il comprit que tout, une fois encore, était
changé : on ne se repliait plus sur Paris, on allait marcher sur Verdun,
à la rencontre de Bazaine. Le bruit circulait d'une dépêche de ce dernier,
arrivée dans la journée, annonçant qu'il opérait son mouvement de
retraite; et le jeune homme se rappela Prosper, avec l'officier de chasseurs, venus de Monthois, peut-être bien pour apporter une copie de
cette dépêche. C'était donc l'impératrice-régente et le conseil des ministres qui triomphaient, grâce à la continuelle incertitude du maréchal de
Mac-Mahon, dans leur épouvante de voir l'empereur rentrer à Paris, dans
leur volonté têtue de pousser malgré tout l'armée en avant, pour tenter
le suprême sauvetage de la dynastie. Et cet empereur misérable, ce pauvre
homme qui n'avait plus de place dans son empire, allait être emporté
comme un paquet inutile et encombrant, parmi les bagages de ses troupes,
condamné à traîner derrière lui l'ironie de sa maison impériale, ses cent-
gardes, ses voitures, ses chevaux, ses cuisiniers, ses fourgons de casseroles d'argent et de vin de Champagne, toute la pompe de son manteau
de cour, semé d'abeilles, balayant le sang et la boue des grandes routes
de la défaite.

À minuit, Maurice ne dormait pas encore. Une insomnie fiévreuse, traversée de mauvais rêves, le faisait se retourner sous la tente. Il finit par
en sortir, soulagé d'être debout, de respirer l'air froid, fouetté de vent.
Le ciel s'était couvert de gros nuages, la nuit devenait très sombre, un
infini morne de ténèbres, que les derniers feux mourants des fronts de
bandière éclairaient de rares étoiles. Et, dans cette paix noire, comme

écrasée de silence, on sentait la respiration lente des cent mille hommes qui étaient couchés là. Alors, les angoisses de Maurice s'apaisèrent, une fraternité lui vint, pleine de tendresse indulgente pour tous ces vivants endormis, dont bientôt des milliers dormiraient du sommeil de la mort. Braves gens tout de même! Ils n'étaient guère disciplinés, ils volaient et buvaient. Mais que de souffrances déjà, et que d'excuses, dans l'effondrement de la nation entière! Les vétérans glorieux de Sébastopol et de Solférino n'étaient déjà plus que le petit nombre, encadrés parmi des troupes trop jeunes, incapables d'une longue résistance. Ces quatre corps, formés et reconstitués à la hâte, sans liens solides entre eux, c'était l'armée de la désespérance, le troupeau expiatoire qu'on envoyait au sacrifice, pour tenter de fléchir la colère du destin. Elle allait monter son calvaire jusqu'au bout, payant les fautes de tous du flot rouge de son sang, grandie dans l'horreur même du désastre.

Et Maurice, à ce moment, au fond de l'ombre frissonnante, eut la conscience d'un grand devoir. Il ne cédait plus à l'espérance vantarde de remporter les victoires légendaires. Cette marche sur Verdun, c'était une marche à la mort, et il l'acceptait avec une résignation allègre et forte, puisqu'il fallait mourir.

C

On avait abattu, sous un chêne, trois bêtes du troupeau (p. 61).

IV

Le 23 août, un mardi, à six heures du matin, le camp fut levé, les cent mille hommes de l'armée de Châlons s'ébranlèrent, coulèrent bientôt en un ruissellement immense comme un fleuve d'hommes, un instant épandu en lac, qui reprend son cours ; et, malgré les rumeurs qui avaient couru la veille, ce fut une grande surprise pour beaucoup, de voir qu'au lieu de continuer le mouvement de retraite, on tournait le dos à Paris, allant là-bas, vers l'est, à l'inconnu.

A cinq heures du matin, le 7e corps n'avait pas encore de cartouches. Depuis deux jours, les artilleurs s'épuisaient, pour débarquer les chevaux et le matériel, dans la gare encombrée des approvisionnements qui refluaient de Metz. Et ce fut au dernier moment que des wagons chargés de cartouches furent découverts parmi l'inextricable pêle-mêle des trains, et qu'une compagnie de corvée, dont Jean faisait partie, put en rapporter deux cent quarante mille, sur des voitures réquisitionnées à la hâte. Jean distribua les cent cartouches réglementaires à chacun des hommes de son escouade, au moment même où Gaude, le clairon de la compagnie, sonnait le départ.

Le 106e ne devait pas traverser Reims, l'ordre de marche était de tourner la ville, pour rejoindre la grande route de Châlons. Mais, cette fois encore, on avait négligé d'échelonner les heures, de sorte que les quatre corps d'armée étant partis ensemble, il se produisit une extrême confusion, à l'entrée des premiers tronçons de routes communes. L'artillerie, la cavalerie, à chaque instant, coupaient et arrêtaient les lignes de fantassins. Des brigades entières durent attendre pendant une heure l'arme au pied. Et le pis, ce fut qu'un épouvantable orage éclata, dix minutes à peine après le départ, une pluie diluvienne qui trempa les hommes jusqu'aux os, alourdissant sur leurs épaules le sac et la capote. Le 106e, pourtant, avait pu se remettre en marche, comme la pluie cessait ; tandis que, dans un champ voisin, des zouaves, forcés d'attendre encore, avaient trouvé pour prendre patience, le petit jeu de se battre à coups de boules de terre, des paquets de boue dont l'éclaboussement, sur les uniformes, soulevait des tempêtes de rire.

Presque aussitôt, le soleil reparut, un soleil triomphal, dans la chaude matinée d'août. Et la gaieté revint, les hommes fumaient comme une lessive, étendue au grand air : très vite ils furent secs, pareils à des chiens crottés, retirés d'une mare, plaisantant des sonnettes de fange durcie qu'ils emportaient à leurs pantalons rouges. A chaque carrefour, il fallait s'arrêter encore. Tout au bout d'un faubourg de Reims, il y eut une dernière halte, devant un débit de boissons qui ne désemplissait pas.

Alors, Maurice eut l'idée de régaler l'escouade, comme souhait de bonne chance à tous.

— Caporal, si vous le permettez...

Jean, après une courte hésitation, accepta un petit verre. Et il y avait là Loubet et Chouteau, ce dernier sournoisement respectueux, depuis que le caporal faisait sentir sa poigne, et il y avait également Pache et Lapoulle, deux braves garçons, lorsqu'on ne leur montait pas la tête.

— A votre santé, caporal ! dit Chouteau d'une voix de bon apôtre.

— A la vôtre, et que chacun tâche de rapporter sa tête et ses pieds ! répondit Jean avec politesse, au milieu d'un rire approbateur

Mais on partait, le capitaine Beaudoin s'était approché d'un air choqué, pendant que le lieutenant Rochas affectait de tourner la tête, indulgent à la soif de ses hommes. Déjà, l'on filait sur la route de Châlons, un interminable ruban, bordé d'arbres, allant d'un trait, tout droit, parmi l'immense plaine, des chaumes à l'infini, que bossuaient çà et là de hautes meules et des moulins de bois, agitant leurs ailes. Plus au nord, des files de poteaux télégraphiques indiquaient d'autres routes, où l'on reconnaissait les lignes sombres d'autres régiments en marche. Beaucoup même coupaient à travers champs, en masses profondes. Une brigade de cavalerie, en avant, sur la gauche, trottait dans un éblouissement de soleil. Et tout l'horizon désert, d'un vide triste et sans bornes, s'animait, se peuplait ainsi de ces ruisseaux d'hommes débordant de partout, de ces coulées intarissables de fourmilière géante.

Vers neuf heures, le 106ᵉ quitta la route de Châlons, pour prendre, à gauche, celle de Suippe, un autre ruban tout droit, à l'infini. On marchait par deux files espacées, laissant le milieu de la route libre. Les officiers s'y avançaient à l'aise, seuls ; et Maurice avait remarqué leur air soucieux, qui contrastait avec la belle humeur, la satisfaction gaillarde des soldats, heureux comme des enfants de marcher enfin. Même, l'escouade se trouvant presque en tête, il apercevait de loin le colonel, M. de Vineuil, dont l'allure sombre, la grande taille raidie, balancée au pas du cheval, le frappait. On avait relégué la musique à l'arrière, avec les cantines du régiment. Puis, accompagnant la division, venaient les ambulances et le train des équipages, que suivait le convoi du corps tout entier, un immense convoi, des fourragères, des fourgons fermés pour les provisions, des chariots pour les bagages, un défilé de voitures de toutes sortes, qui tenait plus de cinq kilomètres, et dont, au rares coudes de la route, on apercevait l'interminable queue. Enfin, à l'extrême bout, des troupeaux fermaient la colonne, une débandade de grands bœufs piétinant dans un flot de poussière, la viande encore sur pied, poussée à coups de fouet, d'une peuplade guerrière en migration.

Cependant, Lapoulle, de temps à autre, remontait son sac, d'un haussement d'épaule. Sous le prétexte qu'il était le plus fort, on le chargeait des ustensiles communs à toute l'escouade, la grande marmite et le bidon, pour la provision d'eau. Cette fois même, on lui avait confié la pelle de la compagnie, en lui persuadant que c'était un honneur. Et il ne se plaignait pas, il riait d'une chanson dont Loubet, le ténor de l'escouade, charmait la longueur de la route. Loubet, lui, avait un sac célèbre, dans lequel on trouvait de tout : du linge, des souliers de rechange, de la mercerie, des brosses, du chocolat, un couvert et une timbale, sans compter les vivres réglementaires, des biscuits, du café; et, bien que les cartouches y fussent aussi, qu'il y eût encore, sur le sac, la couverture roulée, la tente-abri et ses piquets, tout cela paraissait léger, tellement il savait, selon son mot, bien faire sa malle.

— Foutu pays tout de même! répétait de loin en loin Chouteau, en jetant un regard de mépris sur ces plaines mornes de la Champagne pouilleuse.

Les vastes étendues de terre crayeuse continuaient, se succédaient sans fin. Pas une ferme, pas une âme, rien que des vols de corbeaux tachant de noir l'immensité grise. A gauche, très loin, des bois de pin, d'une verdure sombre, couronnaient les lentes ondulations qui bornaient le ciel; tandis que, sur la droite, on devinait le cours de la Vesle, à une ligne d'arbres continue. Et là, derrière les coteaux, on voyait, depuis une lieue, monter une fumée énorme, dont les flots amassés finissaient par barrer l'horizon d'une effrayante nuée d'incendie.

— Qu'est-ce qui brûle donc là-bas? demandaient des voix de tous côtés.

Mais l'explication courut d'un bout à l'autre de la colonne. C'était le camp de Châlons qui flambait depuis deux jours, incendié par ordre de l'empereur, pour sauver des mains des Prussiens les richesses entassées. La cavalerie d'arrière-garde avait, disait-on, été chargée de mettre le feu à un grand baraquement, appelé le magasin jaune, plein de tentes, de piquets, de nattes, et au magasin neuf, un immense hangar fermé, où s'empilaient des gamelles, des souliers, des couvertures, de quoi équiper cent autres mille hommes. Des meules de fourrage, allumées elles aussi, fumaient comme des torches gigantesques. Et, à ce spectacle, devant ces tourbillons livides qui débordaient des collines lointaines, emplissant le ciel d'un irréparable deuil, l'armée, en marche par la grande plaine triste,

était tombée dans un lourd silence. Sous le soleil, on n'entendait plus
que la cadence des pas, tandis que les têtes, malgré elles, se tournaient
toujours vers les fumées grossissantes, dont la nuée de désastre sembla
suivre la colonne pendant toute une lieue encore.

La gaieté revint à la grande halte, dans un chaume, où les soldats
purent s'asseoir sur leurs sacs, pour manger un morceau. Les gros biscuits, carrés, servaient à tremper la soupe; mais les petits, ronds, cro-
quants et légers, étaient une vraie friandise, qui avait le seul défaut de
donner une soif terrible. Invité, Pache à son tour chanta un cantique,
que toute l'escouade reprit en chœur. Jean, bon enfant, souriait, laissait
faire, tandis que Maurice reprenait confiance, à voir l'entrain de tous, le
bel ordre et la belle humeur de cette première journée de marche. Et le
reste de l'étape fut franchi du même pas gaillard. Pourtant, les huit derniers kilomètres semblèrent durs. On venait de laisser à droite le village
de Prosnes, on avait quitté la grand'route pour couper à travers des terrains incultes, des landes sablonneuses plantées de petits bois de pins;
et la division entière, suivie de l'interminable convoi, tournait au milieu
de ces bois, dans ce sable, où l'on enfonçait jusqu'à la cheville. Le désert
s'était encore élargi, on ne rencontra qu'un maigre troupeau de moutons,
gardé par un grand chien noir.

Enfin, vers quatre heures, le 106e s'arrêta à Dontrien, un village bâti
au bord de la Suippe. La petite rivière court parmi des bouquets d'arbres,
la vieille église est au milieu du cimetière, qu'un marronnier immense
couvre tout entier de son ombre. Et ce fut sur la rive gauche, dans un pré
en pente, que le régiment dressa ses tentes. Les officiers disaient que
les quatre corps d'armée, ce soir-là, allaient bivouaquer sur la ligne de la
Suippe, d'Auberive à Heutrégiville, en passant par Dontrien, Béthiniville
et Pont-Faverger, un front de bandière qui avait près de cinq lieues.

Tout de suite, Gaude sonna à la distribution, et Jean dut courir, car
le caporal était le grand pourvoyeur, toujours en alerte. Il avait emmené
Lapoulle; ils revinrent au bout d'une demi-heure, chargés d'une côte de
bœuf saignante et d'un fagot de bois. On avait déjà, sous un chêne, abattu
et dépecé trois bêtes du troupeau qui suivait. Lapoulle dut retourner
chercher le pain, qu'on cuisait à Dontrien même, depuis midi, dans les
fours du village. Et, ce premier jour, **tout fut vraiment** en abondance,
sauf le vin et le tabac, dont jamais **d'ailleurs aucune** distribution ne
devait être faite.

Comme Jean était de retour, il trouva Chouteau en train de dresser la
tente, aidé de Pache. Il les regarda un instant, en ancien soldat d'expérience, qui n'aurait pas donné quatre sous de leur besogne.

— Ça va bien qu'il fera beau cette nuit, dit-il enfin. Autrement, s'il
ventait, nous irions nous promener dans la rivière... Faudra que je vous
apprenne.

Et il voulut envoyer Maurice à la provision d'eau, avec le grand bidon.

Mais celui-ci, assis dans l'herbe, s'était déchaussé, pour examiner son pied droit.

— Tiens! qu'est-ce que vous avez donc?

— C'est le contrefort qui m'a écorché le talon... Mes autres souliers s'en allaient, et j'ai eu la bêtise, à Reims, d'acheter ceux-ci, qui me chaussaient bien. J'aurais dû choisir des bateaux.

Jean s'était mis à genoux et avait pris le pied, qu'il retournait avec précaution, comme un pied d'enfant, en hochant la tête.

— Vous savez, ce n'est pas drôle ça... Faites attention. Un soldat qui n'a plus ses pieds, ça n'est bon qu'à être fichu au tas de cailloux. Mon capitaine, en Italie, disait toujours qu'on gagne les batailles avec ses jambes.

Aussi commanda-t-il à Pache d'aller chercher l'eau. Du reste, la rivière coulait à cinquante mètres. Et Loubet, pendant ce temps, ayant allumé le bois au fond du trou qu'il venait de creuser en terre, put tout de suite installer le pot-au-feu, la grande marmite remplie d'eau, dans laquelle il plongea la viande artistement ficelée. Dès lors, ce fut une béatitude, à regarder bouillir la soupe. L'escouade entière, libérée des corvées, s'était allongée sur l'herbe, autour du feu, en famille, pleine d'une sollicitude attendrie pour cette viande qui cuisait; tandis que Loubet, gravement, avec sa cuiller, écumait le pot. Ainsi que les enfants et les sauvages, ils n'avaient d'autre instinct que de manger et de dormir, dans cette course à l'inconnu, sans lendemain.

Mais Maurice venait de trouver dans son sac un journal acheté à Reims, et Chouteau demanda:

— Y a-t-il des nouvelles des Prussiens? Faut nous lire ça!

On faisait bon ménage, sous l'autorité grandissante de Jean. Maurice, complaisamment, lut les nouvelles intéressantes, pendant que Pache, la couturière de l'escouade, lui raccommodait sa capote, et que Lapoulle nettoyait son fusil. D'abord, ce fut une grande victoire de Bazaine, qui avait culbuté tout un corps prussien dans les carrières de Jaumont; et ce récit imaginaire était accompagné de circonstances dramatiques, les hommes et les chevaux s'écrasant parmi les roches, un anéantissement complet, pas même des cadavres entiers à mettre en terre. Ensuite, c'étaient des détails copieux sur le pitoyable état des armées allemandes, depuis qu'elles se trouvaient en France : les soldats, mal nourris, mal équipés, tombés à l'absolu dénuement, mouraient en masse, le long des chemins, frappés d'affreuses maladies. Un autre article disait que le roi de Prusse avait la diarrhée et que Bismarck s'était cassé la jambe, en sautant par la fenêtre d'une auberge, dans laquelle des zouaves avaient failli le prendre. Bon, tout cela! Lapoulle en riait à se fendre les mâchoires, pendant que Chouteau et les autres, sans émettre l'ombre d'un doute, crânaient à l'idée de ramasser bientôt les Prussiens, comme des moineaux dans un champ, après la grêle. Et surtout on se tordait de la culbute de Bismarck. Oh ! les zouaves et les turcos, c'en étaient des braves, ceux-là ! toutes sortes de légendes circulaient, l'Allemagne tremblait et se fâchait, en disant qu'il était indigne d'une nation civilisée de se faire défendre ainsi par des sauvages. Bien que décimés déjà à Frœschwiller, ils semblaient encore intacts et invincibles.

Six heures sonnèrent au petit clocher de Dontrien, et Loubet cria :

— A la soupe !

L'escouade, religieusement, fit le rond. Au dernier moment, Loubet avait découvert des légumes, chez un paysan voisin. Régal complet, une soupe qui embaumait la carotte et le poireau, quelque chose de doux à l'estomac comme du velours. Les cuillers tapaient dur dans les petites gamelles. Puis, Jean, qui distribuait les portions, dut partager le bœuf, ce jour-là, avec la justice la plus stricte, car les yeux s'étaient allumés, il y aurait eu des grognements, si un morceau avait paru plus gros que l'autre. On torcha tout, on s'en mit jusqu'aux yeux.

— Ah ! nom de Dieu ! déclara Chouteau, en se renversant sur le dos, quand il eut fini, ça vaut tout de même mieux qu'un coup de pied au derrière !

Et Maurice était très plein et très heureux, lui aussi, ne songeant plus à son pied dont la cuisson se calmait. Il acceptait maintenant ce compagnonnage brutal, redescendu à une égalité bon enfant, devant les besoins physiques de la vie en commun. La nuit, également, il dormit du profond sommeil de ses cinq camarades de tente, tous en tas, contents d'avoir chaud, sous l'abondante rosée qui tombait. Il faut dire que, poussé par Loubet, Lapoulle était allé prendre, à une meule voisine, de grandes brassées de paille, dans lesquelles les six gaillards ronflèrent comme dans de la plume. Et, sous la nuit claire, d'Auberive à Heutrégiville, le long des rives aimables de la Suippe, lente parmi les saules, les feux des cent mille hommes endormis éclairaient les cinq lieues de plaine, comme une traînée d'étoiles.

Au soleil levant, on fit le café, les grains pilés dans une gamelle avec la crosse du fusil, et jetés dans l'eau bouillante, puis le marc précipité au fond, à l'aide d'une goutte d'eau froide. Ce matin-là, le lever de l'astre était d'une magnificence royale, au milieu de grandes nuées de pourpre et d'or; mais Maurice lui-même ne voyait plus ces spectacles des horizons et du ciel, et Jean seul, en paysan réfléchi, regardait d'un air inquiet l'aube rouge qui annonçait de la pluie. Aussi, avant le départ, comme on venait de distribuer le pain cuit la veille, et que l'escouade avait reçu trois pains longs, il blâma fortement Loubet et Pache de les avoir attachés sur leurs sacs. Les tentes étaient pliées, les sacs ficelés, on ne l'écouta point. Six heures sonnaient à tous les clochers des villages, lorsque l'armée entière s'ébranla, reprenant gaillardement sa marche en avant, dans l'espoir matinal de cette journée nouvelle.

Le 106e, pour aller rejoindre la route de Reims à Vouziers, coupa presque tout de suite par des chemins de traverse, monta à travers des chaumes, pendant plus d'une heure. En bas, vers le nord, on apercevait parmi des arbres Béthiniville, où l'on disait que l'empereur avait couché. Et, lorsqu'on fut sur la route de Vouziers, les plaines de la veille recommencèrent, la Champagne pouilleuse acheva de dérouler ses champs pauvres, d'une désespérante monotonie. Maintenant, c'était l'Arne, un maigre ruisseau, qui coulait à gauche, tandis que les terres nues s'étendaient à droite, à l'infini, prolongeant l'horizon de leurs lignes plates. On traversa des villages, Saint-Clément, dont l'unique rue serpente aux deux bords de la route, Saint-Pierre, gros bourg de richards qui avaient barricadé leurs portes et leurs fenêtres. La grande halte eut lieu, vers dix heures, près d'un autre village, Saint-Étienne, où les soldats eurent la joie de trouver encore du tabac. Le 7ᵉ corps s'était divisé en plusieurs colonnes, le 106ᵉ marchait seul, n'ayant derrière lui qu'un bataillon de chasseurs et que l'artillerie de réserve; et, vainement, Maurice se retournait, aux coudes des routes, pour revoir l'immense convoi qui l'avait intéressé la veille : les troupeaux s'en étaient allés, il n'y avait plus que des canons roulant, grandis par ces plaines rases, comme des sauterelles sombres et hautes sur pattes.

Mais, après Saint-Étienne, le chemin devint abominable, un chemin qui montait par ondulations lentes, au milieu de vastes champs stériles, dans lesquels ne poussaient que les éternels bois de pins, à la verdure noire, si triste au milieu des terres blanches. On n'avait pas encore traversé une pareille désolation. Mal empierré, détrempé par les dernières pluies, le chemin était un véritable lit de boue, de l'argile grise délayée, où les pieds se collaient comme dans de la poix. La fatigue fut extrême, les hommes n'avançaient plus, épuisés. Et, pour comble d'ennui, des averses brusques se mirent à tomber, d'une violence terrible. L'artillerie, embourbée, faillit rester en route.

Chouteau, qui portait le riz de l'escouade, hors d'haleine, furieux de la charge dont il était écrasé, jeta le paquet, croyant n'être vu de personne. Loubet l'avait aperçu.

— T'as tort, c'est pas à faire, ces coups-là, parce qu'ensuite les camarades se brossent le ventre.

— Ah! ouiche! répondit Chouteau, puisqu'on a de tout, on nous en donnera d'autre à l'étape.

Et Loubet, qui portait le lard, convaincu par le raisonnement, se débarrassa à son tour.

Maurice, lui, souffrait de plus en plus de son pied, dont le talon devait s'être enflammé de nouveau. Il traînait la jambe, si douloureusement, que Jean céda à une sollicitude grandissante.

— Hein! ça ne va pas, ça recommence?

Puis, comme on faisait une courte halte pour laisser souffler les hommes, il lui donna un bon conseil.

Il aperçut l'oie étalée à ses pieds, et il ne put s'empêcher de rire (p. 69).

— Déchaussez-vous, marchez le pied nu, la boue fraîche calmera la brûlure.

En effet, Maurice put de cette façon continuer à suivre, sans trop de peine ; et un profond sentiment de reconnaissance l'envahit. C'était une véritable chance, pour une escouade, d'avoir un caporal pareil, ayant servi, sachant les tours du métier : un paysan mal dégrossi, évidemment ; mais tout de même un brave homme.

On n'arriva que tard à Contreuve, où l'on devait bivouaquer, après avoir traversé la route de Châlons à Vouziers et être descendu, par une côte raide, dans le ravin de Semide. Le pays changeait, c'étaient déjà les Ardennes. Et, des vastes coteaux nus, choisis pour le campement du 7e corps, dominant le village, on apercevait au loin la vallée de l'Aisne, perdue dans la fumée pâle des averses.

A six heures, Gaude n'avait pas encore sonné à la distribution. Alors, Jean, pour s'occuper, inquiet d'ailleurs du grand vent qui se levait, voulut en personne planter la tente. Il montra à ses hommes comment il fallait choisir un terrain en pente légère, enfoncer les piquets de biais, creuser une rigole autour de la toile, pour l'écoulement des eaux. Maurice, à cause de son pied, se trouvait exempté de toute corvée ; et il regardait, surpris de l'adresse intelligente de ce gros garçon, d'allure si lourde. Lui, était brisé de fatigue, mais soutenu par l'espoir qui rentrait dans tous les cœurs. On avait rudement marché depuis Reims, soixante kilomètres en deux étapes. Si l'on continuait de ce train, et toujours droit devant soi, nul doute qu'on ne culbutât la deuxième armée allemande, pour donner la main à Bazaine, avant que la troisième, celle du prince royal de Prusse, qu'on disait à Vitry-le-Français, eût trouvé le temps de remonter sur Verdun.

— Ah çà ! est-ce qu'on va nous laisser crever de faim ? demanda Chouteau, en constatant, à sept heures, qu'aucune distribution n'était encore faite.

Prudemment, Jean avait toujours commandé à Loubet d'allumer du feu, puis de mettre dessus la marmite pleine d'eau ; et, comme on n'avait pas de bois, il avait dû fermer les yeux, lorsque celui-ci, pour s'en procurer, s'était contenté d'arracher les treillages d'un jardin voisin. Mais, quand il parla de faire du riz au lard, il fallut bien lui avouer que le riz et le lard étaient restés dans la boue du chemin de Saint-Étienne. Chouteau mentait effrontément, jurait que le paquet devait s'être détaché de son sac, sans qu'il s'en aperçût.

— Vous êtes des cochons ! cria Jean, furieux. Jeter du manger, quand il y a tant de pauvres bougres qui ont le ventre vide !

C'était comme pour les trois pains, attachés sur les sacs : on ne l'avait pas écouté, les averses venaient de les détremper, à tel point qu'ils s'étaient fondus, une vraie bouillie, impossible à se mettre sous la dent.

— Nous sommes propres ! répétait-il. Nous qui avions de tout, nous voilà sans une croûte... Ah ! vous êtes de rudes cochons !

Justement, on sonnait au sergent, pour un service d'ordre, et le sergent Sapin, de son air mélancolique, vint avertir les hommes de sa section que, toute distribution étant impossible, ils eussent à se suffire avec leurs vivres de campagne. Le convoi, disait-on, était resté en route, à cause du mauvais temps. Quant au troupeau, il devait s'être égaré, à la suite d'ordres contraires. Plus tard, on sut que le 5ᵉ et le 12ᵉ corps étant remontés, ce jour-là, du côté de Rethel, où allait s'installer le quartier général, toutes les provisions des villages avaient reflué vers cette ville, ainsi que les populations, enfiévrées du désir de voir l'empereur; de sorte que, devant le 7ᵉ corps, le pays s'était vidé : plus de viande, plus de pain, plus même d'habitants. Et, pour comble de misère, un malentendu avait envoyé les approvisionnements de l'intendance sur le Chêne-Populeux. Pendant la campagne entière, ce fut le continuel désespoir des misérables intendants, contre lesquels tous les soldats criaient, et dont la faute n'était souvent que d'être exacts à des rendez-vous donnés, où les troupes n'arrivaient pas.

— Sales cochons, répéta Jean hors de lui, c'est bien fait pour vous ! et vous ne méritez pas la peine que je vais avoir à vous déterrer quelque chose, parce que, tout de même, mon devoir est de ne pas vous laisser claquer en route !

Il partit à la découverte, comme tout bon caporal devait le faire, emmenant avec lui Pache, qu'il aimait pour sa douceur, bien qu'il le trouvât trop enfoncé dans les curés.

Mais, depuis un instant, Loubet avait avisé, à deux ou trois cents mètres, une petite ferme, une des dernières habitations de Contreuve, où il lui avait semblé distinguer tout un gros commerce. Il appela Chouteau et Lapoulle, en disant :

— Filons de notre côté. J'ai idée qu'il y a du fourbi, là-bas.

Et Maurice fut laissé à la garde de la marmite d'eau qui bouillait, avec l'ordre d'entretenir le feu. Il s'était assis sur sa couverture, le pied déchaussé, pour que la plaie séchât. La vue du camp l'intéressait, toutes les escouades en l'air, depuis qu'elles n'attendaient plus les distributions. Cette vérité se faisait en lui que certaines manquaient toujours de tout, tandis que d'autres vivaient dans une continuelle abondance, selon la prévoyance et l'adresse du caporal et des hommes. Au milieu de l'énorme agitation qui l'entourait, à travers les faisceaux et les tentes, il en remarquait qui n'avaient pas même pu allumer leur feu, d'autres résignées déjà, couchées pour la nuit, d'autres, au contraire, en train de manger de grand appétit, on ne savait quoi, de bonnes choses. Et ce qui le frappait d'autre part, c'était le bel ordre de l'artillerie de réserve, campée au-dessus de lui, sur le coteau. A son coucher, le soleil parut entre deux nuages, embrasa les canons, que les artilleurs avaient déjà lavés de la boue des chemins.

Cependant, dans la petite ferme que Loubet et les camarades gui-
gnaient, le chef de leur brigade, le général Bourgain-Desfeuilles, venait
de s'installer commodément. Il avait trouvé un lit possible, il était attablé devant une omelette et un poulet rôti, ce qui le rendait d'une humeur charmante ; et, comme le colonel de Vineuil s'était trouvé là, pour
un détail de service, il l'avait invité à dîner. Tous deux mangeaient donc,
servis par un grand diable blond, au service du fermier depuis trois jours
seulement, et qui se disait Alsacien, un expatrié emporté dans la débâcle
de Frœschwiller. Le général parlait librement devant cet homme, com-
mentait la marche de l'armée, puis l'interrogeait sur la route et les distances, oubliant qu'il n'était point des Ardennes. L'ignorance absolue
que montraient les questions, finit par émouvoir le colonel. Lui, avait
habité Mézières. Il donna quelques indications précises, qui arrachèrent
ce cri au général :

— C'est idiot tout de même ! Comment voulez-vous qu'on se batte
dans un pays qu'on ne connaît pas !

Le colonel eut un vague geste désespéré. Il savait que, dès la déclaration de guerre, on avait distribué à tous les officiers des cartes d'Allemagne, tandis que pas un, certainement, ne possédait une carte de France.
Depuis un mois, ce qu'il voyait et ce qu'il entendait l'anéantissait. Il ne
lui restait que son courage, dans son autorité de chef un peu faible et
borné, qui le faisait aimer plutôt que craindre de son régiment.

— On ne peut pas manger tranquille ! cria brusquement le général.
Qu'est-ce qu'ils ont à brailler comme ça ?... Allez donc voir, l'Alsacien !

Mais le fermier parut, exaspéré, gesticulant, sanglotant. On le pillait,
des chasseurs et des zouaves mettaient sa maison à sac. D'abord, il
avait eu la faiblesse d'ouvrir boutique, étant le seul du village qui eût
des œufs, des pommes de terre, des lapins. Il vendait sans trop voler,
empochait l'argent, livrait la marchandise ; si bien que les acheteurs,
toujours plus nombreux, le débordant, l'étourdissant, avaient fini par le
bousculer et par tout prendre, en ne payant plus. Pendant la campagne,
si bien des paysans cachèrent tout, refusèrent un verre d'eau, ce fut dans
cette peur des poussées lentes et irrésistibles de la marée d'hommes qui
les jetait hors de chez eux et emportait la maison.

— Eh ! mon brave, fichez-moi la paix ! répondit le général contrarié.
Il faudrait en fusiller une douzaine par jour, de ces coquins. Est-ce qu'on
peut ?

Et il fit fermer la porte, pour ne pas être obligé de sévir, pendant
que le colonel expliquait qu'il n'y avait pas eu de distributions et que les
hommes avaient faim.

Dehors, Loubet venait d'apercevoir un champ de pommes de terre,
et il s'y était rué avec Lapoulle, fouillant des deux mains, arrachant,
s'emplissant les poches. Mais Chouteau, en train de regarder par-dessus
un petit mur, eut un sifflement d'appel, qui les fit accourir et s'exclamer :

c'était un troupeau d'oies, une dizaine d'oies magnifiques, se promenant majestueusement dans une étroite cour. Tout de suite, il y eut conseil, et l'on poussa Lapoulle, on le décida à enjamber la muraille. Le combat fut terrible, l'oie qu'il avait prise faillit lui couper le nez dans la dure cisaille de son bec. Alors, il lui empoigna le cou, voulut l'étrangler, tandis qu'elle lui labourait les bras et le ventre de ses fortes pattes. Il dut lui écraser la tête du poing, et elle se débattait encore, et il se hâta de filer, poursuivi par le reste du troupeau qui lui déchirait les jambes.

Lorsque tous les trois revinrent, cachant la bête dans un sac, avec les pommes de terre, ils trouvèrent Jean et Pache, qui rentraient, heureux également de leur expédition, chargés de quatre pains frais et d'un fromage, achetés chez une vieille brave femme.

— L'eau bout, nous allons faire du café, dit le caporal. Nous avons du fromage et du pain, c'est une vraie noce !

Mais, brusquement, il aperçut l'oie, étalée à ses pieds, et il ne put s'empêcher de rire. Il la tâta, en connaisseur, saisi d'admiration.

— Ah ! nom de Dieu, la belle bête ! Ça pèse dans les vingt livres.

— C'est un oiseau que nous avons rencontré, expliqua Loubet de sa voix de loustic, et qui a voulu faire notre connaissance.

Jean, d'un geste, déclara qu'il ne demandait pas à en savoir davantage. Il fallait bien vivre. Et puis, mon Dieu ! pourquoi pas ce régal à de pauvres bougres qui avaient perdu le goût de la volaille ?

Déjà, Loubet allumait un brasier. Pache et Lapoulle plumaient l'oie, violemment. Chouteau, qui était allé chercher en courant un bout de ficelle chez les artilleurs, revint la pendre entre deux baïonnettes, devant le grand feu ; et Maurice fut chargé de la faire tourner de temps à autre, d'une pichenette. En dessous, la graisse tombait dans la gamelle de l'escouade. Ce fut le triomphe du rôtissage à la ficelle. Tout le régiment, attiré par la bonne odeur, vint faire le cercle. Et quel festin ! De l'oie rôtie, des pommes de terre bouillies, du pain, du fromage ! Lorsque Jean eut découpé l'oie, l'escouade s'en mit jusqu'aux yeux. Il n'y avait plus de portions, chacun s'en fourrait tant qu'il pouvait en contenir. Même, on en porta un morceau à l'artillerie qui avait donné la ficelle.

Or, ce soir-là, les officiers du régiment jeûnaient. Par une erreur de direction, le fourgon du cantinier s'était égaré, à la suite du grand convoi sans doute. Si les soldats souffraient, quand les distributions n'avaient pas lieu, ils finissaient le plus souvent par trouver quelque nourriture, ils s'entr'aidaient, les hommes de chaque escouade mettaient en commun leurs ressources ; tandis que l'officier, livré à lui-même, isolé, crevait de faim, sans lutte possible, dès que la cantine faisait défaut.

Aussi Chouteau, qui avait entendu le capitaine Beaudoin s'emporter contre la disparition du fourgon des vivres, ricana-t-il, enfoncé dans la carcasse de l'oie, en le voyant passer de son air raide et fier. Et il le montrait du coin de l'œil.

— Regardez-le donc ! son nez remue... Il donnerait cent sous du croupion.

Tous rigolèrent de la faim du capitaine, qui n'avait pas su se faire aimer de ses hommes, trop jeune et trop dur, un pète-sec, comme ils l'appelaient. Un instant, il parut sur le point d'interpeller l'escouade, au sujet du scandale qu'elle soulevait, avec sa volaille. Mais la crainte de montrer sa faim, sans doute, le fit s'éloigner, la tête haute, comme s'il n'avait rien vu.

Quant au lieutenant Rochas, galopé également d'une terrible fringale, il tournait, avec un rire de brave homme, autour de la bienheureuse escouade. Lui, ses hommes l'adoraient, d'abord parce qu'il exécrait le capitaine, ce freluquet sorti de Saint-Cyr, et ensuite parce qu'il avait porté le sac, comme eux tous. Il n'était pas toujours commode pourtant, d'une grossièreté parfois à lui ficher des gifles.

Jean, qui, d'un coup d'œil, avait consulté les camarades, se leva, se fit suivre par Rochas derrière la tente.

— Dites donc, mon lieutenant, sans vous offenser, si ça pouvait vous être agréable...

Et il lui passa un quartier de pain et une gamelle, où il y avait une cuisse de l'oie, sur six grosses pommes de terre.

La nuit, de nouveau, on n'eut pas besoin de les bercer. Les six digérèrent la bête, à poings fermés. Et ils eurent à remercier le caporal de la façon solide dont il avait planté la tente, car ils ne s'aperçurent même pas d'un violent coup de vent qui souffla vers deux heures, accompagné d'une rafale de pluie : des tentes furent emportées, des hommes réveillés en sursaut, trempés, forcés de courir au milieu des ténèbres; tandis que la leur résistait et qu'ils étaient bien à couvert, sans une goutte d'eau, grâce aux rigoles où ruisselait l'averse.

Au jour, Maurice se réveilla, et comme on ne devait se remettre en marche qu'à huit heures, il eut l'idée de monter sur le coteau jusqu'au campement de l'artillerie de réserve, pour serrer la main du cousin Honoré. Son pied, reposé par la bonne nuit de sommeil, le faisait moins souffrir. C'était encore pour lui un émerveillement, le parc si bien dressé, les six pièces d'une batterie correctement en ligne, suivies des caissons, des prolonges, des fourragères, des forges. Plus loin, les chevaux à la corde, hennissaient, les naseaux tournés vers le soleil levant. Et, tout de suite, il trouva la tente d'Honoré, grâce à l'ordre parfait qui assigne à tous les hommes d'une même pièce une file de tentes, de sorte que l'aspect seul d'un camp indique le nombre des canons.

Quand Maurice arriva, les artilleurs, déjà debout, prenaient le café; et il y avait une querelle entre le conducteur de devant, Adolphe, et le pointeur, Louis, son campagnon. Depuis trois ans qu'ils étaient mariés

ensemble, selon l'usage qui appareillait un conducteur et un servant,
ils faisaient bon ménage, sauf quand on mangeait. Louis, plus instruit,
fort intelligent, acceptait la dépendance où tout homme de cheval tient
l'homme à pied, dressait la tente, allait à la corvée, soignait la soupe,
pendant qu'Adolphe s'occupait de ses deux chevaux, d'un air d'absolue
supériorité. Seulement, le premier, noir et maigre, affligé d'un appétit
excessif, se révoltait, quand l'autre, très grand, avec ses grosses moustaches blondes, voulait se servir en maître. Ce matin-là, la querelle
venait de ce que Louis, qui avait fait le café, accusait Adolphe de tout
boire. Il fallut les réconcilier.

Dès le réveil, chaque matin, Honoré allait voir sa pièce, la faisait,
sous ses yeux, essuyer de la rosée de la nuit, comme s'il eût bouchonné
une bête aimée, par crainte des rhumes qu'elle pourrait prendre. Et il
était là, paternellement, à la regarder luire dans l'air frais de l'aube,
lorsqu'il reconnut Maurice.

— Tiens ! je savais le 106ᵉ dans le voisinage, j'ai reçu une lettre
de Remilly, hier, et je voulais descendre... Allons donc boire le vin blanc.

Pour être seuls tous deux, il l'emmena vers la petite ferme, que les
soldats avaient pillée la veille, et où le paysan, incorrigible, âpre au gain
quand même, venait d'installer une sorte de buvette, en mettant en perce
un tonneau de vin blanc. Devant la porte, sur une planche, il distribuait
sa marchandise, à quatre sous le verre, aidé par le garçon qu'il avait
engagé depuis trois jours, le colosse blond, l'Alsacien.

Déjà, Honoré trinquait avec Maurice, lorsque ses yeux tombèrent sur
cet homme. Il le dévisagea un instant, stupéfait. Puis, il eut un juron
terrible.

— Tonnerre de Dieu ! Goliath !

Et il s'élança, il voulut le prendre à la gorge. Mais le paysan s'imagi-
nant qu'on allait de nouveau mettre sa maison à sac, sauta en arrière,
se barricada. Il y eut un moment de confusion, tous les soldats présents
se ruaient, pendant que le maréchal des logis, furieux, s'étranglait à
crier :

— Ouvrez donc, ouvrez donc, foutue bête !... C'est un espion, je vous
dis que c'est un espion !

Maintenant, Maurice n'en doutait plus. Il venait de reconnaître parfaitement l'homme qu'on avait relâché au camp de Mulhouse, faute de
preuves ; et cet homme, c'était Goliath, l'ancien garçon de ferme du
père Fouchard, à Remilly. Lorsque le paysan, enfin, consentit à ouvrir
sa porte, on eut beau fouiller partout, l'Alsacien avait disparu, le colosse
blond, à la bonne figure, que le général Bourgain-Desfeuilles avait inutilement interrogé la veille, et devant lequel, en dînant, il s'était con-
fessé lui-même, en toute insouciance. Sans doute, le gaillard avait sauté
par une fenêtre de derrière, qu'on trouva ouverte ; mais on battit vainement les environs, lui si grand s'était évanoui, ainsi qu'une fumée.

Maurice dut emmener à l'écart Honoré, dont le désespoir allait en dire trop long aux camarades, qui n'avaient pas besoin d'entrer dans ces tristes affaires de famille.

— Tonnerre de Dieu! je l'aurais étranglé de si bon cœur!... Justement, ça m'avait enragé contre lui, cette lettre que j'ai reçue!

Et, comme tous deux venaient, à quelques pas de la ferme, de s'asseoir contre une meule, il remit la lettre à son cousin.

La commune histoire, que cet amour contrarié d'Honoré Fouchard et de Silvine Morange. Elle, une fille brune aux beaux yeux de soumission, avait perdu toute jeune sa mère, une ouvrière séduite, qui travaillait dans une usine de Raucourt; et c'était le docteur Dalichamp, son parrain d'occasion, un brave homme toujours prêt à adopter les enfants des malheureuses qu'il accouchait, qui avait eu l'idée de la placer comme petite servante chez le père Fouchard. Certes, le vieux paysan, devenu boucher par un besoin de lucre, promenant sa viande dans vingt communes des environs, était d'une avarice noire, d'une impitoyable dureté; mais il surveillerait la petite, elle aurait un sort, si elle travaillait. En tout cas, elle serait sauvée de la débauche de l'usine. Et il arriva naturellement que, chez le père Fouchard, le fils de la maison et la petite servante s'aimèrent. Honoré avait eu seize ans, quand Silvine en avait douze, et comme elle en avait seize, il en eut vingt, il tira au sort, ravi d'amener un bon numéro, résolu à l'épouser. Par une honnêteté rare, qui tenait à la nature réfléchie et calme du garçon, rien ne s'était passé entre eux que de grandes embrassades dans la grange. Mais, quand il parla de ce mariage au père, celui-ci exaspéré, têtu, déclara qu'il faudrait le tuer d'abord; et il garda la fille, tranquillement, espérant qu'ils se contenteraient ensemble, que ça se passerait. Pendant près de dix-huit mois encore, les jeunes gens s'adorèrent, se voulurent, sans se toucher. Puis, à la suite d'une scène abominable entre les deux hommes, le fils, ne pouvant rester davantage, s'engagea, fut envoyé en Afrique, pendant que le vieux s'obstinait à garder sa servante, dont il était content. Alors, ce fut l'affreuse chose : Silvine, qui avait juré d'attendre, se trouva un soir, quinze jours plus tard, dans les bras d'un garçon de ferme engagé depuis quelques mois, ce Goliath Steinberg, le Prussien comme on le nommait, un grand bon enfant aux petits cheveux blonds, à la large face rose toujours souriante, qui était le camarade, le confident d'Honoré. Le père Fouchard, sournoisement, avait-il poussé à cette aventure? Silvine s'était-elle donnée dans une minute d'inconscience ou avait-elle été à demi violentée, malade de chagrin, affaiblie encore par les larmes de la séparation? Elle ne savait plus elle-même, comme foudroyée, devenue enceinte, acceptant maintenant la nécessité d'un mariage avec Goliath. Lui, d'ailleurs, toujours souriant, ne disait pas non, reculait simplement la formalité jusqu'à la naissance du petit. Puis, brusquement, à la veille des couches, il disparut. On raconta plus tard qu'il était allé servir dans

C'était une lettre de Silvine, la première, la seule qu'elle lui eût jamais écrite (p. 74).

une autre ferme, du côté de Beaumont. Il y avait trois ans de cela, et personne à cette heure ne doutait que ce Goliath si bon homme, qui faisait si à l'aise des enfants aux filles, était un de ces espions dont l'Allemagne peuplait nos provinces de l'Est. En Afrique, lorsque Honoré avait su cette histoire, il était resté trois mois à l'hôpital, comme si le grand soleil de là-bas l'avait assommé, d'un coup de tison à la nuque; et jamais il n'avait voulu profiter d'un congé pour revenir au pays, de crainte d'y revoir Silvine et l'enfant.

Tandis que Maurice lisait la lettre, les mains de l'artilleur tremblaient. C'était une lettre de Silvine, la première, la seule qu'elle lui eût jamais écrite. A quel sentiment avait-elle obéi, cette soumise, cette silencieuse, dont les beaux yeux noirs prenaient parfois une fixité de résolution extraordinaire, dans son continuel servage? Elle disait simplement qu'elle le savait à la guerre et que, si elle ne devait pas le revoir, cela lui faisait trop de peine de penser qu'il pouvait mourir, en croyant qu'elle ne l'aimait plus. Elle l'aimait toujours, jamais elle n'avait aimé que lui; et elle répétait cela pendant quatre pages, en phrases qui revenaient pareilles, sans chercher d'excuses, sans tâcher même d'expliquer ce qui s'était passé. Et pas un mot de l'enfant, et rien qu'un adieu d'une infinie tendresse.

Cette lettre toucha beaucoup Maurice, que son cousin, autrefois, avait pris pour confident. Il leva les yeux, le vit en larmes, l'embrassa fraternellement.

— Mon pauvre Honoré!

Mais déjà le maréchal des logis renfonçait son émotion. Il remit soigneusement la lettre sur sa poitrine, reboutonna sa veste.

— Oui, ce sont des choses qui vous retournent... Ah! le bandit, si j'avais pu l'étrangler!... Enfin, on verra.

Les clairons sonnaient la levée du camp, et ils durent courir pour regagner chacun sa tente. D'ailleurs, les préparatifs du départ traînèrent; les troupes, sac au dos, attendirent jusqu'à près de neuf heures. Une incertitude semblait avoir pris les chefs, ce n'était déjà plus la belle résolution des deux premiers jours, ces soixante kilomètres que le 7e corps avait franchis en deux étapes. Et une nouvelle singulière, inquiétante, circulait depuis le matin : la marche vers le nord des trois autres corps d'armée, le 1er à Juniville, le 5e et le 12e à Rethel, marche illogique, que l'on expliquait par des besoins d'approvisionnements. On ne se dirigeait donc plus sur Verdun? pourquoi cette journée perdue? Le pis était que les Prussiens ne devaient pas être loin, maintenant, car les officiers venaient d'avertir leurs hommes de ne pas s'attarder, tout traînard pouvant être enlevé par les reconnaissances de la cavalerie ennemie.

On était au 25 août, et Maurice, plus tard, en se rappelant la disparition de Goliath, demeura convaincu que cet homme était un de ceux qui renseignèrent le grand état-major allemand sur la marche exacte de l'armée de Châlons, et qui décidèrent le changement de front de la troisième armée. Dès le lendemain, le prince royal de Prusse quittait Revigny, l'évolution commençait, cette attaque de flanc, cet enveloppement gigantesque à marches forcées et dans un ordre admirable, au travers de la Champagne et des Ardennes. Pendant que les Français allaient hésiter et osciller sur place, comme frappés de paralysie brusque, les Prussiens faisaient jusqu'à quarante kilomètres par jour, dans leur cercle immense de rabatteurs, poussant le troupeau d'hommes qu'ils traquaient, vers les forêts de la frontière.

Enfin, on partit, et ce jour-là, en effet, l'armée pivota sur sa gauche, le 7e corps ne parcourut que les deux petites lieues qui séparent Contreuve de Vouziers, tandis que le 5e et le 12e corps restaient immobiles à Rethel, et que le 1er s'arrêtait à Attigny. De Contreuve à la vallée de l'Aisne, les plaines recommençaient, se dénudaient encore ; la route, en approchant de Vouziers, tournait parmi des terres grises, des mamelons désolés, sans un arbre, sans une maison, d'une mélancolie de désert ; et l'étape, si courte, fut franchie d'un pas de fatigue et d'ennui, qui sembla l'allonger terriblement. Dès midi, on fit halte sur la rive gauche de l'Aisne, bivouaquant parmi les terres nues dont les derniers épaulements dominaient la vallée, surveillant de là la route de Monthois qui longe la rivière et par laquelle on attendait l'ennemi.

Et ce fut, pour Maurice, une véritable stupéfaction, lorsqu'il vit arriver, par cette route de Monthois, la division Margueritte, toute cette cavalerie de réserve, chargée de soutenir le 7e corps et d'éclairer le flanc gauche de l'armée. Le bruit courut qu'elle remontait vers le Chéne-Populeux. Pourquoi dégarnissait-on ainsi l'aile qui seule était menacée ? Pourquoi faisait-on passer au centre, où ils devaient être d'une inutilité absolue, ces deux mille cavaliers, qu'on aurait dû lancer en éclaireurs, à des lieues de distance ? Le pis était que, tombant au milieu des mouvements du 7e corps, ils avaient failli en couper les colonnes, dans un inextricable embarras d'hommes, de canons et de chevaux. Des chasseurs d'Afrique durent attendre pendant près de deux heures, à la porte de Vouziers.

Un hasard fit alors que Maurice reconnut Prosper, qui avait poussé son cheval au bord d'une mare ; et ils purent causer un instant. Le chasseur paraissait étourdi, hébété, ne sachant rien, n'ayant rien vu depuis Reims : si pourtant, il avait vu deux uhlans encore, des bougres qui apparaissaient, qui disparaissaient, sans qu'on sût d'où ils sortaient ni où ils rentraient. Déjà on comptait des histoires, quatre uhlans entrant au galop dans une ville, le revolver au poing, la traversant, la conquérant, à vingt kilomètres de leur corps d'armée. Ils étaient partout, ils précédaient les colonnes d'un bourdonnement d'abeilles, mouvant rideau derrière lequel l'infanterie dissimulait ses mouvements, marchait en

toute sécurité, comme en temps de paix. Et Maurice eut un grand
serrement au cœur, en regardant la route encombrée de chasseurs et
de hussards, qu'on utilisait si mal.

— Allons, au revoir, dit-il en serrant la main de Prosper. Peut-être
tout de même qu'on a besoin de vous, là-haut.

Mais le chasseur paraissait exaspéré du métier qu'on lui faisait faire.
Il caressait Zéphir d'une main désolée, et il répondit :

— Ah ! ouiche ! on tue les bêtes, on ne fait rien des hommes... C'est
dégoûtant !

Le soir, quand Maurice voulut enlever son soulier pour voir son
talon qui battait d'une grosse fièvre, il arracha la peau. Le sang jaillit, il
eut un cri de douleur. Et, comme Jean se trouvait là, il parut pris d'une
grande pitié inquiète.

— Dites donc, ça devient grave, vous allez rester sur le flanc... Faut
soigner ça. Laissez-moi faire.

Agenouillé, il lava lui-même la plaie, la pansa avec du linge propre
qu'il prit dans son sac. Et il avait des gestes maternels, toute une
douceur d'homme expérimenté, dont les gros doigts savent être délicats
à l'occasion.

— Un attendrissement invincible envahissait Maurice, ses yeux se
troublaient, le tutoiement monta de son cœur à ses lèvres, dans un
besoin immense d'affection, comme s'il retrouvait son frère chez ce
paysan exécré autrefois, dédaigné encore la veille.

— Tu es un brave homme, toi... Merci, mon vieux.

Et Jean, l'air très heureux, le tutoya aussi, avec son tranquille
sourire.

— Maintenant, mon petit, j'ai encore du tabac, veux-tu une
cigarette ?

V

Le lendemain, le 26, Maurice se leva courbaturé, les épaules brisées, de sa nuit sous la tente. Il ne s'était pas habitué encore à la terre dure ; et, comme, la veille, on avait défendu aux hommes d'ôter leurs souliers, et que les sergents étaient passés, tâtant dans l'ombre, s'assurant que tous étaient bien chaussés et guêtrés, son pied n'allait guère mieux, endolori, brûlant de fièvre ; sans compter qu'il devait avoir pris un coup de froid aux jambes, ayant eu l'imprudence de les allonger hors des toiles, pour les détendre.

Jean lui dit tout de suite :

— Mon petit, si l'on doit marcher aujourd'hui, tu ferais bien de voir le major et de te faire coller dans une voiture.

Mais on ne savait rien, les bruits les plus contraires circulaient. On crut un moment qu'on se remettait en route, le camp fut levé, tout le corps d'armée s'ébranla et traversa Vouziers, en ne laissant sur la rive gauche de l'Aisne qu'une brigade de la deuxième division, pour continuer à surveiller la route de Monthois. Puis, brusquement, de l'autre côté de la ville, sur la rive droite, on s'arrêta, les faisceaux furent formés dans les champs et dans les prairies qui s'étendent aux deux bords de la route de Grand-Pré. Et, à ce moment, le départ du 4e hussards, s'éloignant au grand trot par cette route, fit faire toutes sortes de conjectures.

— Si l'on attend ici, je reste, déclara Maurice, à qui répugnait l'idée du major et de la voiture d'ambulance.

Bientôt, en effet, on sut qu'on camperait là, jusqu'à ce que le général Douay se fût procuré des renseignements certains sur la marche de l'ennemi. Depuis la veille, depuis le moment où il avait vu la division Margueritte remonter vers le Chêne, il était dans une anxiété grandissante, sachant qu'il ne se trouvait plus couvert, que plus un homme ne gardait les défilés de l'Argonne, si bien qu'il pouvait être attaqué d'un instant à l'autre. Et il venait d'envoyer le 4e hussards en reconnaissance, jusqu'aux défilés de Grand-Pré et de la Croix-aux-Bois, avec l'ordre de lui rapporter des nouvelles à tout prix.

La veille, grâce à l'activité du maire de Vouziers, il y avait eu une distribution de pain, de viande et de fourrage ; et, vers dix heures, ce matin-là, on venait d'autoriser les hommes à faire la soupe, dans la crainte qu'il n'en eussent ensuite plus le temps, lorsqu'un second départ de troupes, le départ de la brigade Bordas, qui prenait le chemin suivi par les hussards, occupa de nouveau toutes les têtes. Quoi donc ? est-ce qu'on partait ? est-ce qu'on n'allait pas les laisser manger tranquilles, maintenant que la marmite était au feu ? Mais les officiers expliquèrent que la brigade Bordas avait la mission d'occuper Buzancy, à quelques kilomètres de là. D'autres, à la vérité, disaient que les hussards s'étaient heurtés à un grand nombre d'escadrons ennemis, et qu'on envoyait la brigade, afin de les dégager.

Ce furent quelques heures délicieuses de repos pour Maurice. Il s'était allongé dans le champ à mi-côte, où bivouaquait le régiment ; et, engourdi de fatigue, il regardait cette verte vallée de l'Aisne, ces prairies plantées de bouquets d'arbres, au milieu desquels la rivière coule, paresseuse. Devant lui, fermant la vallée, Vouziers se dressait en amphithéâtre, étageant ses toits, que dominait l'église avec sa flèche mince et sa tour coiffée d'un dôme. En bas, près du pont, les cheminées hautes des tanneries fumaient ; tandis que, à l'autre bout, les bâtiments d'un grand moulin se montraient, enfarinés, parmi les verdures du bord de l'eau. Et cet horizon de petite ville, perdu dans les herbes, lui apparaissait plein d'un charme doux, comme s'il eût retrouvé ses yeux de sensitif et de rêveur. C'était sa jeunesse qui revenait, les voyages qu'il avait faits autrefois à Vouziers, quand il habitait le Chêne, son bourg natal. Pendant une heure, il oublia tout.

Depuis longtemps, la soupe était mangée, l'attente continuait, lorsque, vers deux heures et demie, une sourde agitation, peu à peu croissante, gagna le camp entier. Des ordres coururent, on fit évacuer les prairies, toutes les troupes montèrent, se rangèrent sur les coteaux, entre deux villages, Chestres et Falaise, distants de quatre à cinq kilomètres. Déjà, le génie creusait des tranchées, établissait des épaulements ; pendant que, sur la gauche, l'artillerie de réserve couronnait un mamelon. Et le bruit se répandit que le général Bordas venait d'envoyer une estafette pour dire qu'ayant rencontré à Grand-Pré des forces supérieures, il était forcé de se replier sur Buzancy, ce qui faisait craindre que sa ligne de retraite sur Vouziers ne fût bientôt coupée. Aussi, le commandant du 7ᵉ corps, croyant à une attaque immédiate, avait-il fait prendre à ses hommes des positions de combat, afin de soutenir le premier choc, en attendant que le reste de l'armée vînt le soutenir ; et un de ses aides de camp était parti avec une lettre pour le maréchal, l'avertissant de la situation, demandant du secours. Enfin, comme il redoutait l'embarras de l'interminable convoi de vivres, qui avait rallié le corps pendant la nuit, et qu'il traînait de nouveau à sa suite, il le fit remettre en branle sur-le-champ, il le dirigea au petit bonheur, du côté de Chagny. C'était la bataille.

— Alors, mon lieutenant, c'est sérieux, ce coup-ci? se permit de demander Maurice à Rochas.

— Ah! oui, foutre! répondit le lieutenant en agitant ses grands bras. Vous verrez s'il fait chaud, tout à l'heure!

Tous les soldats en étaient enchantés. Depuis que la ligne de bataille se formait, de Chestres à Falaise, l'animation du camp avait grandi encore, une fièvre d'impatience s'emparait des hommes. Enfin, on allait donc les voir, ces Prussiens que les journaux disaient si éreintés de marches, si épuisés de maladies, affamés et vêtus de haillons! Et l'espoir de les culbuter au premier heurt, relevait tous les courages.

— Ce n'est pas malheureux qu'on se retrouve, déclarait Jean. Il y a assez longtemps qu'on joue à cache-cache, depuis qu'on s'est perdu, là-bas, à la frontière, après leur bataille... Seulement, est-ce que ce sont ceux-là qui ont battu Mac-Mahon?

Maurice ne put lui répondre, hésitant. D'après ce qu'il avait lu à Reims, il lui semblait difficile que la troisième armée, commandée par le prince royal de Prusse, fût à Vouziers, lorsque, l'avant-veille encore, elle devait camper à peine du côté de Vitry-le-Français. On avait bien parlé d'une quatrième armée, mise sous les ordres du prince de Saxe, qui allait opérer sur la Meuse : c'était celle-ci sans doute, quoique l'occupation si prompte de Grand-Pré l'étonnât, à cause des distances. Mais ce qui acheva de brouiller ses idées, ce fut sa stupeur d'entendre le général Bourgain-Desfeuilles questionner un paysan de Falaise pour savoir si la Meuse ne passait pas à Buzancy et s'il n'y avait pas là des ponts solides. D'ailleurs, dans la sérénité de son ignorance, le général déclarait qu'on allait être attaqué par une colonne de cent mille hommes venant de Grand-Pré, tandis qu'une autre de soixante mille arrivait par Sainte-Menehould.

— Et ton pied? demanda Jean à Maurice.

— Je ne le sens plus, répondit celui-ci en riant. Si l'on se bat, ça ira toujours.

C'était vrai, une telle excitation nerveuse le tenait debout, qu'il était comme soulevé de terre. Dire que, de toute la campagne, il n'avait pas encore brûlé une cartouche! Il était allé à la frontière, il avait passé devant Mulhouse la terrible nuit d'angoisse, sans voir un Prussien, sans lâcher un coup de fusil; et il avait dû battre en retraite jusqu'à Belfort, jusqu'à Reims, et de nouveau il marchait à l'ennemi depuis cinq jours, son chassepot toujours vierge, inutile. Un besoin grandissant, une rage lente le prenait d'épauler, de tirer au moins, pour soulager ses nerfs. Depuis six semaines bientôt qu'il s'était engagé, dans une crise d'enthousiasme, rêvant de combat pour le lendemain, il n'avait fait qu'user ses pauvres pieds d'homme délicat à fuir et à piétiner, loin des champs de bataille. Aussi, dans l'attente fébrile de tous, était-il un de ceux qui interrogeaient avec le plus d'impatience cette route de Grand-Pré, filant toute droite, à l'infini, entre de beaux arbres. Au-dessous de lui, la vallée se déroulait, l'Aisne mettait comme un ruban d'argent parmi les saules et les peupliers ; et ses regards revenaient invinciblement à la route, là-bas.

Vers quatre heures, on eut une alerte. Le 4ᵉ hussards rentrait, après un long détour ; et, grossies de proche en proche, des histoires de combats avec les uhlans circulèrent, ce qui confirma tout le monde dans la certitude où l'on était d'une attaque imminente. Deux heures plus tard, une nouvelle estafette arriva, effarée, expliquant que le général Bordas n'osait plus quitter Grand-Pré, convaincu que la route de Vouziers était coupée. Il n'en était rien encore, puisque l'estafette venait de passer librement. Mais, d'une minute à l'autre, le fait pouvait se produire, et le général Dumont, commandant la division, partit tout de suite, avec la brigade qui lui restait, pour dégager son autre brigade, demeurée en détresse. Le soleil se couchait derrière Vouziers, dont la ligne des toits se détachait en noir, sur un grand nuage rouge. Long-temps, entre la double rangée des arbres, on put suivre la brigade, qui finit par se perdre dans l'ombre naissante.

Le colonel de Vineuil vint s'assurer de la bonne position de son régiment, pour la nuit. Il s'étonna de ne pas trouver à son poste le capitaine Beaudoin ; et, comme celui-ci rentrait de Vouziers à cette minute même, donnant l'excuse qu'il y avait déjeuné, chez la baronne de Ladicourt, il reçut une rude réprimande, qu'il écouta d'ailleurs en silence, de son air correct de bel officier.

— Mes enfants, répétait le colonel en passant parmi ses hommes, nous serons sans doute attaqués cette nuit, ou sûrement demain matin à la pointe du jour... Tenez-vous prêts et rappelez-vous que le 106ᵉ n'a jamais reculé.

Tous l'acclamaient, tous préféraient un « coup de torchon », pour en finir, dans la fatigue et le découragement qui les envahissaient depuis le départ. On visita les fusils, on changea les aiguilles. Comme on avait mangé la soupe, le matin, on se contenta de café et de biscuit. Ordre était donné de ne pas se coucher. Des grand'gardes furent envoyées à quinze cents mètres, des sentinelles furent détachées jusqu'au bord de l'Aisne. Tous les officiers veillèrent autour des feux de bivouac. Et, contre un petit mur, on distinguait par moments, aux lueurs dansantes d'un de ses feux, les uniformes chamarrés du général en chef et de son état-major, dont les ombres s'agitaient, anxieuses, courant vers la route, guettant le pas des chevaux, dans la mortelle inquiétude où l'on était du sort de la troisième division.

Vers une heure du matin, Maurice fut posé en sentinelle perdue, à la lisière d'un champ de pruniers, entre la route et la rivière. La nuit

Un second officier partit au galop pour le Chêne... (p. 83).

était d'un noir d'encre. Dès qu'il se trouva seul, dans l'écrasant silence
de la campagne endormie, il se sentit envahir par un sentiment de peur
d'une affreuse peur qu'il ne connaissait pas, qu'il ne pouvait vaincre
pris d'un tremblement de colère et de honte. Il s'était retourné, pour se
rassurer en voyant les feux du camp ; mais un petit bois devait les lu
cacher, il n'avait derrière lui qu'une mer de ténèbres ; seules, très
lointaines, quelques lumières brûlaient toujours à Vouziers, dont les
habitants, prévenus sans doute, frissonnant à l'idée de la bataille, ne se
couchaient pas. Ce qui acheva de le glacer, ce fut, en épaulant, de
constater qu'il n'apercevait même pas la mire de son fusil. Alors com
mença l'attente la plus cruelle, toutes les forces de son être bandée
dans l'ouïe seule, les oreilles ouvertes aux bruits imperceptibles
finissant par s'emplir d'une rumeur de tonnerre. Un ruissellement d'eau
lointaine, un remuement léger de feuilles, le saut d'un insecte, deve
naient énormes de retentissement. N'était-ce point un galop de chevaux
un roulement sans fin d'artillerie, qui arrivait de là-bas, droit à lui ? Su
sa gauche, n'avait-il pas entendu un chuchotement discret, des voi
étouffées, une avant-garde rampant dans l'ombre, préparant une surprise
Trois fois, il fut sur le point de lâcher son coup de feu, pour donne
l'alarme. La crainte de se tromper, d'être ridicule, augmentait son
malaise. Il s'était agenouillé, l'épaule gauche contre un arbre ; il lu
semblait qu'il était ainsi depuis des heures, qu'on l'avait oublié là, qu
l'armée devait s'en être allée sans lui. Et, brusquement, il n'eut plu
peur, il distingua très nettement, sur la route qu'il savait à deux cent
mètres, le pas cadencé de soldats en marche. Tout de suite, il avait e
la certitude que c'étaient les troupes en détresse, si impatiemmen
attendues, le général Dumont ramenant la brigade Bordas. A ce moment
on venait le relever, sa faction avait à peine duré l'heure réglementaire

C'était bien la troisième division qui rentrait au camp. Le soulage
ment fut immense. Mais on redoubla de précautions, car les renseigne
ments rapportés confirmaient tout ce qu'on croyait savoir sur l'approch
de l'ennemi. Quelques prisonniers qu'on ramenait, des uhlans sombres
drapés de leurs grands manteaux, refusèrent de parler. Et le petit jou
une aube livide de matinée pluvieuse, se leva, dans l'attente qui conti
nuait, énervée d'impatience. Depuis quatorze heures bientôt, les homme
n'osaient dormir. Vers sept heures, le lieutenant Rochas raconta qu
Mac-Mahon arrivait avec toute l'armée. La vérité était que le généra
Douay avait reçu, en réponse à sa dépêche de la veille annonçant la lutt
inévitable sous Vouziers, une lettre du maréchal qui lui disait de teni
bon, jusqu'à ce qu'il pût le faire soutenir : le mouvement en avant éta
arrêté, le 1er corps se portait sur Terron, le 5e sur Buzancy, tandis qu
le 12e resterait au Chêne, en seconde ligne. Alors, l'attente s'élarg
encore, ce n'était plus un simple combat qu'on allait livrer, mais un
grande bataille, où donnerait toute cette armée, détournée de la Meuse

en marche désormais vers le sud, dans la vallée de l'Aisne. Et l'on n'osa toujours pas faire la soupe, on dut se contenter encore de café et de biscuits, car le « coup de torchon » était pour midi, tous le répétaient, sans savoir pourquoi. Un aide de camp venait d'être envoyé au maréchal, afin de hâter l'arrivée des secours, l'approche des deux armées ennemies devenant de plus en plus certaine. Trois heures plus tard, un second officier partit au galop pour le Chêne, où se trouvait le grand quartier général, dont il devait rapporter les ordres immédiats, tellement l'inquiétude avait grandi, à la suite des nouvelles données par un maire de campagne, qui prétendait avoir vu cent mille hommes à Grand-Pré, tandis que cent autres mille montaient par Buzancy.

A midi, toujours pas un seul Prussien. A une heure, à deux heures, rien encore. Et la lassitude arrivait, le doute aussi. Des voix goguenardes commençaient à blaguer les généraux. Peut-être bien qu'ils avaient vu leur ombre sur le mur. On leur votait des lunettes. De jolis farceurs, si rien ne venait, d'avoir ainsi dérangé tout le monde ! Un loustic cria :

— C'est donc comme là-bas, à Mulhouse ?

A cette parole, le cœur de Maurice s'était serré, dans l'angoisse du souvenir. Il se rappelait cette fuite imbécile, cette panique qui avait emporté le 7e corps, sans qu'un Allemand eût paru, à dix lieues de là. Et l'aventure recommençait, il en avait maintenant la sensation nette, la certitude. Pour que l'ennemi ne les eût pas attaqués, vingt-quatre heures après l'escarmouche de Grand-Pré, il fallait que le 4e hussards s'y fût heurté simplement à quelque reconnaissance de cavalerie. Les colonnes devaient être loin encore, peut-être à deux journées de marche. Tout d'un coup, cette pensée le terrifia, lorsqu'il réfléchit au temps qu'on venait de perdre. En trois jours, on n'avait pas fait deux lieues, de Contreuve à Vouziers. Le 25 et le 26, les autres corps d'armée étaient montés au nord, sous prétexte de se ravitailler; tandis que, maintenant, le 27, les voilà qui descendaient au midi, pour accepter une bataille que personne ne leur offrait. A la suite du 4e hussards, vers les défilés de l'Argonne abandonnés, la brigade Bordas s'était crue perdue, entraînant à son secours toute la division, puis le 7e corps, puis l'armée entière, inutilement. Et Maurice, songeait au prix inestimable de chaque heure, dans ce projet fou de donner la main à Bazaine, un plan que, seul, un général de génie aurait pu exécuter, avec des soldats solides, à la condition d'aller en tempête, droit devant lui, au travers des obstacles.

— Nous sommes fichus ! dit-il à Jean, pris de désespoir, dans une soudaine et courte lucidité.

Puis, comme ce dernier élargissait les yeux, ne pouvant comprendre, il continua à demi voix, pour lui, parlant des chefs :

— Plus bêtes que méchants, c'est certain, et pas de chance ! Ils ne ne savent rien, ils ne prévoient rien, ils n'ont ni plan, ni idées, ni hasards heureux... Allons, tout est contre nous, nous sommes fichus !

Et ce découragement, que Maurice raisonnait en garçon intelligent et instruit, il grandissait, il pesait peu à peu sur toutes les troupes, immobilisées sans raison, dévorées par l'attente. Obscurément, le doute, le pressentiment de la situation vraie faisaient leur travail, dans ces cervelles épaisses ; et il n'était plus un homme, si borné fût-il, qui n'éprouvât le malaise d'être mal conduit, attardé à tort, poussé au hasard dans la plus désastreuse des aventures. Qu'est-ce qu'on fichait là, bon Dieu ! puisque les Prussiens ne venaient pas ? Ou se battre tout de suite, ou s'en aller quelque part dormir tranquille. Ils en avaient assez. Depuis que le dernier aide de camp était parti pour rapporter des ordres, l'anxiété croissait ainsi de minute en minute, des groupes s'étaient formés, parlant haut, discutant. Les officiers, gagnés par cette agitation, ne savaient que répondre aux soldats qui osaient les interroger. Aussi, à cinq heures, lorsque le bruit se répandit que l'aide de camp était de retour et qu'on allait se replier, y eut-il un allègement dans toutes les poitrines, un soupir de profonde joie.

Enfin, c'était donc le parti de la sagesse qui l'emportait ! L'empereur et le maréchal, qui n'avaient jamais été pour cette marche sur Verdun, inquiets d'apprendre qu'ils étaient de nouveau gagnés de vitesse et qu'ils allaient avoir contre eux l'armée du prince royal de Saxe et celle du prince royal de Prusse, renonçaient à l'improbable jonction avec Bazaine, pour battre en retraite par les places fortes du Nord, de façon à se replier ensuite sur Paris. Le 7e corps recevait l'ordre de remonter sur Chagny, par le Chêne, tandis que le 5e corps devait marcher sur Poix, le 1er et le 12e, sur Vendresse. Alors, puisqu'on reculait, pourquoi s'être avancé jusqu'à l'Aisne, pourquoi tant de journées perdues et tant de fatigues, lorsque, de Reims, il était si facile, si logique d'aller prendre tout de suite de fortes positions dans la vallée de la Marne ? Il n'y avait donc ni direction, ni talent militaire, ni simple bons sens ? Mais on ne s'interrogeait plus, on pardonnait, dans l'allégresse de cette décision si raisonnable, la seule bonne pour se tirer du guêpier où l'on s'était mis. Des généraux aux simples soldats, tous avaient cette sensation qu'on redeviendrait fort, qu'on serait invincible sous Paris, et que c'était là, nécessairement, qu'on battrait les Prussiens. Mais il fallait évacuer Vouziers dès la pointe du jour, de façon à être en marche vers le Chêne, avant d'avoir été attaqué ; et, immédiatement, le camp s'emplit d'une animation extraordinaire, les clairons sonnaient, des ordres se croisaient ; tandis que, déjà, les bagages et le convoi d'administration partaient en avant, pour ne pas alourdir l'arrière-garde.

Maurice était ravi. Puis, comme il tâchait d'expliquer à Jean le mouvement de retraite qu'on allait exécuter, un cri de douleur lui échappa :

son excitation était tombée, il retrouvait son pied, lourd comme du plomb, au bout de sa jambe.

— Quoi donc? ça recommence? demanda le caporal, désolé.

Et ce fut lui, avec son esprit pratique, qui eut une idée.

— Écoute, mon petit, tu m'as dit hier que tu connaissais du monde, là, dans la ville. Tu devrais obtenir la permission du major et te faire conduire en voiture au Chêne, où tu passerais une bonne nuit dans un bon lit. Demain, si tu marches mieux, nous te reprendrons, en passant... Hein? ça va-t-il?

Dans Falaise même, le village près duquel on était campé, Maurice venait de retrouver un ancien ami de son père, un petit fermier, qui justement allait conduire sa fille au Chêne, près d'une tante, et dont le cheval, attelé à une légère carriole, attendait :

Mais, avec le major Bouroche, dès les premiers mots, les choses faillirent mal tourner.

— C'est mon pied qui s'est écorché, monsieur le docteur...

Du coup, Bouroche, secouant sa tête puissante, au mufle de lion, rugit :

— Je ne suis pas monsieur le docteur... Qui est-ce qui m'a foutu un soldat pareil?

Et, comme Maurice, effaré, bégayait une excuse, il reprit :

— Je suis le major, entendez-vous, brute!

Puis, s'apercevant à qui il avait affaire, il dut éprouver quelque honte, il s'emporta davantage.

— Votre pied, la belle histoire!... Oui, oui, je vous autorise. Montez en voiture, montez en ballon. Nous avons assez de traîne-la-patte et de fricoteurs!

Lorsque Jean aida Maurice à se hisser dans la carriole, ce dernier se retourna pour le remercier; et les deux hommes tombèrent aux bras l'un de l'autre, comme s'ils n'avaient jamais dû se revoir. Est-ce qu'on savait, au milieu du branle de la retraite, avec ces Prussiens qui étaient là? Maurice resta surpris de la grande tendresse qui l'attachait déjà à ce garçon. Et, deux fois encore, il se retourna, pour lui dire au revoir de la main; et il quitta le camp, où l'on se préparait à allumer de grands feux, afin de tromper l'ennemi, pendant que l'on partirait, dans le plus grand silence, avant la pointe du jour.

En chemin, le petit fermier ne cessa de gémir sur l'abomination des temps. Il n'avait pas eu le courage de rester à Falaise; et il regrettait déjà de ne plus y être, répétant qu'il était ruiné, si l'ennemi brûlait sa maison. Sa fille, une grande créature pâle, pleurait. Mais, ivre de fatigue, Maurice n'entendait pas, dormait assis, bercé par le trot vif du petit cheval, qui, en moins d'une heure et demie, franchit les quatre lieues, de Vouziers au Chêne. Il n'était pas sept heures, le crépuscule tombait à peine, lorsque le jeune homme, étonné et frissonnant, des-

cendit au pont du canal, sur la place, en face de l'étroite maison jaune
où il était né, où il avait passé vingt ans de son existence. C'était là
qu'il se rendait machinalement, bien que la maison, depuis dix-huit
mois, fût vendue à un vétérinaire. Et, au fermier qui le questionnait, il
répondit qu'il savait parfaitement où il allait, il le remercia mille fois de
son obligeance.

Cependant, au centre de la petite place triangulaire, près du puits,
il demeurait immobile, étourdi, la mémoire vide. Où donc allait-il?
Brusquement, il se souvint que c'était chez le notaire, dont la maison
touchait celle où il avait grandi, et dont la mère, la très vieille et très
bonne Mᵐᵉ Desroches, à titre de voisine, le gâtait, lorsqu'il était enfant.
Mais il reconnaissait à peine le Chêne, au milieu de l'extraordinaire agitation que causait, dans cette petite ville morte d'habitude, la présence
d'un corps d'armée, campé aux portes, emplissant les rues d'officiers,
d'estafettes, de gens à la suite, de rôdeurs et de traînards de toute espèce.
Il retrouvait bien le canal traversant la ville de bout en bout, coupant
la place centrale, dont l'étroit pont de pierre réunissait les deux
triangles ; et c'était toujours bien, là-bas, sur l'autre rive, le marché
avec sa toiture moussue, la rue Berond qui s'enfonçait à gauche, la
route de Sedan qui filait à droite. Seulement, du côté où il était, il lui
fallait lever les yeux, reconnaître le clocher ardoisé, au-dessus de la
maison du notaire, pour être certain que c'était là le coin désert où il
avait joué à la marelle, tellement la rue de Vouziers, en face de lui,
jusqu'à l'Hôtel de Ville, bourdonnait d'un flot compact de foule. Sur la
place, il semblait qu'on faisait le vide, que des hommes écartaient les
curieux. Et là, occupant un large espace, derrière le puits, il fut étonné
d'apercevoir comme un parc de voitures, de fourgons, de chariots, tout
un campement de bagages qu'il avait certainement vus déjà.

Le soleil venait de disparaître dans l'eau toute droite et sanglante du
canal, et Maurice se décidait, lorsqu'une femme, près de lui, qui le dévi-
sageait depuis un instant, s'écria :

— Mais ce n'est pas Dieu possible ! vous êtes bien le fils Levasseur?

Alors, lui-même reconnut madame Combette, la femme du pharmacien, dont la boutique était sur la place. Comme il lui expliquait qu'il
allait demander un lit à la bonne madame Desroches, elle l'entraîna,
agitée.

— Non, non, venez jusque chez nous. Je vais vous dire...

Puis, dans la pharmacie, quand elle eut soigneusement refermé la
porte :

— Vous ne savez donc pas, mon cher garçon, que l'empereur est
descendu chez les Desroches... On a réquisitionné la maison pour lui,
et ils ne sont guère satisfaits du grand honneur, je vous assure. Quand
on pense qu'on a forcé la pauvre vieille maman, une femme de soixante-
dix ans passés, à donner sa chambre et à monter se coucher sous les

toits, dans un lit de bonne !... Tenez, tout ce que vous voyez là, sur la place, c'est à l'empereur, ce sont ses malles enfin, vous comprenez !

En effet, Maurice se les rappela alors, ces voitures et ces fourgons, tout ce train superbe de la maison impériale, qu'il avait vu à Reims.

— Ah ! mon cher garçon, si vous saviez ce qu'on a tiré de là dedans, et de la vaisselle d'argent, et des bouteilles de vin, et des paniers de provisions et du beau linge, et de tout ! Pendant deux heures, ça n'a pas arrêté. Je me demande où ils ont pu fourrer tant de choses, car la maison n'est pas grande... Regardez, regardez ! en ont-ils allumé, un feu, dans la cuisine !

Il regardait la petite maison blanche, à deux étages, qui faisait l'angle de la place et de la rue de Vouziers, une maison d'aspect bourgeois et calme, dont il évoquait l'intérieur, l'allée centrale en bas, les quatre pièces de chaque étage, comme s'il y était entré la veille encore. En haut, vers l'angle, la fenêtre du premier, ouvrant sur la place, se trouvait éclairée déjà ; et la femme du pharmacien lui expliquait que cette chambre était celle de l'empereur. Mais, comme elle l'avait dit, ce qui flambait surtout, c'était la cuisine, dont la fenêtre, au rez-de-chaussée, donnait sur la rue de Vouziers. Jamais les habitants du Chêne n'avaient eu un pareil spectacle. Un flot de curieux, sans cesse renouvelé, barrait la rue, béant devant cette fournaise, où rôtissait et bouillait le dîner d'un empereur. Pour avoir un peu d'air, les cuisiniers avaient ouvert les vitres toutes grandes. Ils étaient trois, en vestes blanches éblouissantes, s'agitant devant des poulets enfilés dans une immense broche, remuant des sauces au fond d'énormes casseroles, dont le cuivre luisait comme de l'or. Et les vieillards ne se souvenaient pas d'avoir vu, au Lion d'Argent, même pour les plus grandes noces, autant de feu brûlant et autant de nourriture cuisant à la fois.

Combette, le pharmacien, un petit homme sec et remuant, rentra chez lui, très excité par tout ce qu'il venait de voir et d'entendre. Il semblait être dans le secret des choses, étant adjoint au maire, C'était vers trois heures et demie que Mac-Mahon avait télégraphié à Bazaine que l'arrivée du prince royal de Prusse à Châlons le forçait à se replier sur les places du Nord ; et une autre dépêche allait partir pour le ministre de la guerre, l'avertissant également de la retraite, lui expliquant le danger terrible où se trouvait l'armée d'être coupée et écrasée. La dépêche à Bazaine pouvait courir, si elle avait de bonnes jambes, car toutes les communications semblaient interrompues avec Metz depuis plusieurs jours. Mais, l'autre dépêche, c'était plus grave ; et, baissant la voix, le pharmacien raconta qu'il avait entendu un officier supérieur dire : « S'ils sont prévenus à Paris, nous sommes foutus ! » Personne n'ignorait avec quelle âpreté l'impératrice-régente et le conseil des ministres poussaient à la marche en avant. D'ailleurs, la confusion augmentait d'heure en heure, les renseignements les plus extraordinaires arrivaient sur l'ap-

proche des armées allemandes. Le prince royal de Prusse à Châlons
était-ce possible ? Et contre quelles troupes venait donc de se heurter l
7ᵉ corps, dans les défilés de l'Argonne ?

— A l'état-major, ils ne savent rien, continua le pharmacien en ag
tant désespérément les bras. Ah ! quel gâchis !... Enfin, tout va bien,
demain l'armée est en retraite.

Puis, brave homme au fond :

— Dites donc, mon jeune ami, je vais vous panser le pied, vou
dînerez avec nous, et vous coucherez là-haut, dans la petite chambre d
mon élève, qui a filé.

Mais, tourmenté du besoin de voir et de savoir, Maurice, avant tou
voulut absolument suivre sa première idée, en allant, en face, rendr
visite à la vieille madame Desroches. Il fut surpris de ne pas être arrêté
à la porte, qui, dans le tumulte de la place, restait ouverte, sans mêm
être gardée. Continuellement, du monde entrait et sortait, des officier
des gens de service ; et il semblait que le branle de la cuisine flamban
agitât la maison entière. Pourtant, il n'y avait pas une lumière dans l'es
calier, il dut monter à tâtons. Au premier étage, il s'arrêta quelque
secondes, le cœur battant, devant la porte de la pièce où il savait que s
trouvait l'empereur ; mais, là, dans cette pièce, pas un bruit, un silenc
de mort. Et, en haut, au seuil de la chambre de bonne où elle avait d
se réfugier, la vieille madame Desroches eut d'abord peur de lui. Ensuite
quand elle l'eût reconnu :

— Ah ! mon enfant, dans quel affreux moment faut-il qu'on s
retrouve !... Je la lui aurais donnée bien volontiers, ma maison, à l'em
pereur ; mais il a, avec lui, des gens trop mal élevés ! Si vous savie
comme ils ont tout pris, et ils vont tout brûler, tant ils font du feu !..
Lui, le pauvre homme, a la mine d'un déterré et l'air si triste...

Puis, lorsque le jeune homme s'en alla, en la rassurant, elle l'accóm
pagna, se pencha au-dessus de la rampe.

— Tenez ! murmura-t-elle, on le voit d'ici... Ah ! nous sommes bie
tous perdus. Adieu, mon enfant !

Et Maurice resta planté sur une marche, dans les ténèbres de l'esca
lier. Le cou tordu, il apercevait, par une imposte vitrée, un spectacl
dont il emporta l'inoubliable souvenir.

L'empereur était là, au fond de la pièce bourgeoise et froide, assi
devant une petite table, sur laquelle son couvert était mis, éclairée
chaque bout d'un flambeau. Dans le fond, deux aides de camp se tenaien
silencieux. Un maître d'hôtel, debout près de la table, attendait. Et l
verre n'avait pas servi, le pain n'avait pas été touché, un blanc de poule
refroidissait au milieu de l'assiette. L'empereur, immobile, regardait l
nappe, de ces yeux vacillants, troubles et pleins d'eau, qu'il avait déj
à Reims. Mais il semblait plus las, et, lorsque, se décidant, d'un ai
d'immense effort, il eut porté à ses lèvres deux bouchées, il repouss

On leur avait fait mettre l'arme au pied, avec défense de rompre les rangs
et de s'asseoir (p. 93).

tout le reste de la main. Il avait dîné. Une expression de souffrance, endurée secrètement, blêmit encore son pâle visage.

En bas, comme Maurice passait devant la salle à manger, la porte en fut brusquement ouverte, et il aperçut, dans le braisillement des bougies et la fumée des plats, une tablée d'écuyers, d'aides de camp, de chambellans, en train de vider les bouteilles des fourgons, d'engloutir les volailles et de torcher les sauces, au milieu de grands éclats de voix. La certitude de la retraite enchantait tout ce monde, depuis que la dépêche du maréchal était partie. Dans huit jours, à Paris, on aurait enfin des lits propres.

Maurice, alors, tout d'un coup, sentit la terrible fatigue qui l'accablait ; c'était certain, l'armée entière se repliait, et il n'avait plus qu'à dormir, en attendant le passage du 7ᵉ corps. Il retraversa la place, se retrouva chez le pharmacien Combette, où, comme dans un rêve, il mangea. Puis, il lui sembla bien qu'on lui pansait le pied, qu'on le montait dans une chambre. Et ce fut la nuit noire, l'anéantissement. Il dormait, écrasé, sans un souffle. Mais, après un temps indéterminé, des heures ou des siècles, un frisson agita son sommeil, le souleva sur son séant, au milieu des ténèbres. Où était-il donc ? quel était ce roulement continu de tonnerre qui l'avait réveillé ? Tout de suite il se souvint, courut à la fenêtre, pour voir. En bas, dans l'obscurité, sur cette place aux nuits si calmes d'ordinaire, c'était de l'artillerie qui défilait, un trot sans fin d'hommes, de chevaux et de canons, dont les petites maisons mortes tremblaient. Une inquiétude irraisonnée le saisit, devant ce brusque départ. Quelle heure pouvait-il être ? Quatre heures sonnèrent à l'Hôtel de Ville. Et il s'efforçait de se rassurer, en se disant que c'était tout simplement là un commencement d'exécution des ordres de retraite donnés la veille, lorsqu'un spectacle, comme il tournait la tête, acheva de l'angoisser : la fenêtre du coin, chez le notaire, était toujours éclairée ; et l'ombre de l'empereur, à des intervalles égaux, s'y dessinait nettement, en un profil sombre.

Vivement, Maurice enfila son pantalon, pour descendre. Mais Combette parut, un bougeoir à la main, gesticulant.

— Je vous ai aperçu d'en bas, en revenant de la mairie, et je suis monté vous dire... Imaginez-vous qu'ils ne m'ont pas laissé coucher, voici deux heures que nous nous occupons de nouvelles réquisitions, le maire et moi... Oui, tout est changé, une fois encore. Ah ! il avait bougrement raison, l'officier qui ne voulait pas qu'on envoyât la dépêche à Paris !

Et il continua longtemps, en phrases coupées, sans ordre, et le jeune homme finit par comprendre, muet, le cœur serré. Vers minuit, une dépêche du ministre de la guerre à l'empereur était arrivée, en réponse à celle du maréchal. On n'en connaissait pas le texte exact ; mais un aide de camp avait dit tout haut, à l'Hôtel de Ville, que l'impératrice et le conseil des ministres craignaient une révolution à Paris, si, abandonnant Bazaine, l'empereur rentrait. La dépêche, mal renseignée sur les positions véritables des Allemands, ayant l'air de croire à une avance que l'armée de Châlons n'avait plus, exigeait la marche en avant, malgré tout, avec une fièvre de passion extraordinaire.

— L'empereur a fait appeler le maréchal, ajouta le pharmacien, et ils sont restés enfermés ensemble pendant près d'une heure. Naturellement, je ne sais pas ce qu'ils ont pu se dire, mais ce que tous les officiers m'ont répété, c'est qu'on ne bat plus en retraite et que la marche sur la Meuse est reprise... Nous venons de réquisitionner tous les fours de la ville pour le 1ᵉʳ corps, qui remplacera ici, demain matin, le 12ᵉ, dont l'artillerie, comme vous le voyez, part en ce moment pour la Besace... Cette fois, c'est bien fini, vous voilà en route pour la bataille!

Il s'arrêta. Lui aussi regardait la fenêtre éclairée, chez le notaire. Puis, à demi voix, d'un air de curiosité songeuse :

— Hein! qu'ont-ils pu se dire?... C'est drôle tout de même, de se replier à six heures du soir, devant la menace d'un danger, et d'aller à minuit tête baissée dans ce danger, lorsque la situation reste identiquement la même!

Maurice écoutait toujours le roulement des canons, en bas, dans la petite ville noire, ce trot ininterrompu, ce flot d'hommes qui s'écoulait vers la Meuse, à l'inconnu terrible du lendemain. Et, sur les minces rideaux bourgeois de la fenêtre, il revoyait passer régulièrement l'ombre de l'empereur, le va-et-vient de ce malade que l'insomnie tenait debout, pris d'un besoin de mouvement, malgré sa souffrance, l'oreille emplie du bruit de ces chevaux et de ces soldats qu'il laissait envoyer à la mort. Ainsi, quelques heures avaient suffi, c'était maintenant le désastre décidé, accepté. Qu'avaient-ils pu se dire, en effet, cet empereur et ce maréchal, tous les deux avertis du malheur auquel on marchait, convaincus le soir de la défaite, dans les effroyables conditions où l'armée allait se trouver, ne pouvant le matin avoir changé d'avis, lorsque le péril grandissait à chaque heure? Le plan du général de Palikao, la marche foudroyante sur Montmédy, déjà téméraire le 23, possible peut-être encore le 25, avec des soldats solides et un capitaine de génie, devenait, le 27, un acte de pure démence, au milieu des hésitations continuelles du commandement et de la démoralisation croissante des troupes. Si tous deux le savaient, pourquoi cédaient-ils aux impitoyables voix fouettant leur indécision? Le maréchal, peut-être, n'était qu'une âme bornée et obéissante de soldat, grande dans son abnégation. Et l'empereur, qui ne commandait plus, attendait le destin. On leur demandait leur vie et la vie de l'armée : ils les donnaient. Ce fut la nuit du crime, la nuit abominable d'un assassinat de nation; car l'armée dès lors se trouvait en détresse, cent mille hommes étaient envoyés au massacre.

En songeant à ces choses, désespéré et frémissant, Maurice suivait l'ombre, sur la mousseline légère de la bonne madame Desroches, l'ombre fiévreuse, piétinante, que semblait pousser l'impitoyable voix, venue de Paris. Cette nuit-là, l'impératrice n'avait-elle pas souhaité la mort du père, pour que le fils régnât? Marche! marche! sans regarder en arrière, sous la pluie, dans la boue, à l'extermination, afin que cette partie suprême de l'empire à l'agonie soit jouée jusqu'à la dernière carte. Marche! marche! meurs en héros sur les cadavres entassés de ton peuple, frappe le monde entier d'une admiration émue, si tu veux qu'il pardonne à ta descendance! Et sans doute l'empereur marchait à la mort. En bas, la cuisine ne flambait plus, les écuyers, les aides de camp, les chambellans dormaient, toute la maison était noire; tandis que, seule, l'ombre allait et revenait sans cesse, résignée à la fatalité du sacrifice, au milieu de l'assourdissant vacarme du 12ᵉ corps, qui continuait de défiler, dans les ténèbres.

Soudain, Maurice songea que, si la marche en avant était reprise, le 7ᵉ corps ne remonterait pas par le Chêne; et il se vit en arrière, séparé de son régiment, ayant déserté son poste. Il ne sentait plus la brûlure de son pied : un pansement habile, quelques heures d'absolu repos en avaient calmé la fièvre. Lorsque Combette lui eut donné des souliers à lui, de larges souliers où il était à l'aise, il voulut partir, partir à l'instant, espérant rencontrer encore le 106ᵉ sur la route du Chêne à Vouziers. Vainement, le pharmacien tâcha de le retenir, et il allait se décider à le reconduire en personne dans son cabriolet, battant la route au petit bonheur, quand son élève, Fernand, reparut, en expliquant qu'il revenait d'embrasser sa cousine. Ce fut ce grand garçon blême, l'air poltron, qui attela et qui emmena Maurice. Il n'était pas quatre heures, une pluie diluvienne ruisselait du ciel d'encre, les lanternes de la voiture pâlissaient, éclairant à peine le chemin, au milieu de la vaste campagne noyée, toute pleine de rumeurs immenses, qui, à chaque kilomètre, les faisaient s'arrêter, croyant au passage d'une armée.

Cependant, là-bas, devant Vouziers, Jean n'avait point dormi. Depuis que Maurice lui avait expliqué comment cette retraite allait tout sauver, il veillait, empêchant ses hommes de s'écarter, attendant l'ordre de départ, que les officiers pouvaient donner d'une minute à l'autre. Vers deux heures, dans l'obscurité profonde, que les feux étoilaient de rouge, un grand bruit de chevaux traversa le camp : c'était la cavalerie qui partait en avant-garde, vers Ballay et Quatre-Champs, afin de surveiller les routes de Boult-aux-Bois et de la Croix-aux-Bois. Une heure plus tard, l'infanterie et l'artillerie se mirent à leur tour en branle, quittant enfin ces positions de Falaises et de Chestres, que depuis deux grands jours elles s'entêtaient à défendre contre un ennemi qui ne venait point. Le ciel s'était couvert, la nuit restait profonde, et chaque régiment s'éloignait dans le plus grand silence, un défilé d'ombres se dérobant au fond des ténèbres. Mais tous les cœurs battaient d'allégresse, comme si l'on eût échappé à un guet-apens. On se voyait déjà sous les murs de Paris, à la veille de la revanche.

Dans l'épaisse nuit, Jean regardait. La route était bordée d'arbres, et il lui semblait bien qu'elle traversait de vastes prairies. Puis, des montées, des descentes se produisirent. On arrivait à un village, qui devait être Ballay, lorsque la lourde nuée dont le ciel était obscurci, creva en une pluie violente. Les hommes avaient déjà reçu tant d'eau, qu'ils ne se fâchaient même plus, enflant les épaules. Mais Ballay était dépassé ; et, à mesure qu'ils s'approchaient de Quatre-Champs, se levaient des rafales de vent furieux. Au delà, quand ils eurent monté sur le vaste plateau dont les terres nues vont jusqu'à Noirval, l'ouragan fit rage, ils furent battus par un effroyable déluge. Et ce fut au milieu de ces vastes terres, qu'un ordre de halte arrêta, un à un, tous les régiments. Le 7ᵉ corps entier, trente et quelques mille hommes, s'y trouva réuni, comme le jour naissait, un jour boueux dans un ruissellement d'eau grise. Que se passait-il ? pourquoi cette halte ? Une inquiétude courait déjà dans les rangs, certains prétendaient que les ordres de marche venaient d'être changés. On leur avait fait mettre l'arme au pied, avec défense de rompre les rangs et de s'asseoir. Par instants, le vent balayait le haut plateau avec une violence telle qu'ils devaient se serrer les uns contre les autres, pour n'être pas emportés. La pluie les aveuglait, leur lardait la peau, une pluie glaciale qui coulait sous leurs vêtements. Et deux heures s'écoulèrent, une interminable attente, on ne savait pourquoi, au milieu de l'angoisse qui de nouveau serrait tous les cœurs.

Jean, à mesure que le jour grandissait, tâchait de s'orienter. On lui avait montré, au nord-ouest, de l'autre côté de Quatre-Champs, le chemin du Chêne, qui filait sur un coteau. Alors, pourquoi avait-on tourné à droite, au lieu de tourner à gauche ? Puis, ce qui l'intéressait, c'était l'état-major installé à la Converserie, une ferme plantée au bord du plateau. On y semblait très effaré, des officiers couraient, discutaient, avec de grands gestes. Et rien ne venait, que pouvaient-ils attendre ? Le plateau était une sorte de cirque, des chaumes à l'infini, que dominaient, au nord et à l'est, des hauteurs boisées ; vers le sud, s'étendaient des bois épais ; tandis que, par une échappée, à l'ouest, on apercevait la vallée de l'Aisne, avec les petites maisons blanches de Vouziers. En dessous de la Converserie, pointait le clocher d'ardoises de Quatre-Champs, noyé dans l'averse enragée, sous laquelle semblaient se fondre les quelques pauvres toits moussus du village. Et, comme Jean enfilait du regard la rue montante, il distingua très bien un cabriolet arrivant au grand trot, par la chaussée caillouteuse, changée en torrent.

C'était Maurice, qui, enfin, du coteau d'en face, à un coude de la route, venait d'apercevoir le 7ᵉ corps. Depuis deux heures, il battait le pays, trompé par les renseignements d'un paysan, égaré par la mauvaise volonté sournoise de son conducteur, à qui la peur des Prussiens donnait la fièvre. Dès qu'il atteignit la fermé, il sauta de voiture, trouva tout de suite son régiment.

Jean, stupéfait, lui cria :

— Comment, c'est toi ! Pourquoi donc ? puisque nous allions te reprendre !

D'un geste, Maurice conta sa colère et sa peine.

— Ah ! oui... On ne remonte plus par là, c'est par là-bas qu'on va, pour y crever tous !

— Bon ! dit l'autre, tout pâle, après un silence. On se fera au moins casser la gueule ensemble.

Et, comme ils s'étaient quittés, les deux hommes se retrouvèrent, en s'embrassant. Sous la pluie battante qui continuait, le simple soldat rentra dans le rang, tandis que le caporal donnait l'exemple, ruisselant, sans une plainte.

Mais la nouvelle, maintenant, courait, certaine. On ne se repliait plus sur Paris, on marchait de nouveau vers la Meuse. Un aide de camp du maréchal venait d'apporter au 7ᵉ corps l'ordre d'aller camper à Nouart ; tandis que le 5ᵉ, se dirigeant sur Beauclair, prendrait la droite de l'armée, et que le 1ᵉʳ remplacerait au Chêne le 12ᵉ, en marche sur la Besace, à l'aile gauche. Et, si, depuis près de trois heures, trente et quelques mille hommes restaient là, l'arme au pied, à attendre, sous les furieuses rafales, c'était que le général Douay, au milieu de la confusion déplorable de ce nouveau changement de front, éprouvait l'inquiétude la plus vive sur le sort du convoi, envoyé en avant, la veille, vers Chagny. Il fallait bien attendre qu'il eût rallié le corps. On racontait que ce convoi avait été coupé par celui du 12ᵉ corps, au Chêne. D'autre part, une partie du matériel, toutes les forges d'artillerie, s'étant trompées de route, revenaient de Terron par la route de Vouziers, où elles allaient sûrement tomber entre les mains des Allemands. Jamais désordre ne fut plus grand, et jamais anxiété plus vive.

Alors, parmi les soldats, il y eut un véritable désespoir. Beaucoup voulaient s'asseoir sur leurs sacs, dans la boue de ce plateau détrempé, et attendre la mort, sous la pluie. Ils ricanaient, ils insultaient les chefs : ah ! de fameux chefs sans cervelle, défaisant le soir ce qu'ils avaient fait le matin, flânant quand l'ennemi n'était pas là, filant dès qu'il apparaissait ! Une démoralisation dernière achevait de faire de cette armée un troupeau sans foi, sans discipline, qu'on menait à la boucherie, par les hasards de la route. Là-bas, vers Vouziers, une fusillade venait d'éclater, des coups de feu échangés entre l'arrière-garde du 7ᵉ corps et l'avant-garde des troupes allemandes ; et, depuis un instant, tous les regards se tournaient vers la vallée de l'Aisne, où, dans une éclaircie du ciel, montaient les tourbillons d'une épaisse fumée noire : on sut que c'était le village de Falaise qui brûlait, incendié par les uhlans. Une rage s'emparait des hommes. Quoi donc ? les Prussiens étaient là, maintenant ! On les avait attendus deux jours, pour leur donner le temps d'arriver. Puis, on décampait. Obscurément, au fond des plus bornés, montait la colère de l'irréparable faute commise, cette attente imbécile, ce piège dans lequel on était tombé : les éclaireurs de la IVᵉ armée amusant la brigade Bordas, arrêtant, immobilisant un à un tous les corps de l'armée de Châlons, pour permettre au prince royal de Prusse d'accourir avec la IIIᵉ armée. Et, à cette heure, grâce à l'ignorance du maréchal, qui ne savait encore quelles troupes il avait devant lui, la jonction se faisait, le 7ᵉ corps et le 5ᵉ allaient être harcelés, sous la continuelle menace d'un désastre.

Maurice, à l'horizon, regardait flamber Falaise. Mais il y eut un soulagement : le convoi qu'on avait cru perdu, déboucha du chemin du Chêne. Tout de suite, pendant que la 1ʳᵉ division restait à Quatre-Champs, pour attendre et protéger l'interminable défilé des bagages, la 2ᵉ se remettait en branle et gagnait Boult-aux-Bois par la forêt, pendant que la 3ᵉ se postait, à gauche, sur les hauteurs de Belleville, afin d'assurer les communications. Et comme le 106ᵉ enfin, au moment où redoublait la pluie, quittait le plateau, reprenant la marche scélérate vers la Meuse, à l'inconnu, Maurice revit l'ombre de l'empereur, allant et revenant d'un train morne, sur les petits rideaux de la vieille madame Desroches. Ah! cette armée de la désespérance, cette armée en perdition qu'on envoyait à un écrasement certain, pour le salut d'une dynastie! Marche, marche, sans regarder en arrière, sous la pluie, dans la boue, à l'extermination!

VI

— Tonnerre de Dieu! dit le lendemain matin Chouteau en s'éveillant, rompu et glacé sous la tente, je prendrais bien un bouillon, avec beaucoup de viande autour.

A Boult-aux-Bois, où l'on avait campé, il n'y avait eu, le soir, qu'une maigre distribution de pommes de terre, l'intendance étant de plus en plus ahurie et désorganisée par les marches et les contremarches continuelles, n'arrivant jamais à rencontrer les troupes aux rendez-vous donnés. On ne savait plus où prendre, par le désordre des chemins, les troupeaux migrateurs, et c'était la disette prochaine.

Loubet, en s'étirant, eut un ricanement désespéré.

— Ah! fichtre, oui! c'est fini, les oies à la ficelle!

L'escouade était maussade, assombrie. Quand on ne mangeait pas, ça n'allait pas. Et il y avait, en outre, cette pluie incessante, cette boue dans laquelle on venait de dormir.

Ayant vu Pache qui se signait, après avoir fait sa prière du matin, lèvres closes, Chouteau reprit furieusement :

— Demande-lui donc, à ton bon Dieu, qu'il nous envoie une paire de saucisses et une chopine à chacun.

— Ah! si l'on avait seulement une miche, du pain tant qu'on en voudrait! soupira Lapoulle qui souffrait de la faim plus que les autres, torturé par son gros appétit.

Mais le lieutenant Rochas les fit taire. Ce n'était pas une honte, de ne toujours songer qu'à son ventre! Lui, bonnement, serrait la ceinture de son pantalon. Depuis que les choses tournaient décidément mal, et que, par moments, au loin, on entendait la fusillade, il avait retrouvé toute son entêtée confiance. Puisqu'ils étaient là, maintenant, les Prussiens, c'était si simple : on allait les battre! Et il haussait les épaules, derrière le capitaine Beaudoin, ce jeune homme, comme il le nommait, que la perte définitive de ses bagages désolait, les lèvres pincées, le visage pâle, ne dérageant pas. Ne point manger, passe encore! ce qui l'indignait, c'était de ne pouvoir changer de chemise.

Maurice venait d'avoir un réveil accablé et frissonnant. Son pied, grâce

Presque aussitôt, un autre parut, puis un autre encore (p. 100).

aux larges chaussures, ne s'était pourtant plus enflammé. Mais le déluge de la veille, dont sa capote restait lourde, lui avait laissé une courbature dans tous les membres. Et, envoyé à la corvée de l'eau, pour le café, il regardait la plaine, à un bord de laquelle Boult-aux-Bois est situé : des forêts montent à l'ouest et au nord, une côte s'élève jusqu'au village de Belleville ; tandis que, vers Buzancy, à l'est, de vastes terrains plats s'étendent, avec de lentes ondulations, où se cachent des hameaux. Était-ce par là qu'on attendait l'ennemi? Comme il revenait du ruisseau, rapportant le bidon plein, une famille de paysans éplorée, sur le seuil d'une petite ferme, l'appela, lui demanda si les soldats allaient rester enfin, pour les défendre. Déjà, à trois reprises, dans le va-et-vient des ordres contraires, le 5ᵉ corps avait traversé le pays. La veille, on avait entendu le canon, du côté de Bar. Certainement, les Prussiens n'étaient pas à plus de deux lieues. Et, lorsque Maurice eut répondu à ces pauvres gens que le 7ᵉ corps allait sans doute repartir, lui aussi, ils se lamentèrent. On les abandonnait, les soldats ne venaient donc pas pour se battre, qu'ils les voyaient reparaître et disparaître, toujours fuyants?

— Ceux qui voudront du sucre, dit Loubet en servant le café, n'ont qu'à tremper leur pouce et attendre qu'il fonde.

Pas un homme ne rigola. C'était vexant tout de même, du café sans sucre; et encore si l'on avait eu du biscuit! La veille, sur le plateau de Quatre-Champs, presque tous, pour tromper l'attente, avaient achevé les provisions de leurs sacs, croquant jusqu'aux miettes. Mais l'escouade, heureusement, retrouva une douzaine de pommes de terre, qu'elle se partagea.

Maurice, l'estomac délabré, eut un cri de regret.

— Si j'avais su, au Chêne, j'aurais acheté du pain!

Jean écoutait, demeurait silencieux. Au lever, il avait eu une querelle avec Chouteau, qu'il voulait envoyer à la corvée du bois, et qui s'y était refusé insolemment, disant que ce n'était pas son tour. Depuis que tout allait de mal en pis, l'indiscipline augmentait, les chefs finissaient par ne plus oser faire une réprimande. Et Jean, avec son beau calme, avait compris qu'il devait effacer son autorité de caporal, s'il ne voulait pas provoquer des révoltes ouvertes. Il s'était fait bon diable, il semblait n'être que le camarade de ses hommes, auxquels son expérience continuait à rendre de grands services. Si son escouade n'était plus si bien nourrie, elle ne crevait tout de même pas encore de faim, comme tant d'autres. Mais la souffrance de Maurice, surtout, l'attendrissait. Il le sentait s'affaiblir, il le regardait d'un œil inquiet, en se demandant comment ce garçon frêle ferait pour aller jusqu'au bout.

Lorsque Jean entendit Maurice se plaindre de n'avoir pas de pain, il se leva, disparut un instant, revint après avoir fouillé dans son sac. Et, en lui glissant un biscuit :

— Tiens! cache ça, je n'en ai pas pour tout le monde.

— Mais toi? demanda le jeune homme, très touché.

— Oh! moi, n'aie par peur... J'en ai encore deux.

C'était vrai, il avait gardé précieusement trois biscuits, pour le cas où l'on se battrait, sachant qu'on a très faim sur les champs de bataille. D'ailleurs, il venait de manger une pomme de terre. Ça lui suffisait. On verrait plus tard.

Vers dix heures, de nouveau, le 7ᵉ corps s'ébranla. L'intention première du maréchal avait dû être de le diriger par Buzancy sur Stenay, où il aurait passé la Meuse. Mais les Prussiens, gagnant de vitesse l'armée de Châlons, devaient être déjà à Stenay, et on les disait même à Buzancy. Aussi, refoulé de la sorte vers le nord, le 7ᵉ corps venait-il de recevoir l'ordre de se rendre à la Besace, à vingt et quelques kilomètres de Boult aux-Bois, pour aller de là, le lendemain, passer la Meuse à Mouzon. Le départ fut maussade, les hommes grognaient, l'estomac mal rempli, les membres mal reposés, exténués par les fatigues et les attentes des jours précédents; et les officiers assombris, cédant au malaise de la catastrophe à laquelle on marchait, se plaignaient de l'inaction, s'irritaient de ce qu'on n'était pas allé, devant Buzancy, soutenir le 5ᵉ corps, dont on avait entendu le canon. Ce corps devait, lui aussi, battre en retraite, remonter vers Nouart; tandis que le 12ᵉ corps partait de la Besace pour Mouzon, et que le 1ᵉʳ prenait la direction de Raucourt. C'était un piétinement de troupeau pressé, harcelé par les chiens, se bousculant vers cette Meuse tant désirée, après des retards et des flâneries sans fin.

Lorsque le 106ᵉ quitta Boult-aux-Bois, à la suite de la cavalerie et de l'artillerie, dans le vaste ruissellement des trois divisions qui rayaient la plaine d'hommes en marche, le ciel de nouveau se couvrit, de lentes nuées livides, dont le deuil acheva d'attrister les soldats. Lui, suivait la grande route de Buzancy, bordée de peupliers magnifiques. A Germond, un village dont les tas de fumier, devant les portes, fumaient, alignés aux deux côtés du chemin, les femmes sanglotaient, prenaient leurs enfants, les tendaient aux troupes qui passaient, comme pour qu'on les emmenât. Il n'y avait plus là une bouchée de pain ni même une pomme de terre. Puis, au lieu de continuer vers Buzancy, le 106ᵉ tourna à gauche, remontant vers Authe; et les hommes, en revoyant de l'autre côté de la plaine, sur le coteau, Belleville, qu'ils avaient traversée la veille, eurent alors la nette conscience qu'ils revenaient sur leurs pas.

— Tonnerre de Dieu! gronda Chouteau, est-ce qu'ils nous prennent pour des toupies?

Et Loubet ajouta :

— En voilà des généraux de quatre sous qui vont à hue et à dia! On voit bien que nos jambes ne leur coûtent pas cher.

Tous se fâchaient. On ne fatiguait pas des hommes de la sorte, pour le plaisir de les promener. Et, par la plaine nue, entre les larges plis le terrain, ils avançaient en colonne, sur deux files, une à chaque bord, entre lesquelles circulaient les officiers ; mais ce n'était plus, ainsi qu'au lendemain de Reims, en Champagne, une marche égayée de plaisanteries et de chansons, le sac porté gaillardement, les épaules allégées par l'espoir de devancer les Prussiens et de les battre : maintenant, silencieux irrités, ils traînaient la jambe, avec la haine du fusil qui leur meurtrissait l'épaule, du sac dont ils étaient écrasés, ayant cessé de croire à leurs chefs, se laissant envahir par une telle désespérance, qu'ils ne marchaient plus en avant que comme un bétail, sous la fatalité du fouet. La misérable armée commençait à monter son calvaire.

Maurice, cependant, depuis quelques minutes, était très intéressé. Sur la gauche, s'étageaient des vallonnements, et il venait de voir, d'un petit bois lointain, sortir un cavalier. Presque aussitôt, un autre parut, puis un autre encore. Tous les trois restaient immobiles, pas plus gros que le poing, ayant des lignes précises et fines de joujoux. Il pensait que ce devait être un poste détaché de hussards, quelque reconnaissance qui revenait, lorsque des points brillants, aux épaules, sans doute les reflets d'épaulettes de cuivre, l'étonnèrent.

— Là-bas, regarde ! dit-il en poussant le coude de Jean, qu'il avait à côté de lui. Des uhlans.

Le caporal écarquilla les yeux.

— Ça !

C'étaient, en effet, des uhlans, les premiers Prussiens que le 106e apercevait. Depuis bientôt six semaines qu'il faisait campagne, non seulement il n'avait pas brûlé une cartouche, mais il en était encore à voir un ennemi. Le mot courut, toutes les têtes se tournèrent, au milieu d'une curiosité grandissante. Ils semblaient très bien, ces uhlans.

— Il y en a un qui a l'air joliment gras, fit remarquer Loubet.

Mais, à gauche du petit bois, sur un plateau, tout un escadron se montra. Et, devant cette apparition menaçante, un arrêt se fit dans la colonne. Des ordres arrivèrent, le 106e alla prendre position derrière des arbres, au bord d'un ruisseau. Déjà, de l'artillerie rebroussait chemin au galop, s'établissait sur un mamelon. Puis, pendant près de deux heures, on demeura là, en bataille, on s'attarda, sans que rien de nouveau se produisît. A l'horizon, la masse de cavalerie ennemie restait immobile. Et, comprenant enfin qu'on perdait un temps précieux, on repartit.

— Allons, murmura Jean avec regret, ce ne sera pas encore pour cette fois.

Maurice, lui aussi, avait les mains brûlantes du désir de lâcher au moins un coup de feu. Et il revenait sur la faute qu'on avait commise, la veille, en n'allant pas soutenir le 5e corps. Si les Prussiens n'attaquaient point, ce devait être qu'ils n'avaient pas encore assez d'infanterie à leur disposition ; de sorte que leurs démonstrations de cavalerie, à distance, ne pouvaient avoir d'autre but que d'attarder les corps en marche. De nouveau, on venait de tomber dans le piège. Et, en effet, à partir de ce moment, le 106ᵉ vit sans cesse les uhlans, sur sa gauche, à chaque accident de terrain : ils le suivaient, le surveillaient, disparaissaient derrière une ferme pour reparaître à la corne d'un bois.

Peu à peu, les soldats s'énervaient de se voir ainsi envelopper à distance, comme dans les mailles d'un filet invisible.

— Ils nous embêtent à la fin ! répétaient Pache et Lapoulle eux-mêmes. Ça soulagerait de leur envoyer des pruneaux !

Mais on marchait, on marchait toujours, péniblement, d'un pas déjà alourdi qui se fatiguait vite. Dans le malaise de cette étape, on sentait de partout l'ennemi approcher, de même qu'on sent monter l'orage, avant qu'il se montre au-dessus de l'horizon. Des ordres sévères étaient donnés pour la bonne conduite de l'arrière-garde, et il n'y avait plus de traînards, dans la certitude où l'on était que les Prussiens, derrière le corps, ramassaient tout. Leur infanterie arrivait, d'une marche foudroyante, tandis que les régiments français, harassés, paralysés, piétinaient sur place.

A Authe, le ciel s'éclaircit, et Maurice, qui se dirigeait sur la position du soleil, remarqua qu'au lieu de remonter davantage vers le Chêne, à trois grandes lieues de là, on tournait pour marcher droit à l'est. Il était deux heures, on souffrit alors de la chaleur accablante, après avoir grelotté sous la pluie, pendant deux jours. Le chemin, avec de longs circuits, montait au travers de plaines désertes. Pas une maison, pas une âme, à peine de loin en loin un petit bois triste, au milieu de la mélancolie des terres nues ; et le morne silence de cette solitude avait gagné les soldats, qui, la tête basse, en sueur, traînaient les pieds. Enfin, Saint-Pierremont apparut, quelques maisons vides sur un monticule. On ne traversa pas le village, Maurice constata qu'on tournait tout de suite à gauche, reprenant la direction du nord, vers la Bésace. Cette fois, il comprit la route adoptée pour s'efforcer d'atteindre Mouzon, avant les Prussiens. Mais pourrait-on y réussir, avec des troupes si lasses, si démoralisées ? A Saint-Pierremont, les trois uhlans avaient reparu, au loin, au coude d'une route qui venait de Buzancy ; et, comme l'arrière-garde quittait le village, une batterie fut démasquée, quelques obus tombèrent, sans faire aucun mal. On ne répondit pas, la marche continuait, de plus en plus pénible.

De Saint-Pierremont à la Besace, il y a trois grandes lieues, et Jean, à qui Maurice disait cela, eut un geste désespéré : jamais les hommes ne feraient douze kilomètres, il le voyait à des signes certains, leur essoufflement, l'égarement de leur visage. La route montait toujours, entre deux coteaux qui se resserraient peu à peu. On dut faire une halte. Mais ce repos avait achevé d'engourdir les membres ; et, quand il fallut repartir, ce fut pis encore : les régiments n'avançaient plus, des hommes tombaient. Jean, en voyant Maurice pâlir, les yeux chavirés de lassitude, causait contre son habitude, tâchait de l'étourdir d'un flux de paroles, pour le tenir éveillé, dans le mouvement mécanique de la marche, devenu inconscient.

— Alors, ta sœur habite Sedan, nous y passerons peut-être.

— A Sedan, jamais! Ce n'est pas notre chemin, il faudrait être fou

— Et elle est jeune, ta sœur?

— Mais elle a mon âge, je t'ai dit que nous étions jumeaux.

— Elle te ressemble?

— Oui, elle est blonde aussi, oh! des cheveux frisés, si doux!... Tout petite, une figure mince, et pas bruyante, ah! non!... Ma chère Henriette!

— Vous vous aimez bien?

— Oui, oui...

Il y eut un silence, et Jean, ayant regardé Maurice, remarqua que se yeux se fermaient et qu'il allait tomber.

— Hé! mon pauvre petit... Tiens-toi, tonnerre de Dieu!... Donne-mo ton flingot un instant, ça te reposera... Nous allons laisser la moitié de hommes en route, ce n'est pas Dieu possible qu'on aille plus loi aujourd'hui!

En face, il venait d'apercevoir Oches, dont les quelques masure s'étagent sur un coteau. L'église, toute jaune, haut perchée, domine parmi des arbres.

— C'est là que nous allons coucher, bien sûr.

Et il avait deviné. Le général Douay, qui voyait l'extrême fatigue de troupes, désespérait de jamais atteindre la Besace, ce jour-là. Mais c qui le décida surtout, ce fut l'arrivée du convoi, de ce fâcheux convo qu'il traînait depuis Reims, et dont les trois lieues de voitures et de bête alourdissaient si terriblement sa marche. De Quatre-Champs, il avai donné l'ordre de le diriger directement sur Saint-Pierremont; et c'étai seulement à Oches que les attelages ralliaient le corps, dans un tel éta d'épuisement, que les chevaux refusaient d'avancer. Il était déjà cin heures. Le général, craignant de s'engager dans le défilé de Stonne, cru devoir renoncer à achever l'étape indiquée par le maréchal. On s'arrêta on campa, le convoi en bas, dans les prairies, gardé par une division tandis que l'artillerie s'établissait en arrière, sur les coteaux, et que l brigade qui devait servir d'arrière-garde le lendemain, restait sur un hauteur, en face de Saint-Pierremont. Une autre division, dont faisa partie la brigade Bourgain-Desfeuilles, bivouaqua, derrière l'église, su un large plateau, que bordait un bois de chênes.

La nuit tombait déjà, lorsque le 106e à la lisière de ce bois, put enfi s'installer, tellement il y avait eu de confusion dans le choix et dans l désignation des emplacements.

— Zut! dit furieusement Chouteau, je ne mange pas, je dors!

C'était le cri de tous les hommes. Beaucoup n'avaient pas la force d dresser leurs tentes, s'endormaient où ils tombaient, comme des masses D'ailleurs. pour manger, il aurait fallu une distribution de l'intendance et l'intendance, qui attendait le 7e corps à la Besace, n'était pas à Oche

Dans l'abandon et le relâchement de tout, on ne sonnait même plus au caporal. Se ravitaillait qui pouvait. A partir de ce moment, il n'y eut plus de distributions, les soldats durent vivre sur les provisions qu'ils étaient censés avoir dans leurs sacs; et les sacs étaient vides, bien peu y trouvèrent une croûte, les miettes de l'abondance où ils avaient fini par vivre à Vouziers. On avait du café, les moins las burent encore du café sans sucre.

Lorsque Jean voulut partager, manger l'un de ses biscuits et donner l'autre à Maurice, il s'aperçut que celui-ci dormait profondément. Un instant, il songea à le réveiller; puis, stoïquement, il remit les biscuits au fond de son sac, avec des soins infinis, comme s'il eût caché de l'or : lui, se contenta de café, ainsi que les camarades. Il avait exigé que la tente fût dressée, tous s'y étaient allongés, quand Loubet revint d'expédition, rapportant des carottes d'un champ voisin. Dans l'impossibilité de les faire cuire, il les croquèrent crues; mais elles exaspéraient leur faim, Pache en fut malade.

— Non, non, laissez-le dormir, dit Jean à Chouteau, qui secouait Maurice pour lui donner sa part.

— Ah! dit Lapoulle, demain, quand nous serons à Angoulême, nous aurons du pain... J'ai eu un cousin militaire, à Angoulême. Bonne garnison.

On s'étonnait, Chouteau cria :

— Comment, à Angoulême?... En voilà un bougre de serin qui se croit à Angoulême !

Et il fut impossible de tirer une explication de Lapoulle. Il croyait qu'on allait à Angoulême. C'était lui qui, le matin, à la vue des uhlans, avait soutenu que c'étaient des soldats à Bazaine.

Alors, le camp tomba dans une nuit d'encre, dans un silence de mort. Malgré la fraîcheur de la nuit, on avait défendu d'allumer des feux. On savait les Prussiens à quelques kilomètres, les bruits eux-mêmes s'assourdissaient, de crainte de leur donner l'éveil. Déjà, les officiers avaient averti leurs hommes qu'on partirait vers quatre heures du matin, pour rattraper le temps perdu; et tous, en hâte, dormaient gloutonnement, anéantis. Au-dessus des campements dispersés, la respiration forte de ces foules montait dans les ténèbres, comme l'haleine même de la terre.

Brusquement, un coup de feu réveilla l'escouade. La nuit était encore profonde, il pouvait être trois heures. Tous furent sur pied, l'alerte gagna de proche en proche, on crut à une attaque de l'ennemi. Et ce n'était que Loubet, qui, ne dormant plus, avait eu l'idée de s'enfoncer dans le bois de chênes, où il devait y avoir du lapin : quelle noce, si, dès le petit jour, il rapportait une paire de lapins aux camarades! Mais, comme il cherchait un bon poste d'affût, il entendit des hommes venir à lui, causant, cassant les branches, et il s'effara, il lâcha son coup de feu, croyant avoir affaire à des Prussiens.

Déjà, Maurice, Jean, d'autres arrivaient, lorsqu'une voix enrouée s'éleva :

— Ne tirez pas, nom de Dieu !

C'était, à la lisière du bois, un homme grand et maigre, dont on distinguait mal l'épaisse barbe en broussaille. Il portait une blouse grise, serrée à la taille par une ceinture rouge, et avait un fusil en bandoulière. Tout de suite, il expliqua qu'il était Français, franc-tireur, sergent, et qu'il venait, avec deux de ses hommes, des bois de Dieulet, pour donner des renseignements au général

— Eh ! Cabasse ! Ducat ! cria-t-il en se retournant, eh ! bougres de feignants, arrivez donc !

Sans doute, les deux hommes avaient eu peur, et ils s'approchèrent pourtant, Ducat petit et gros, blême, les cheveux rares, Cabasse grand et sec, la face noire, avec un long nez en lame de couteau.

Cependant, Maurice qui examinait de près le sergent, avec surprise, finit par lui demander :

— Dites donc, est-ce que vous n'êtes pas Guillaume Sambuc, de Remilly ?

Et, comme celui-ci, après une hésitation, l'air inquiet, disait oui, le jeune homme eut un léger mouvement de recul, car ce Sambuc passait pour être un terrible chenapan, digne fils d'une famille de bûcherons qui avait mal tourné, le père ivrogne, trouvé un soir la gorge coupée, au coin d'un bois, la mère et la fille mendiantes et voleuses, disparues, tombées à quelque maison de tolérance. Lui, Guillaume, braconnait, faisait la contrebande ; et un seul petit de cette portée de loups avait grandi honnête, Prosper, le chasseur d'Afrique, qui, avant d'avoir la chance d'être soldat, s'était fait garçon de ferme, en haine de la forêt.

— J'ai vu votre frère à Reims et à Vouziers, reprit Maurice. Il se porte bien.

Sambuc ne répondit pas. Puis, pour couper court :

— Menez-moi au général. Dites-lui que ce sont les francs-tireurs des bois de Dieulet, qui ont une communication importante à lui faire.

Alors, pendant qu'on revenait vers le camp, Maurice songea à ses compagnies franches, sur lesquelles on avait fondé tant d'espérances, et qui déjà, de partout, soulevaient des plaintes. Elles devaient faire la guerre d'embuscade, attendre l'ennemi derrière les haies, le harceler, lui tuer ses sentinelles, tenir les bois d'où pas un Prussien ne sortirait. Et, à la vérité, elles étaient en train de devenir la terreur des paysans, qu'elles défendaient mal et dont elles ravageaient les champs. Par exécration du service militaire régulier, tous les déclassés se hâtaient d'en faire partie, heureux d'échapper à la discipline, de battre les buissons comme des bandits en goguette, dormant et godaillant au hasard des routes. Dans certaines de ces compagnies, le recrutement fut vraiment déplorable.

Il portait une blouse grise, serrée à la taille par une ceinture rouge (p. 104).

— Eh! Cabasse, eh! Ducat, continuait à répéter Sambuc, en se retour
nant à chaque pas, arrivez donc, feignants!

Ces deux-là aussi, Maurice les sentait terribles. Cabasse, le grand sec
né à Toulon, ancien garçon de café à Marseille, échoué à Sedan comme
placier de produits du Midi, avait failli tâter de la police correctionnelle
toute une histoire de vol restée obscure. Ducat, le petit gros, un ancien
huissier de Blainville, forcé de vendre sa charge après des aventures
malpropres avec des petites filles, venait encore de risquer la cour
d'assises, pour les mêmes ordures, à Raucourt, où il était comptable
dans une fabrique. Ce dernier citait du latin, tandis que l'autre savait à
peine lire; mais tous les deux faisaient la paire, une paire inquiétante de
louches figures.

Déjà, le camp s'éveillait. Jean et Maurice conduisirent les francs
tireurs au capitaine Beaudoin, qui les mena au colonel de Vineuil
Celui-ci les interrogea; mais Sambuc, conscient de son importance, vou
lait absolument parler au général; et, comme le général Bourgain-Des
feuilles, qui avait couché chez le curé d'Oches, venait de paraître sur le
seuil du presbytère, maussade de ce réveil en pleine nuit, pour une
journée nouvelle de famine et de fatigue, il fit à ces hommes qu'on lu
amenait un accueil furieux.

— D'où viennent-ils? Qu'est-ce qu'ils veulent?... Ah! c'est vous, le
francs-tireurs! Encore des traîne-la-patte, hein!

— Mon général, expliqua Sambuc, sans se déconcerter, nous tenon
avec les camarades les bois de Dieulet...

— Où ça, les bois de Dieulet?

— Entre Stenay et Mouzon, mon général.

— Stenay, Mouzon, connais pas, moi! Comment voulez-vous que j
me retrouve, avec tous ces noms nouveaux?

Gêné, le colonel de Vineuil intervint discrètement, pour lui rappele
que Stenay et Mouzon étaient sur la Meuse, et que, les Allemands ayan
occupé la première de ces villes, on allait tenter, par le pont de la
seconde, plus au nord, le passage du fleuve.

— Enfin, mon général, reprit Sambuc, nous sommes venus pour vou
avertir que les bois de Dieulet, à cette heure, sont pleins de Prussiens..
Hier, comme le 5e corps quittait Bois-les-Dames, il y a eu un engagement
du côté de Nouart...

— Comment! hier, on s'est battu?

— Mais oui, mon général, le 5e corps s'est battu en se repliant, et
doit être, cette nuit, à Beaumont... Alors, pendant que des camarade
sont allés le renseigner sur les mouvements de l'ennemi, nous autres
nous avons eu l'idée de venir vous dire la situation, pour que vous lu
portiez secours, car il va avoir sûrement soixante mille hommes sur le
bras, demain matin.

Le général Bourgain-Desfeuilles, à ce chiffre, haussa les épaules.

— Soixante mille hommes, fichtre! pourquoi pas cent mille?... Vous rêvez, mon garçon. La peur vous a fait voir double. Il ne peut y avoir si près de nous soixante mille hommes, nous le saurions.

Et il s'entêta. Vainement Sambuc appela à son aide les témoignages de Ducat et de Cabasse.

— Nous avons vu les canons, affirma le Provençal. Et il faut que ces bougres-là soient des enragés, pour les risquer dans les chemins de la forêt, où l'on enfonce jusqu'au mollet, à cause de la pluie de ces derniers jours.

— Quelqu'un les guide, c'est sûr, déclara l'ancien huissier.

Mais le général, depuis Vouziers, ne croyait plus à la concentration des deux armées allemandes, dont on lui avait, disait-il, rebattu les oreilles. Et il ne jugea même pas à propos de faire conduire les francs-tireurs au chef du 7ᵉ corps, à qui du reste ceux-ci croyaient avoir parlé en sa personne. Si l'on avait écouté tous les paysans, tous les rôdeurs, qui apportaient de prétendus renseignements, on n'aurait plus fait un pas, sans être jeté à droite ou à gauche, dans des aventures impossibles. Cependant, il ordonna aux trois hommes de rester et d'accompagner la colonne, puisqu'ils connaissaient le pays.

— Tout de même, dit Jean à Maurice, comme ils revenaient plier la tente, ce sont trois bons bougres, d'avoir fait quatre lieues à travers champs pour nous prévenir.

Le jeune homme en convint, et il leur donnait raison, connaissant le pays, lui aussi, tourmenté d'une mortelle inquiétude, à l'idée de savoir les Prussiens dans les bois de Dieulet, en branle vers Sommauthe et Beaumont. Il s'était assis, harassé déjà, avant d'avoir marché, l'estomac vide, le cœur serré d'angoisse, à l'aube de cette journée qu'il sentait devoir être affreuse.

Désespéré de le voir si pâle, le caporal lui demanda paternellement :

— Ça ne va toujours pas, hein? Est-ce que c'est ton pied encore?

Maurice dit non, de la tête. Son pied allait tout à fait mieux, dans les larges souliers.

— Alors, tu as faim?

Et Jean, voyant qu'il ne répondait pas, tira, sans être vu, l'un des deux biscuits de son sac; puis, mentant avec simplicité :

— Tiens, je t'ai gardé ta part... Moi, j'ai mangé l'autre tout à l'heure.

Le jour naissait, lorsque le 7ᵉ corps quitta Oches, en marche pour Mouzon, par la Besace, où il aurait dû coucher. D'abord, le terrible convoi était parti, accompagné par la 1ʳᵉ division; et, si les voitures du train, bien attelées, filaient d'un bon pas, les autres, les voitures de réquisition, vides pour la plupart et inutiles, s'attardaient singulièrement dans les côtes du défilé de Stonne. La route monte, surtout après le hameau de la Berlière, entre des mamelons boisés qui la dominent. Vers huit heures, au moment où les deux autres divisions s'ébranlaient enfin,

le maréchal de Mac-Mahon parut, exaspéré de trouver encore là des
troupes qu'il croyait parties de la Besace, le matin, n'ayant à faire que
quelques kilomètres pour être rendues à Mouzon. Aussi eut-il une explication avec le général Douay. Il fut décidé qu'on laisserait la 1re division
et le convoi continuer leur marche vers Mouzon; mais que les deux
autres divisions, pour ne pas être retardées davantage, par cette lourde
avant-garde, si lente, prendraient la route de Raucourt et d'Autrecourt,
afin d'aller passer la Meuse à Villers. C'était, de nouveau, remonter vers
le nord, dans la hâte que le maréchal avait de mettre le fleuve entre son
armée et l'ennemi. Coûte que coûte, il fallait être sur la rive droite le
soir. Et l'arrière-garde était encore à Oches, quand une batterie prussienne, d'un sommet lointain, du côté de Saint-Pierremont, tira, recom-
mençant le jeu de la veille. D'abord, on eut le tort de répondre; puis,
les dernières troupes se replièrent.

Jusque vers onze heures, le 106e suivit lentement la route qui serpente au fond du défilé de Stonne, entre les hauts mamelons. Sur la
gauche, les crêtes s'élèvent, dénudées, escarpées, tandis que des bois, à
droite, descendent les pentes plus douces. Le soleil avait reparu, il faisait très chaud, dans cette vallée étroite, d'une solitude lourde. Après la
Berlière, que domine un calvaire grand et triste, il n'y a plus une ferme,
plus une âme, plus une bête paissant dans les prés. Et les hommes, si
las déjà et si affamés la veille, ayant à peine dormi et n'ayant rien
mangé, tiraient déjà la jambe, sans courage, débordant d'une colère
sourde.

Puis, brusquement, comme on faisait halte, au bord de la route, le
canon tonna, vers la droite. Les coups étaient si nets, si profonds, que le
combat ne devait pas être à plus de deux lieues. Sur ces hommes las de
se replier, énervés par l'attente, l'effet fut extraordinaire. Tous, debout,
frémissaient, oubliant leur fatigue : pourquoi ne marchait-on pas? ils
voulaient se battre, se faire casser la tête, plutôt que de continuer à fuir
ainsi à la débandade, sans savoir où, ni pourquoi.

Le général Bourgain-Desfeuilles venait précisément de monter, à
droite, sur un mamelon, emmenant avec lui le colonel de Vineuil, afin
de reconnaître le pays. On les voyait là-haut, entre deux petits bois,
leurs lorgnettes braquées; et, tout de suite, ils dépêchèrent un aide de
camp qui se trouvait avec eux, pour dire qu'on leur envoyât les francs-
tireurs, s'ils étaient là encore. Quelques hommes, Jean, Maurice, d'autres,
accompagnèrent ceux-ci, dans le cas où l'on aurait besoin d'un aide quelconque.

Dès que le général aperçut Sambuc, il cria :

— Quel fichu pays, avec ces côtes et ces bois continuels!... Vous
entendez, où est-ce, où se bat-on?

Sambuc, que Ducat et Cabasse ne lâchaient pas d'une semelle, écouta,
examina un instant sans répondre le vaste horizon. Et Maurice, près de

lui, regardait également, saisi de l'immense déroulement des vallons et des bois. On aurait dit une mer sans fin, aux vagues énormes et lentes. Les forêts tachaient de vert sombre les terres jaunes, tandis que les coteaux lointains, sous l'ardent soleil, se noyaient dans une vapeur rousse. Et, sans qu'on aperçût rien, pas même une petite fumée au fond du ciel clair, le canon tonnait toujours, tout un fracas d'orage éloigné et grandissant.

— Voici Sommauthe à droite, finit par dire Sambuc, en désignant un haut sommet, couronné de verdure. Yoncq est là, sur la gauche... C'est à Beaumont qu'on se bat, mon général.

— Oui, à Varniforêt ou à Beaumont, confirma Ducat. Le général mâchait de sourdes paroles.

— Beaumont, Beaumont, on ne sait jamais dans ce sacré pays...

Puis, tout haut :

— Et à combien ce Beaumont est-il d'ici ?

— A une dizaine de kilomètres, en allant prendre la route du Chêne à Stenay, qui passe là-bas.

Le canon ne cessait pas, semblait avancer de l'ouest à l'est, dans un roulement ininterrompu de foudre. Et Sambuc ajouta :

— Bigre ! ça chauffe... Je m'y attendais, je vous avais prévenu ce matin, mon général : c'est sûrement les batteries que nous avons vues dans les bois de Dieulet. A cette heure, le 5ᵉ corps doit avoir sur les bras toute cette armée qui arrivait par Buzancy et par Beauclair.

Un silence se fit, pendant lequel la bataille, au loin, grondait plus haut. Et Maurice serrait les dents, pris d'une furieuse envie de crier. Pourquoi ne marchait-on pas au canon, tout de suite, sans tant de paroles ? Jamais il n'avait éprouvé une excitation pareille. Chaque coup lui répondait dans la poitrine, le soulevait, le jetait au besoin immédiat d'être là-bas, d'en être, d'en finir. Est-ce qu'ils allaient encore longer cette bataille, la toucher du coude, sans brûler une cartouche ? C'était une gageure de les traîner ainsi depuis la déclaration de guerre, toujours fuyant ! A Vouziers, ils n'avaient entendu que les coups de feu de l'arrière-garde. A Oches, l'ennemi venait seulement de les canonner un instant, de dos. Et ils fileraient, ils n'iraient pas cette fois soutenir les camarades, au pas de course ! Maurice regarda Jean qui était, comme lui, très pâle, les yeux luisants de fièvre. Tous les cœurs sautaient dans les poitrines, à cet appel violent du canon.

Mais une nouvelle attente se fit, un état-major montait par l'étroit sentier du mamelon. C'était le général Douay, le visage anxieux, accourant. Et, lorsqu'il eut en personne interrogé les francs-tireurs, un cri de désespoir lui échappa. Même averti le matin, qu'aurait-il pu faire ? La volonté du maréchal était formelle, il fallait traverser la Meuse avant le soir, à n'importe quel prix. Puis, maintenant, comment réunir les troupes échelonnées, en marche vers Raucourt, pour les porter rapidement sur

Beaumont? N'arriverait-on pas sûrement trop tard? Déjà, le 5ᵉ corps devait
battre en retraite, du côté de Mouzon; et, nettement, le canon l'indiquait,
allait de plus en plus vers l'est, tel qu'un ouragan de grêle et de désastre,
qui marche et s'éloigne. Le général Douay leva les deux bras au-dessus
de l'immense horizon de vallées et de coteaux, de terres et de forêts,
dans un geste de furieuse impuissance; et l'ordre fut donné de continuer
la marche vers Raucourt.

Ah! cette marche au fond du défilé de Stonne, entre les hautes crêtes,
tandis qu'à droite, derrière les bois, le canon continuait de tonner! A la
tête du 106ᵉ, le colonel de Vineuil se tenait raidi sur son cheval, la face
blême et droite, les paupières battantes, comme pour contenir des larmes.
Muet, le capitaine Beaudoin mordait ses moustaches, tandis que le lieutenant Rochas, sourdement, mâchait des gros mots, des injures contre
tous et contre lui-même. Et, même parmi les soldats qui n'avaient pas
envie de se battre, parmi les moins braves, un besoin de hurler et de
cogner montait, la colère de la continuelle défaite, la rage de s'en aller
encore à pas lourds et vacillants, pendant que ces sacrés Prussiens égor-
geaient là-bas des camarades.

Au pied de Stonne, dont le chemin en lacet descend parmi des mon-
ticules, la route s'était élargie, les troupes traversaient de vastes terres,
coupées de petits bois. A chaque instant, depuis Oches, le 106ᵉ, qui se
trouvait maintenant à l'arrière-garde, s'attendait à être attaqué; car
l'ennemi suivait la colonne pas à pas, la surveillant, guettant sans doute
la minute favorable pour la prendre en queue. De la cavalerie, profitant
des moindres plis de terrain, tentait de gagner sur les flancs. On vit
plusieurs escadrons de la garde prussienne déboucher derrière un bois;
mais ils s'arrêtèrent, devant la démonstration d'un régiment de hussards,
qui s'avança, balayant la route. Et, grâce à ce répit, la retraite continuait
à s'effectuer en assez bon ordre, on approchait de Raucourt, lorsqu'un
spectacle vint redoubler les angoisses, en achevant de démoraliser les
soldats. Tout d'un coup, par un chemin de traverse, on aperçut une cohue
qui se précipitait, des officiers blessés, des soldats débandés et sans armes,
des voitures du train galopant, les hommes et les bêtes fuyant, affolés
sous un vent de désastre. C'étaient les débris d'une brigade de la 1ʳᵉ division, qui escortait le convoi, parti le matin vers Mouzon, par la Besace.
Une erreur de route, une malechance effroyable venait de faire tomber
cette brigade et une partie du convoi, à Varniforêt, près de Beaumont, en
pleine déroute du 5ᵉ corps. Surpris, attaqués de flanc, succombant sous
le nombre, ils avaient fui, et la panique les ramenait, ensanglantés,
hagards, à demi fous, bouleversant leurs camarades de leur épouvante.
Leurs récits semaient l'effroi, ils étaient comme apportés par le tonnerre
grondant de ce canon que l'on entendait depuis midi, sans relâche.

Alors, en traversant Raucourt, ce fut l'anxiété, la bousculade éperdue.
Devait-on tourner à droite, vers Autrecourt, pour aller passer la Meuse à

Villers, ainsi que cela était décidé? Troublé, hésitant, le général Douay craignit d'y trouver le pont encombré, peut-être déjà au pouvoir des Prussiens. Et il préféra continuer tout droit, par le défilé d'Haraucourt, afin d'atteindre Remilly avant la nuit. Après Mouzon, Villers, et après Villers, Remilly : on remontait toujours, avec le galop des uhlans derrière soi. Il n'y avait plus que six kilomètres à franchir, mais il était déjà cinq heures, et quelle écrasante fatigue! Depuis l'aube, on était sur pied, on avait mis douze heures pour faire à peine trois lieues, piétinant, s'épuisant dans des attentes sans fin, au milieu des émotions et des craintes les plus vives. Les deux nuits dernières, les hommes avaient à peine dormi, et ils n'avaient pas mangé à leur faim, depuis Vouziers. Ils tombaient d'inanition. Dans Raucourt, ce fut pitoyable.

La petite ville est riche, avec ses nombreuses fabriques, sa grande rue bien bâtie aux deux bords de la route, son église et sa mairie coquettes. Seulement, la nuit qu'y avaient passée l'empereur et le maréchal de Mac-Mahon, dans l'encombrement de l'état-major et de la maison impériale, et le passage ensuite du 1er corps entier, qui, toute la matinée, avait coulé par la route comme un fleuve, venaient d'y épuiser les ressources, vidant les boulangeries et les épiceries, balayant jusqu'aux miettes des maisons bourgeoises. On ne trouvait plus de pain, plus de vin, plus de sucre, plus rien de ce qui se boit et de ce qui se mange. On avait vu des dames, devant leurs portes, distribuant des verres de vin et des tasses de bouillon, jusqu'à la dernière goutte des tonneaux et des marmites. Et c'était fini, et, lorsque les premiers régiments du 7e corps, vers trois heures, se mirent à défiler, ce fut un désespoir. Quoi donc? ça recommençait, il y en avait toujours! De nouveau, la grande rue charriait des hommes exténués, couverts de poussière, mourants de faim, sans qu'on eût une bouchée à leur donner. Beaucoup s'arrêtaient, frappaient aux portes, tendaient les mains vers les fenêtres, suppliant qu'on leur jetât un morceau de pain. Et il y avait des femmes qui sanglotaient, en leur faisant signe qu'elles ne pouvaient pas, qu'elles n'avaient plus rien.

Au coin de la rue des Dix-Potiers, Maurice, pris d'un éblouissement, chancela. Et, comme Jean s'empressait :

— Non, laisse-moi, c'est la fin... J'aime mieux crever ici.

Il s'était laissé tomber sur une borne. Le caporal affecta la rudesse d'un chef mécontent.

— Nom de Dieu! qui est-ce qui m'a foutu un soldat pareil?... Est-ce que tu veux te faire ramasser par les Prussiens? Allons, debout!

Puis, voyant que le jeune homme ne répondait plus, livide, les yeux fermés, à demi évanoui, il jura encore, mais sur un ton d'infinie pitié.

— Nom de Dieu! nom de Dieu!

Et, courant à une fontaine voisine, il emplit sa gamelle d'eau, il revint lui en baigner le visage. Ensuite, sans se cacher cette fois, ayant tiré de son sac le dernier biscuit, si précieusement gardé, il se mit à le briser en petits morceaux, qu'il lui introduisait entre les dents. L'affamé ouvrit les yeux, dévora.

— Mais toi, demanda-t-il tout à coup, se souvenant, tu ne l'as donc pas mangé?

— Oh! moi, dit Jean, j'ai la peau plus dure, je puis attendre... Un bon coup de sirop de grenouille, et me voilà d'aplomb!

Il était allé remplir de nouveau sa gamelle, il la vida d'un trait, en faisant claquer sa langue. Et il avait, lui aussi, le visage d'une pâleur terreuse, si dévoré de faim, que ses mains en tremblaient.

— En route! Mon petit, faut rejoindre les camarades.

Maurice s'abandonna à son bras, se laissa emporter comme un enfant. Jamais bras de femme ne lui avait tenu aussi chaud au cœur. Dans l'écroulement de tout, au milieu de cette misère extrême, avec la mort en face, cela était pour lui d'un réconfort délicieux, de sentir un être l'aimer et le soigner; et peut-être l'idée que ce cœur tout à lui était celui d'un simple, d'un paysan resté près de la terre, dont il avait eu d'abord la répugnance, ajoutait-elle maintenant à sa gratitude une douceur infinie. N'était-ce point la fraternité des premiers jours du monde, l'amitié avant toute culture et toutes classes, cette amitié de deux hommes unis et confondus, dans leur commun besoin d'assistance, devant la menace de la nature ennemie? Il entendait battre son humanité dans la poitrine de Jean, et il était fier pour lui-même de le sentir plus fort, le secourant, se dévouant; tandis que Jean, sans analyser sa sensation, goûtait une joie à protéger chez son ami cette grâce, cette intelligence, restées en lui rudimentaires. Depuis la mort violente de sa femme, emportée dans un affreux drame, il se croyait sans cœur, il avait juré de ne plus jamais en voir, de ces créatures dont on souffre tant, même quand elles ne sont pas mauvaises. Et l'amitié leur devenait à tous deux comme un élargissement: on avait beau ne pas s'embrasser, on se touchait à fond, on était l'un dans l'autre, si différent que l'on fût, sur cette terrible route de Remilly, l'un soutenant l'autre, ne faisant plus qu'un être de pitié et de souffrance.

Comme l'arrière-garde quittait Raucourt, les Allemands, à l'autre bout, y entraient; et deux de leurs batteries, tout de suite installées, à gauche, sur les hauteurs, tirèrent. A ce moment, le 106º, filant par la route qui descend, le long de l'Emmane, se trouvait dans la ligne du tir. Un obus coupa un peuplier, au bord de la rivière; un autre s'enterra dans un pré, à côté du capitaine Beaudoin, sans éclater. Mais le défilé, jusqu'à Haraucourt, allait en se rétrécissant, et l'on s'enfonçait là, dans un couloir étroit, dominé des deux côtés par des crêtes couvertes d'arbres: si une poignée de Prussiens s'était embusquée en haut, un désastre était certain. Canonnées en queue, ayant à droite et à gauche la menace d'une attaque possible, les troupes n'avançaient plus que dans une anxiété croissante, ayant la hâte de sortir de ce passage dangereux. Aussi une

... Les bacs avaient fini par s'enfoncer, de sorte que le tablier
se trouvait dans l'eau... (p. 118).

flambée dernière d'énergie était-elle revenue aux plus las. Les soldats qui, tout à l'heure, se traînaient dans Raucourt, de porte en porte, allongeaient maintenant le pas, gaillards, ranimés, sous l'éperon cuisant du péril. Il semblait que les chevaux eux-mêmes eussent conscience qu'une minute perdue pouvait être payée chèrement. Et la tête de la colonne devait être à Remilly, lorsque, tout d'un coup, il y eut un arrêt dans la marche.

— Foutre! dit Chouteau, est-ce qu'ils vont nous laisser là?

Le 106e n'avait pas encore atteint Haraucourt, et les obus continuaient de pleuvoir.

Comme le régiment marquait le pas, attendant de repartir, il en éclata un sur la droite, qui, heureusement, ne blessa personne. Cinq minutes s'écoulèrent, infinies, effroyables. On ne bougeait toujours point, il y avait là-bas un obstacle qui barrait la route, quelque brusque muraille qui s'était bâtie. Et le colonel, droit sur les étriers, regardait, frémissant, sentant derrière lui monter la panique de ses hommes.

— Tout le monde sait que nous sommes vendus, reprit violemment Chouteau.

Alors, des murmures éclatèrent, un grondement croissant d'exaspération, sous le fouet de la peur. Oui, oui! on les avait amenés là pour les vendre, pour les livrer aux Prussiens. Dans l'acharnement de la malechance et dans l'excès des fautes commises, il n'y avait plus, au fond de ces cerveaux bornés, que l'idée de la trahison qui pût expliquer une telle série de désastres.

— Nous sommes vendus! répétaient des voix affolées.

Et Loubet eut une imagination.

— C'est ce cochon d'empereur qui est, là-bas, en travers de la route, avec ses bagages, pour nous arrêter.

Tout de suite, la nouvelle circula. On affirmait que l'embarras venait du passage de la maison impériale, qui coupait la colonne. Et ce fut une exécration, des mots abominables, toute la haine que soulevait l'insolence des gens de l'empereur, s'emparant des villes où l'on couchait, déballant leurs provisions, leurs paniers de vin, leur vaisselle d'argent, devant les soldats dénués de tout, faisant flamber les cuisines, lorsque les pauvres bougres se serraient le ventre. Ah! ce misérable empereur, à cette heure sans trône et sans commandement, pareil à un enfant perdu dans son empire, qu'on emportait comme un inutile paquet, parmi les bagages des troupes, condamné à traîner avec lui l'ironie de sa maison de gala, ses cent-gardes, ses voitures, ses chevaux, ses cuisiniers, ses fourgons, toute la pompe de son manteau de cour, semé d'abeilles, balayant le sang et la boue des grandes routes de la défaite!

Coup sur coup, deux autres obus tombèrent. Le lieutenant Rochas eut son képi enlevé par un éclat. Et les rangs se serrèrent, il y eut une poussée, une vague subite dont le refoulement se propagea au loin. Des voix s'étranglaient, Lapoulle criait rageusement d'avancer. Encore une minute peut-être, et une épouvantable catastrophe allait se produire, un sauve-qui-peut qui aurait écrasé les hommes au fond de ce couloir étroit, dans une mêlée furieuse.

Le colonel se retourna, très pâle.

— Mes enfants, mes enfants, un peu de patience. J'ai envoyé quelqu'un voir... On marche...

On ne marchait pas, et les secondes étaient des siècles. Jean, déjà, avait repris Maurice par la main, plein d'un beau sang-froid, lui expliquant à l'oreille que, si les camarades poussaient, eux deux sauteraient à gauche, pour grimper ensuite parmi les bois, de l'autre côté de la rivière. D'un regard, il cherchait les francs-tireurs, avec l'idée qu'ils devaient connaître les chemins ; mais on lui dit qu'ils avaient disparu, en traversant Raucourt. Et, tout d'un coup, la marche reprit, on tourna un coude de la route, dès lors à l'abri des batteries allemandes. Plus tard, on sut que, dans le désarroi de cette malheureuse journée, c'était la division Bonnemain, quatre régiments de cuirassiers, qui avaient ainsi coupé et arrêté le 7ᵉ corps.

La nuit venait, quand le 106ᵉ traversa Angecourt. Les crêtes continuaient à droite ; mais le défilé s'élargissait sur la gauche, une vallée bleuâtre apparaissait au loin. Enfin, des hauteurs de Remilly, on aperçut, dans les brumes du soir, un ruban d'argent pâle, parmi le déroulement immense des prés et des terres. C'était la Meuse, cette Meuse si désirée, où il semblait que serait la victoire.

Et Maurice, le bras tendu vers de petites lumières lointaines qui s'allumaient gaiement dans les verdures, au fond de cette vallée féconde, d'un charme délicieux sous la douceur du crépuscule, dit à Jean, avec le soulagement joyeux d'un homme qui retrouve un pays aimé :

— Tiens ! regarde là-bas !... Voilà Sedan !

VII

Dans Remilly, une effrayante confusion d'hommes, de chevaux et de voitures, encombrait la rue en pente, dont les lacets descendent à la Meuse. Devant l'église, à mi-côte, des canons, aux roues enchevêtrées, ne pouvaient plus avancer, malgré les jurons et les coups. En bas, près de la filature, où gronde une chute de l'Emmane, c'était toute une queue de fourgons échoués, barrant la route ; tandis qu'un flot sans cesse accru de soldats se battait à l'auberge de la Croix de Malte, sans même obtenir un verre de vin.

Et cette poussée furieuse allait s'écraser plus loin, à l'extrémité méridionale du village, qu'un bouquet d'arbres sépare du fleuve, et où le génie avait, le matin, jeté un pont de bateaux. Un bac se trouvait à droite, la maison du passeur blanchissait, solitaire, dans les hautes herbes. Sur les deux rives, on avait allumé de grands feux, dont les flammes, activées par moments, incendiaient la nuit, éclairant l'eau et 'es berges d'une lumière de plein jour. Alors apparaissait l'énorme entassement de troupes qui attendaient, pendant que la passerelle ne permettait que le passage de deux hommes à la fois, et que, sur le pont, large au plus de trois mètres, la cavalerie, l'artillerie, les bagages, défilaient au pas, d'une lenteur mortelle. On disait qu'il y avait encore là une brigade du 1er corps, un convoi de munitions, sans compter les quatre régiments de cuirassiers de la division Bonnemain. Et, derrière, arrivait tout le 7e corps, trente et quelques mille hommes, croyant avoir l'ennemi sur les talons, ayant la hâte fébrile de se mettre à l'abri, sur l'autre rive.

Un moment, ce fut du désespoir. Eh quoi ! on marchait depuis le matin sans manger, on venait encore de se tirer, à force de jambes, du terrible défilé d'Haraucourt, tout cela pour buter, dans ce désarroi, dans

cet effarement, contre un mur infranchissable ! Avant des heures peut-
être, le tour des derniers venus n'arriverait pas ; et chacun sentait bien
que, si les Prussiens n'osaient continuer de nuit leur poursuite, ils
seraient là dès la pointe du jour. Pourtant, l'ordre de former les faisceaux
fut donné, on campa sur les vastes coteaux nus dont les pentes, longées
par la route de Mouzon, descendent jusqu'aux prairies de la Meuse. En
arrière, couronnant un plateau, l'artillerie de réserve s'établit en bataille,
braqua ses pièces vers le défilé, pour en battre la sortie, au besoin. Et, de
nouveau, l'attente commença, pleine de révolte et d'angoisse.

Cependant, le 106e se trouvait installé, au-dessus de la route, dans un
chaume qui dominait la vaste plaine. C'était à regret que les hommes
avaient lâché leurs fusils, jetant des regards en arrière, hantés de la
crainte d'une attaque. Tous, le visage dur et fermé, se taisaient, ne grognaient par instants que de sourdes paroles de colère. Neuf heures allaient
sonner, il y avait deux heures qu'on était là ; et beaucoup, malgré
l'atroce fatigue, ne pouvaient dormir, allongés par terre, tressaillant, prê-
tant l'oreille aux moindres bruits lointains. Ils ne luttaient plus contre la
faim qui les dévorait : on mangerait là-bas, de l'autre côté de l'eau, et
l'on mangerait de l'herbe, si l'on ne trouvait pas autre chose. Mais l'encombrement ne semblait que s'accroître, les officiers que le général
Douay avait postés près du pont revenaient de vingt minutes en vingt
minutes, avec la même et irritante nouvelle que des heures, des heures
encore seraient nécessaires. Enfin, le général s'était décidé à se frayer
lui-même un passage, jusqu'au pont. On le voyait dans le flot, se débattant, activant la marche.

Maurice, assis contre un talus avec Jean, répéta, vers le nord, le geste
qu'il avait eu déjà.

— Sedan est au fond... Et, tiens ! Bazeilles est là... Et puis Douzy, et
puis Carignan, sur la droite... C'est à Carignan sans doute que nous
allons nous concentrer... Ah ! s'il faisait jour, tu verrais, il y a de la
place !

Et son geste embrassait l'immense vallée, pleine d'ombre. Le ciel
n'était pas si obscur, qu'on ne pût distinguer, dans le déroulement des
prés noirs, le cours pâle du fleuve. Les bouquets d'arbres faisaient des
masses plus lourdes, une rangée de peupliers surtout, à gauche, qui barrait l'horizon d'une digue fantastique. Puis, dans les fonds, derrière Sedan,
piqueté de petites clartés vives, c'était un entassement de ténèbres,
comme si toutes les forêts des Ardennes eussent jeté là le rideau de leurs
chênes centenaires.

Jean avait ramené ses regards sur le pont de bateaux, au-dessous
d'eux.

— Regarde donc !... Tout va fiche le camp. Jamais nous ne passerons.

Les feux, sur les deux rives, brûlaient plus haut, et leur clarté en ce moment devenait si vive, que la scène, dans son effroi, s'évoquait avec une netteté d'apparition. Sous le poids de la cavalerie et de l'artillerie défilant depuis le matin, les bacs qui supportaient les madriers, avaient fini par s'enfoncer, de sorte que le tablier se trouvait dans l'eau, à quelques centimètres. C'étaient maintenant les cuirassiers qui passaient, deux par deux, d'une file ininterrompue, sortant de l'ombre de l'une des berges pour rentrer dans l'ombre de l'autre ; et l'on ne voyait plus le pont, ils semblaient marcher sur l'eau, sur cette eau violemment éclairée, où dansait un incendie. Les chevaux hennissants, les crins effarés, les jambes raidies, s'avançaient dans la terreur de ce terrain mouvant, qu'ils sentaient fuir. Debout sur les étriers, serrant les guides, les cuirassiers passaient, passaient toujours, drapés dans leurs grands manteaux blancs, ne montrant que leurs casques tout allumés de reflets rouges. Et l'on aurait cru des cavaliers fantômes allant à la guerre des ténèbres, avec des chevelures de flammes.

Une plainte profonde s'exhala de la gorge serrée de Jean.

— Oh ! j'ai faim !

Autour d'eux, cependant, les hommes s'étaient endormis, malgré les tiraillements des estomacs. La fatigue, trop grande, emportait la peur les terrassait tous sur le dos, la bouche ouverte, anéantis sous le ciel sans lune. L'attente, d'un bout à l'autre des coteaux nus, était tombée à un silence de mort.

— Oh ! j'ai faim, j'ai faim à manger de la terre !

C'était le cri que Jean, si dur au mal et si muet, ne pouvait plus retenir, qu'il jetait malgré lui, dans le délire de sa faim, n'ayant rien mangé depuis près de trente-six heures. Alors, Maurice se décida, en voyant que, de deux ou trois heures peut-être, leur régiment ne passerait pas la Meuse.

— Écoute, j'ai un oncle par ici, tu sais, l'oncle Fouchard, dont je t'ai parlé... C'est là-haut, à cinq ou six cents mètres, et j'hésitais ; mais puisque tu as si faim... L'oncle nous donnera bien du pain, que diable !

Et il emmena son compagnon, qui s'abandonnait. La petite ferme du père Fouchard se trouvait au sortir du défilé d'Haraucourt, près du plateau où l'artillerie de réserve avait pris position. C'était une maison basse avec d'assez grandes dépendances, une grange, une étable, une écurie et, de l'autre côté de la route, dans une sorte de remise, le paysan avait installé son commerce de boucher ambulant, son abattoir où il tuait lui-même les bêtes, qu'il promenait ensuite au travers des villages, dans sa carriole.

Maurice, en approchant, restait surpris de n'apercevoir aucune lumière.

— Ah ! le vieil avare, il aura tout barricadé, il n'ouvrira pas.

Mais un spectacle l'arrêta sur la route. Devant la ferme, s'agitaient une douzaine de soldats, des maraudeurs, sans doute des affamés qu

cherchaient fortune. D'abord, ils avaient appelé, puis frappé ; et maintenant, voyant la maison noire et silencieuse, ils tapaient dans la porte
à coups de crosse, pour en faire sauter la serrure. De grosses voix
grondaient.

Nom de Dieu ! va donc ! fous-moi ça par terre, puisqu'il n'y a
personne !

Brusquement, le volet d'une lucarne de grenier se rabattit, un grand
vieillard en blouse, tête nue, apparut, une chandelle dans une main, un
fusil dans l'autre. Sous sa rude chevelure blanche, sa face se carrait,
coupée de larges plis, le nez fort, les yeux gros et pâles, le menton
volontaire.

— Vous êtes donc des voleurs que vous cassez tout ! cria-t-il d'une
voix dure. Qu'est-ce que vous voulez ?

Les soldats, un peu interdits, se reculaient.

— Nous crevons de faim, nous voulons à manger.

— Je n'ai rien, pas une croûte... Est-ce que vous croyez, comme ça,
qu'on en a pour nourrir des cent mille hommes... Ce matin, il y en a
d'autres, oui ! de ceux au général Ducrot, qui ont passé et qui m'ont
tout pris.

Un à un, les soldats se rapprochaient.

— Ouvrez toujours, nous nous reposerons, vous trouverez bien
quelque chose...

Et déjà ils tapaient de nouveau, lorsque le vieux, posant le chandelier
sur l'appui, épaula son arme.

— Aussi vrai qu'il y a là une chandelle, je casse la tête au premier
qui touche à ma porte !

Alors, la bataille faillit s'engager. Des imprécations montaient, une
voix cria qu'il fallait faire son affaire à ce cochon de paysan, qui, comme
tous les autres, aurait noyé son pain, plutôt que d'en donner une bouchée
au soldat. Et les canons de chassepots se braquaient, on allait le fusiller
presque à bout portant ; tandis qu'il ne se retirait même pas, rageur et
têtu, en plein dans la clarté de la chandelle.

— Rien du tout ! pas une croûte !... On m'a tout pris !

Effrayé, Maurice s'élança, suivi de Jean.

— Camarades, camarades...

Il abattait les fusils des soldats ; et, levant la tête, suppliant :

— Voyons, soyez raisonnable... Vous ne me reconnaissez pas ? C'est moi.

— Qui, toi ?

— Maurice Levasseur, votre neveu.

Le père Fouchard avait repris la chandelle. Sans doute, il le reconnut.
Mais il s'obstinait, dans sa volonté de ne pas même donner un verre
d'eau.

— Neveu ou non, est-ce qu'on sait, dans ce noir de gueux ?... Foutez-
moi tous le camp, ou je tire !

Et, au milieu des vociférations, des menaces de le descendre et de mettre le feu à sa cambuse, il n'eut plus que ce cri, il le répéta à vingt reprises :

— Foutez-moi tous le camp, où je tire !

— Même sur moi, père ? demanda tout d'un coup une voix forte, qui domina le bruit.

Les autres s'étant écartés, un maréchal des logis parut, dans la clarté dansante de la chandelle. C'était Honoré, dont la batterie se trouvait à moins de deux cents mètres, et qui, depuis deux heures, luttait contre l'irrésistible envie de venir frapper à cette porte. Il s'était juré de ne jamais en refranchir le seuil, il n'avait pas échangé une seule lettre, depuis quatre ans qu'il était au service, avec ce père qu'il interpellait, d'un ton si bref. Déjà, les soldats maraudeurs causaient vivement, se concertaient. Le fils du vieux est un gradé ! rien à faire, ça tournait mal, valait mieux chercher plus loin ! Et ils filèrent, s'évanouirent dans l'épaisse nuit.

Lorsque Fouchard comprit qu'il était sauvé du pillage, il dit simplement, sans émotion aucune, comme s'il avait vu son fils la veille :

— C'est toi... Bon ! je descends.

Ce fut long. On entendit, à l'intérieur, ouvrir et fermer des serrures, tout un manège d'homme qui s'assure que rien ne traîne. Puis, enfin, la porte s'ouvrit, mais entre-bâillée à peine, tenue d'un poing vigoureux.

— Entre, toi ! et personne autre !

Pourtant, il ne put refuser asile à son neveu, malgré sa visible répugnance.

— Allons, toi aussi !

Et il repoussait impitoyablement la porte sur Jean, il fallut que Maurice le suppliât. Mais il s'entêtait : non, non ! il n'avait pas besoin d'inconnus, de voleurs chez lui, qui casseraient ses meubles ! Enfin, Honoré, d'un coup d'épaule, fit entrer le camarade, et le vieux dut céder, grognant de sourdes menaces. Il n'avait pas lâché son fusil. Puis, quand il les eut conduits à la salle commune, et qu'il eut posé le fusil contre le buffet, la chandelle sur la table, il tomba dans un obstiné silence.

— Dites donc, père, nous crevons de faim. Vous nous donnerez bien du pain et du fromage, à nous autres !

Il ne répondait pas, semblait ne pas entendre, retournait sans cesse pour écouter, devant la fenêtre, si quelque autre bande ne venait pas faire le siège de sa maison.

— L'oncle, voyons, Jean est un frère. Il s'est arraché pour moi les morceaux de la bouche. Et nous avons tant souffert ensemble !

Il tournait, s'assurait que rien ne manquait, ne les regardait même pas. Et, enfin, il se décida, toujours sans une parole. Brusquement, il reprit la chandelle, les laissa dans l'obscurité, en ayant le soin de refer-

Brusquement, il reprit la chandelle, les laissa dans l'obscurité... (p. 120).

mer derrière lui la porte à clef, pour que personne ne le suivît. On l'entendit qui descendait l'escalier de la cave. Ce fut encore très long. Et, lorsqu'il revint, barricadant tout de nouveau, il posa au milieu de la table un gros pain et un fromage, dans ce silence, qui, la colère passée, n'était plus que de la politique, car on ne sait jamais où cela mène, de parler. D'ailleurs, les trois hommes se jetaient sur la nourriture, dévorant. Et il n'y eut plus que le bruit furieux de leurs mâchoires.

Honoré se leva, alla chercher, près du buffet, une cruche d'eau.

— Père, vous auriez bien pu nous donner du vin.

Alors, calmé et sûr de lui, Fouchard retrouva sa langue.

— Du vin! je n'en ai plus, plus une goutte!... Les autres, ceux de Ducrot, m'ont tout bu, tout mangé, tout pillé!

Il mentait, et cela, malgré son effort, était visible dans le clignotement de ses gros yeux pâles. Depuis deux jours, il avait fait disparaître son bétail, les quelques bêtes à son service, ainsi que les bêtes réservées à sa boucherie, les emmenant de nuit, les cachant on ne savait où, au fond de quel bois, de quelle carrière abandonnée. Et il venait de passer des heures à tout enfouir chez lui, le vin, le pain, les moindres provisions, jusqu'à la farine et au sel, de sorte qu'on aurait, en effet, vainement fouillé les armoires. La maison était nette. Il avait même refusé de vendre aux premiers soldats qui s'étaient présentés. On ne savait pas, il y aurait peut-être de meilleures occasions; et des idées vagues de commerce s'ébauchaient dans son crâne d'avare patient et rusé.

Maurice, qui se rassasiait, causa le premier.

— Et ma sœur Henriette, y a-t-il longtemps que vous l'avez vue?

Le vieux continuait de marcher, avec des coups d'œil sur Jean, en train d'engloutir d'énormes bouchées de pain; et, sans se presser, comme après une longue réflexion :

— Henriette, oui, l'autre mois, à Sedan... Mais j'ai aperçu Weiss, son mari, ce matin. Il accompagnait son patron, monsieur Delaherche, qui l'avait pris avec lui dans sa voiture, pour aller voir passer l'armée à Mouzon, histoire simplement de s'amuser...

Une ironie profonde passa sur le visage fermé du paysan.

— Peut-être bien tout de même qu'ils l'auront trop vue, l'armée, et qu'ils ne se sont pas amusés beaucoup; car, dès trois heures, on ne pouvait plus circuler sur les routes, tant elles étaient encombrées de soldats qui fuyaient.

De la même voix tranquille et comme indifférente, il donna quelques détails sur la défaite du 5ᵉ corps, surpris à Beaumont au moment de faire la soupe, forcé de se replier, culbuté jusqu'à Mouzon par les Bavarois. Des soldats débandés, fous de panique, qui traversaient Remilly, lui avaient crié que de Failly venait encore de les vendre à Bismarck.

Et Maurice songeait à ces marches affolées des deux derniers jours, à ces ordres du maréchal de Mac-Mahon hâtant la retraite, voulant passer la Meuse à tout prix, lorsqu'on avait perdu en incompréhensibles hésitations tant de journées précieuses. Il était trop tard. Sans doute le maréchal, qui s'était emporté en trouvant à Oches le 7e corps, qu'il croyait à la Besace, avait dû être convaincu que le 5e corps campait déjà à Mouzon, lorsque celui-ci, s'attardant à Beaumont, s'y laissait écraser. Mais qu'exiger de troupes mal commandées, démoralisées par l'attente et la fuite, mourantes de faim et de fatigue ?

Fouchard avait fini par se planter derrière Jean, étonné de voir les bouchées disparaître. Et, froidement goguenard :

— Hein ! ça va mieux ?

Le caporal leva la tête, répondit avec sa même carrure de paysan :

— Ça commence, merci bien !

Honoré, depuis qu'il était là, malgré sa grosse faim, s'arrêtait parfois, tournait la tête, à un bruit qu'il croyait entendre. Si, après tout un combat, il avait manqué à son serment de ne plus jamais remettre les pieds dans cette maison, c'était poussé par l'irrésistible désir de revoir Silvine. Il gardait sous sa chemise, contre sa peau même, la lettre qu'il avait reçue d'elle à Reims, cette lettre si tendre où elle lui disait qu'elle l'aimait toujours, qu'elle n'aimerait jamais que lui, malgré le cruel passé, malgré Goliath et le petit Charlot qu'elle avait eu de cet homme. Et il ne pensait plus qu'à elle, et il s'inquiétait de ne pas l'avoir encore vue, tout en se raidissant, pour ne pas montrer son anxiété à son père. Mais la passion l'emporta, il demanda, d'une voix qu'il s'efforçait de rendre naturelle :

— Et Silvine, elle n'est donc plus ici ?

Fouchard eut, sur son fils, un regard oblique, luisant d'un rire intérieur.

— Si, si.

Puis, il se tut, cracha longuement ; et l'artilleur dut reprendre, après un silence :

— Alors, elle est couchée ?

— Non, non.

Enfin, le vieux daigna expliquer qu'il était tout de même allé, le matin, au marché de Raucourt, avec sa carriole, en emmenant sa servante. Ce n'était pas une raison, parce qu'il passait des soldats, pour que le monde cessât de manger de la viande et pour qu'on ne fît plus ses affaires. Il avait donc, comme tous les mardis, emporté là-bas un mouton et un quartier de bœuf ; et il achevait sa vente, lorsque l'arrivée du 7e corps l'avait jeté au milieu d'une bagarre épouvantable. On courait, on se bousculait. Alors, il avait eu peur qu'on ne lui prît sa voiture et son cheval, il était parti, en abandonnant Silvine, qui faisait justement des commissions dans le bourg.

— Oh ! elle va revenir, conclut-il de sa voix tranquille. Elle a dû se réfugier chez le docteur Dalichamp, son parrain... C'est une fille tout de même courageuse, avec son air de ne savoir qu'obéir... Sûrement, elle a bien des qualités.

Raillait-il ? Voulait-il expliquer pourquoi il la gardait, cette fille qui l'avait fâché avec son fils, et malgré l'enfant du Prussien dont elle refusait de se séparer ? De nouveau, il eut son coup d'œil oblique, son rire muet.

— Charlot est là qui dort, dans sa chambre, et bien sûr qu'elle ne va pas tarder.

Honoré, les lèvres tremblantes, regarda son père si fixement, que celui-ci reprit sa marche. Et le silence recommença, infini, tandis que, machinalement, il se recoupait du pain, mangeant toujours. Jean continuait, lui aussi, sans éprouver le besoin de dire une parole. Rassasié, les coudes sur la table, Maurice examinait les meubles, le vieux buffet, la vieille horloge, rêvait à des journées de vacances qu'il avait passées à Remilly autrefois, avec sa sœur Henriette. Les minutes s'écoulaient, l'horloge sonna onze heures.

— Diable ! murmura-t-il, il ne faut pas laisser partir les autres.

— Et, sans que Fouchard s'y opposât, il alla ouvrir la fenêtre. Toute la vallée noire se creusa, roulant sa mer de ténèbres. Pourtant, lorsque les yeux s'étaient habitués, on distinguait très nettement le pont, éclairé par les feux des deux berges. Des cuirassiers passaient toujours, dans leurs grands manteaux blancs, pareils à des cavaliers fantômes, dont les chevaux, fouettés d'un vent de terreur, marchaient sur l'eau. Et cela sans fin, interminable, toujours du même train de vision lente. Vers la droite, les coteaux nus, où dormait l'armée, restaient dans une immobilité, un silence de mort.

— Ah bien ! reprit Maurice, avec un geste désespéré, ce sera pour demain matin.

Il avait laissé la fenêtre grande ouverte, et le père Fouchard, saisissant son fusil, enjamba l'appui, sauta dehors, avec l'agilité d'un jeune homme. On l'entendit marcher un instant d'un pas régulier de factionnaire ; puis, il n'y eut plus que la grande rumeur lointaine du pont encombré : sans doute il s'était assis au bord de la route, plus tranquille d'être là, voyant venir le danger, tout prêt à rentrer d'un saut et à défendre sa·maison.

Maintenant, à chaque minute, Honoré regardait l'horloge. Son inquiétude croissait. Il n'y avait que six kilomètres de Raucourt à Remilly ; ce n'était guère plus d'une heure de marche, pour une fille jeune et solide comme Silvine. Pourquoi n'était-elle pas là, depuis des heures que le vieux l'avait perdue, dans la confusion de tout un corps d'armée, noyant le pays, bouchant les routes ? Certainement, quelque catastrophe s'était produite ; et il la voyait dans de mauvaises histoires, éperdue en pleins champs, piétinée par les chevaux.

Mais, soudain, tous trois se levèrent. Un galop descendait la route, et ils venaient d'entendre le vieux qui armait son fusil.

— Qui va là? cria rudement ce dernier. C'est toi, Silvine?

On ne répondit pas. Il menaça de tirer, répétant sa question. Alors, une voix haletante, oppressée, parvint à dire :

— Oui, oui, c'est moi, père Fouchard.

Puis, tout de suite elle demanda : .

— Et Charlot?

— Il est couché, il dort.

— Ah! bon, merci !

Du coup, elle ne se hâta plus, poussant un gros soupir, où toute son angoisse et toute sa fatigue s'exhalaient.

— Entre par la fenêtre, reprit Fouchard. Il y a du monde.

Et, comme elle sautait dans la salle, elle resta saisie devant les trois hommes. Sous la lumière vacillante de la chandelle, elle apparaissait, très brune, avec ses épais cheveux noirs, ses grands beaux yeux, qui suffisaient à sa beauté, dans son visage ovale, d'une tranquillité forte de soumission. Mais, en ce moment, la vue brusque d'Honoré avait jeté tout le sang de son cœur à ses joues ; et elle n'était pas étonnée pourtant de le trouver là, elle avait songé à lui, en galopant depuis Raucourt.

Lui, étranglé, défaillant, affectait le plus grand calme.

— Bonsoir, Silvine.

— Bonsoir, Honoré.

Alors, pour ne pas éclater en sanglots, elle tourna la tête, elle sourit à Maurice, qu'elle venait de reconnaître. Jean la gênait. Elle étouffait, elle ôta le foulard qu'elle avait au cou.

Honoré reprit, ne la tutoyant plus, comme autrefois :

— Nous étions inquiets de vous, Silvine, à cause de tous ces Prussiens qui arrivent.

Elle redevint subitement pâle, la face bouleversée ; et, avec un regard involontaire vers la chambre où dormait Charlot, agitant la main, comme pour chasser une vision abominable, elle murmura :

— Les Prussiens, oh! oui, oui, je les ai vus.

A bout de force, tombée sur une chaise, elle raconta que, lorsque le 7ᵉ corps avait envahi Raucourt, elle s'était réfugiée chez son parrain, le docteur Dalichamp, espérant que le père Fouchard aurait l'idée de venir l'y prendre, avant de repartir. La Grande-Rue était encombrée d'une telle bousculade, qu'un chien ne s'y serait pas risqué. Et, jusque vers quatre heures, elle avait patienté, assez tranquille, faisant de la charpie avec des dames ; car le docteur, dans la pensée qu'on enverrait peut-être des blessés de Metz et de Verdun, si l'on se battait par là, s'occupait depuis quinze jours à installer une ambulance dans la grande salle de la mairie. Du monde arrivait, qui disait qu'on pourrait bien se servir tout de suite de cette ambulance ; et, en effet, dès midi, on avait entendu le canon, du côté de Beaumont. Mais ça se passait loin encore, on n'avait pas peur, lorsque, tout d'un coup, comme les derniers soldats français quittaient Raucourt, un obus était venu, avec un bruit effroyable, défoncer le toit d'une maison voisine. Deux autres suivirent, c'était une batterie allemande qui canonnait l'arrière-garde du 7ᵉ corps. Déjà, des blessés de Beaumont se trouvaient à la mairie, on craignait qu'un obus ne les achevât sur la paille, où ils attendaient que le docteur vînt les opérer. Fous d'épouvante, les blessés se levaient, voulaient descendre dans les caves, malgré leurs membres fracassés, qui leur arrachaient des cris de douleur.

— Et alors, continua Silvine, je ne sais pas comment ça s'est fait, il y a eu un brusque silence... J'étais montée à une fenêtre qui donne sur la rue et sur la campagne. Je ne voyais plus personne, pas un seul pantalon rouge, quand j'ai entendu des gros pas lourds ; et une voix a crié quelque chose, et toutes les crosses des fusils sont tombées en même temps par terre... C'étaient, en bas, dans la rue, des hommes noirs, petits, l'air sale, avec de grosses têtes vilaines, coiffées de casques, pareils à ceux de nos pompiers. On m'a dit que c'étaient des Bavarois... Puis, comme je levais les yeux, j'en ai vu, oh ! j'en ai vu des milliers et des milliers, qui arrivaient par les routes, par les champs, par les bois, en colonnes serrées, sans fin. Tout de suite, le pays en a été noir. Une invasion noire, des sauterelles noires, encore et encore, si bien qu'en un rien de temps, on n'a plus vu la terre.

Elle frémissait, elle répéta son geste, chassant de la main l'affreux souvenir.

— Et alors, on n'a pas idée de ce qui s'est passé... Il paraît que ces gens-là marchaient depuis trois jours, et qu'ils venaient de se battre à Beaumont, comme des enragés. Aussi crevaient-ils de faim, les yeux hors de la tête, à moitié fous... Les officiers n'ont même pas essayé de les retenir, tous se sont jetés dans les maisons, dans les boutiques, enfonçant les portes et les fenêtres, cassant les meubles, cherchant à manger et à boire, avalant n'importe quoi, ce qui leur tombait sous la main... Chez monsieur Simonnot, l'épicier, j'en ai aperçu un qui puisait avec son casque, au fond d'un tonneau de mélasse. D'autres mordaient dans des morceaux de lard cru. D'autres mâchaient de la farine. Déjà, disait-on, il ne restait plus rien, depuis quarante-huit heures que des soldats passaient ; et ils trouvaient quand même, sans doute des provisions cachées ; de sorte qu'ils s'acharnaient à tout démolir, croyant qu'on leur refusait la nourriture. En moins d'une heure, les épiceries, les boulangeries, les boucheries, les maisons bourgeoises elles-mêmes, ont eu leurs vitrines fracassées, leurs armoires pillées, leurs caves envahies et vidées... Chez le docteur, on ne s'imagine pas une chose pareille, j'en ai surpris un gros qui a mangé tout le savon. Mais c'est dans la cave surtout qu'ils ont fait du ravage.

On les entendait d'en haut hurler comme des bêtes, briser les bouteilles, ouvrir les cannelles des tonneaux, dont le vin coulait avec un bruit de fontaine. Ils remontaient les mains rouges, d'avoir pataugé dans tout ce vin répandu... Et, voyez ce que c'est, quand on redevient ainsi des sauvages, monsieur Dalichamp a voulu vainement empêcher un soldat de boire un litre de sirop d'opium, qu'il avait découvert. Pour sûr, le malheureux est mort à l'heure qu'il est, tant il souffrait, quand je suis partie.

Prise d'un grand frisson, elle se mit les deux mains sur les yeux, afin de ne plus voir.

— Non, non ! j'en ai trop vu, ça m'étouffe !

Le père Fouchard, toujours sur la route, s'était approché, debout devant la fenêtre, pour écouter ; et le récit de ce pillage le rendait soucieux : on lui avait dit que les Prussiens payaient tout, est-ce qu'ils allaient se mettre à être des voleurs, maintenant ? Maurice et Jean, eux aussi, se passionnaient, à ces détails sur un ennemi que cette fille venait de voir, et qu'eux n'avaient pu rencontrer, depuis un mois qu'on se battait ; tandis que, pensif, la bouche souffrante, Honoré ne s'intéressait qu'à elle, ne songeait qu'au malheur ancien qui les avait séparés.

Mais, à ce moment, la porte de la chambre voisine s'ouvrit, et le petit Charlot parut. Il devait avoir entendu la voix de sa mère, il accourait en chemise, pour l'embrasser. Rose et blond, très fort, il avait une tignasse pâle frisée et de gros yeux bleus.

Silvine frémit, de le revoir si brusquement, comme surprise de l'image qu'il lui apportait. Ne le connaissait-elle donc plus, cet enfant adoré, qu'elle le regardait effrayée, ainsi qu'une évocation même de son cauchemar ? Puis elle éclata en larmes.

— Mon pauvre petit !

Et elle le serra éperdument dans ses bras, à son cou, tandis qu'Honoré, livide, constatait l'extraordinaire ressemblance de Charlot avec Goliath : c'était la même tête carrée et blonde, toute la race germanique, dans une belle santé d'enfance, souriante et fraîche. Le fils du Prussien, le Prussien, comme les farceurs de Remilly le nommaient ! Et cette mère française qui était là, à l'étreindre sur son cœur, encore toute bouleversée, toute saignante du spectacle de l'invasion !

— Mon pauvre petit, sois sage, viens te recoucher !... Fais dodo, mon pauvre petit !

Elle l'emporta. Puis, quand elle revint de la pièce voisine, elle ne pleurait plus, elle avait retrouvé sa calme figure de docilité et de courage.

Ce fut Honoré qui reprit, d'une voix tremblante :

— Et alors les Prussiens...?

— Ah ! oui, les Prussiens... Eh bien ! ils avaient tout cassé, tout pillé, tout mangé et tout bu. Ils volaient aussi le linge, les serviettes, les draps, jusqu'aux rideaux, qu'ils déchiraient en longues bandes, pour se panser les.pieds. J'en ai vu dont les pieds n'étaient plus qu'une plaie tant ils avaient marché. Devant chez le docteur, au bord du ruisseau il y en avait une troupe, qui s'étaient déchaussés et qui s'enveloppaient les talons avec des chemises de femme garnies de dentelle, volées sans doute à la belle madame Lefèvre, la femme du fabricant... Jusqu'à la nuit, le pillage a duré. Les maisons. n'avaient plus de portes, elles bâillaient sur la rue par toutes les ouvertures des rez-de-chaussée, et l'on apercevait les débris des meubles à l'intérieur, un vrai massacre qui mettait en colère les gens calmes... Moi, j'étais comme folle, je ne pouvais rester davantage. On a eu beau vouloir me retenir, en me disant que les routes étaient barrées, qu'on me tuerait pour sûr, je suis partie, je me suis jetée tout de suite dans les champs, à droite, en sortant de Raucourt. Des chariots de Français et de Prussiens, en tas, arrivaient de Beaumont. Deux ont passé près de moi, dans l'obscurité, avec des cris, des gémissements, et j'ai couru, oh! j'ai couru à travers les terres, à travers les bois, je ne sais plus par où, en faisant un grand détour, du côté de Villers... Trois fois, je me suis cachée, en croyant entendre des soldats. Mais je n'ai rencontré qu'une autre femme qui courait aussi, qui se sauvait de Beaumont, elle, et qui m'a dit des choses à faire dresser les cheveux... Enfin, je suis ici, bien malheureuse, oh! bien malheureuse !

Des larmes, de nouveau, la suffoquèrent. Une hantise la ramenait à ces choses, elle répéta ce que lui avait conté la femme de Beaumont. Cette femme, qui habitait la grande rue du village, venait d'y voir passer l'artillerie allemande, depuis la tombée du jour. Aux deux bords, une haie de soldats portaient des torches de résine, éclairant la chaussée d'une lueur rouge d'incendie. Et, au milieu, coulait le fleuve des chevaux, des canons, des caissons, menés d'un train d'enfer, en un galop furieux. C'était la hâte enragée de la victoire, la diabolique poursuite de troupes françaises, à achever, à écraser, là-bas, dans quelque basse fosse. Rien n'était respecté, on cassait tout, on passait quand même. Les chevaux qui tombaient, et dont on coupait les traits tout de suite, étaient roulés, broyés, rejetés comme des épaves sanglantes. Des hommes qui voulurent traverser, furent renversés à leur tour, hachés par les roues. Dans cet ouragan, les conducteurs mourant de faim ne s'arrêtaient même pas, attrapaient au vol des pains qu'on leur jetait; tandis que les porteurs de torches, du bout de leurs baïonnettes, leur tendaient de quartiers de viande. Puis, du même fer, ils piquaient les chevaux, qui ruaient, affolés, galopant plus fort. Et la nuit s'avançait, et de l'artillerie passait toujours, sous cette violence accrue de tempête, au milieu de hourras frénétiques.

Malgré l'attention qu'il donnait à ce récit, Maurice, foudroyé par la fatigue, après le repas goulu qu'il avait fait, venait de laisser tomber sa

Jusqu'à la nuit, le pillage a duré (p. 128).

tête sur la table, entre ses deux bras. Un instant encore, Jean lutta, et il fut vaincu à son tour, il s'endormit, à l'autre bout. Le père Fouchard était redescendu sur la route, Honoré se trouva seul avec Silvine, assise, immobile maintenant, en face de la fenêtre toujours grande ouverte.

Alors, le maréchal des logis se leva, s'approcha de la fenêtre. La nuit restait immense et noire, gonflée du souffle pénible des troupes. Mais des bruits plus sonores, des chocs et des craquements, montaient. En bas, maintenant, c'était de l'artillerie qui défilait, sur le pont à demi submergé. Des chevaux se cabraient, dans l'effroi de cette eau mouvante. Des caissons glissaient à demi, qu'il fallait jeter complètement au fleuve. Et, en voyant cette retraite sur l'autre rive, si pénible, si lente, qui durait depuis la veille et qui ne serait certainement pas achevée au jour, le jeune homme songeait à l'autre artillerie, à celle dont le torrent sauvage se ruait au travers de Beaumont, renversant tout, broyant bêtes et gens, pour aller plus vite.

Honoré s'approcha de Silvine, et doucement, en face de ces ténèbres, où passaient des frissons farouches.

— Vous êtes malheureuse ?

— Oh ! oui, malheureuse !

Elle sentit qu'il allait parler de la chose, de l'abominable chose, et elle baissait la tête.

— Dites, comment est-ce arrivé ?... Je voudrais savoir...

Mais elle ne pouvait répondre.

— Est-ce qu'il vous a forcée ?... Est-ce que vous avez consenti ?

Alors, elle bégaya, la voix étranglée :

— Mon Dieu ! je ne sais pas, je vous jure que je ne sais pas moi-même... Mais, voyez-vous, ce serait si mal de mentir ! et je ne puis m'excuser, non ! je ne puis dire qu'il m'ait battue... Vous étiez parti, j'étais folle, et la chose est arrivée, je ne sais pas, je ne sais pas comment !

Des sanglots l'étouffèrent, et lui, blême, la gorge également serrée, attendit une minute. Cette idée qu'elle ne voulait pas mentir, le calmait pourtant. Il continua à l'interroger, la tête travaillée de tout ce qu'il n'avait pu comprendre encore.

— Mon père vous a donc gardée ici ?

Elle ne leva même pas les yeux, s'apaisant, reprenant son air de résignation courageuse.

— Je fais son ouvrage, je n'ai jamais coûté gros à nourrir, et comme il y a une bouche de plus avec moi, il en a profité pour diminuer mes gages... Maintenant, il est bien sûr que, ce qu'il commande, je suis forcée de le faire.

— Mais, vous, pourquoi êtes-vous restée ?

Du coup, elle fut si surprise, qu'elle le regarda.

— Moi, où donc voulez-vous que j'aille ? Au moins, ici, mon petit et moi, nous mangeons, nous sommes tranquilles.

Le silence recommença, tous les deux à présent avaient les yeux dans les yeux ; et, au loin, par la vallée obscure, les souffles de foule montaient plus larges, tandis que le roulement des canons, sur le pont de bateaux, se prolongeait sans fin. Il y eut un grand cri, un cri perdu d'homme ou de bête, qui traversa les ténèbres, avec une infinie pitié.

— Écoutez, Silvine, reprit Honoré lentement, vous m'avez envoyé une lettre qui m'a fait bien de la joie... Jamais je ne serais revenu. Mais cette lettre, je l'ai encore relue ce soir, et elle dit des choses qu'on ne pouvait pas mieux dire...

Elle avait d'abord pâli, en l'entendant parler de cela. Peut-être était-il fâché, de ce qu'elle avait osé lui écrire, comme une effrontée. Puis, à mesure qu'il s'expliquait, elle devenait toute rouge.

— Je sais bien que vous ne voulez pas mentir, et c'est pour ça que je crois ce qu'il y a sur le papier... Oui, maintenant, je le crois tout à fait... Vous avez eu raison de penser que, si j'étais mort à la guerre, sans vous revoir, ça m'aurait fait une grosse peine, de m'en aller ainsi, en me disant que vous ne m'aimiez pas... Et, alors, puisque vous m'aimez toujours, puisque vous n'avez jamais aimé que moi...

Sa langue s'embarrassait, il ne trouvait plus les mots, secoué d'une émotion extraordinaire.

— Écoute, Silvine, si ces cochons de Prussiens ne me tuent pas, je veux bien encore de toi, oui ! nous nous marierons ensemble, dès que je rentrerai du service.

Elle se leva toute droite, elle eut un cri, et tomba entre les bras du jeune homme. Elle ne pouvait parler, tout le sang de ses veines était à son visage. Il s'était assis sur la chaise, il l'avait prise sur ses genoux.

— J'y ai bien songé, c'était ce que j'avais à te dire, en venant ici... Si mon père nous refuse son consentement, nous nous en irons, la terre est grande... Et ton petit, on ne peut pas l'étrangler, mon Dieu ! Il en poussera d'autres, je finirai par ne plus le reconnaître, dans le tas.

C'était le pardon. Elle se débattait contre cet immense bonheur, elle murmura enfin :

— Non, ce n'est pas possible, c'est trop. Peut-être te repentirais-tu un jour... Mais que tu es bon, Honoré, et que je t'aime !

D'un baiser sur les lèvres, il la fit taire. Et elle n'avait déjà plus la force de refuser la félicité qui lui arrivait, toute la vie heureuse qu'elle croyait à jamais morte. D'un élan involontaire, irrésistible, elle le saisit à pleins bras, elle le serra en le baisant à son tour, de toute sa force de femme, comme un bien reconquis, à elle seule, que personne maintenant ne lui enlèverait. Il était de nouveau à elle, lui qu'elle avait perdu, et elle mourrait plutôt que de se le laisser reprendre.

Mais, à cette minute, une rumeur monta, un grand tumulte de réveil, qui emplit l'épaisse nuit. Des ordres étaient criés, des clairons sonnaient, et toute une agitation d'ombres se levait des terrains nus, une mer indis-

tincte et mouvante, dont le flot descendait déjà vers la route. En bas,
les feux des deux berges allaient s'éteindre, on ne voyait plus que des
masses confuses piétinant, sans pouvoir même se rendre compte si le
passage du fleuve continuait. Et jamais encore une telle angoisse, un
tel effarement d'épouvante n'avaient traversé les ténèbres.

Le père Fouchard s'était rapproché de la fenêtre, criant qu'on partait.
Réveillés, frissonnants et engourdis, Jean et Maurice se mirent debout.
Vivement, Honoré avait serré les deux mains de Silvine dans les siennes.

— C'est juré... Attends-moi.

Elle ne trouva pas un mot, elle le regarda de toute son âme, d'un
dernier et long regard, comme il sautait par la fenêtre, pour rejoindre sa
batterie, au pas de course.

— Adieu, père !

— Adieu, mon garçon !

Et ce fut tout, le paysan et le soldat se quittaient de nouveau comme
ils s'étaient retrouvés, sans une embrassade, en père et en fils qui n'avaient
pas besoin de se voir pour vivre.

Quand ils eurent à leur tour quitté la ferme, Maurice et Jean galopèrent par les pentes raides. En bas, ils ne trouvèrent plus le 106e; tous
les régiments étaient déjà en branle; et ils durent courir encore, on les
renvoya, à droite, à gauche. Enfin, la tête perdue, au milieu d'une
effroyable confusion, ils tombèrent sur leur compagnie, que conduisait
le lieutenant Rochas ; quant au capitaine Beaudoin et au régiment lui-
même, ils étaient sans doute ailleurs. Et Maurice fut alors stupéfié, en
constatant que cette cohue d'hommes, de bêtes, de canons, sortait de
Remilly et remontait du côté de Sedan, par la route de la rive gauche.
Quoi donc ? qu'arrivait-il? on ne passait plus la Meuse, on battait en
retraite vers le Nord !

Un officier de chasseurs qui se trouvait là, on ne savait comment, dit
tout haut :

— Nom de Dieu ! c'était le 28 qu'il fallait foutre le camp, lorsque nous
étions au Chêne !

D'autres voix expliquaient le mouvement, des nouvelles arrivaient.
Vers deux heures du matin, un aide de camp du maréchal de Mac-
Mahon était venu dire au général Douay que toute l'armée avait l'ordre
de se replier sur Sedan, sans perdre une minute. Écrasé à Beaumont, le
5e corps emportait les trois autres dans son désastre. A ce moment, le
général, qui veillait près du pont de bateaux, se désespérait de voir que
sa troisième division avait seule passé le fleuve. Le jour allait naître, on
pouvait être attaqué d'un instant à l'autre. Aussi fit-il avertir tous les
chefs placés sous ses ordres de gagner Sedan, chacun pour son compte,
par les routes les plus directes. Et lui-même, abandonnant le pont qu'il
ordonna de détruire, fila le long de la rive gauche, avec sa première division et l'artillerie de réserve; tandis que la troisième division suivait la

rive droite, et que la première, entamée à Beaumont, débandée, fuyait
on ne savait où. Du 7ᵉ corps, qui ne s'était pas encore battu, il n'y avait
plus que des tronçons épars, perdus dans les chemins, galopant au fond
des ténèbres.

Il n'était pas trois heures, et la nuit restait noire. Maurice, qui connaissait pourtant le pays, ne savait plus où il roulait, incapable de se
reprendre, dans le torrent débordé, la cohue affolée qui coulait à pleine
route. Beaucoup d'hommes, échappés à l'écrasement de Beaumont, des
soldats de toutes armes, en lambeaux, couverts de sang et de poussière,
se mêlaient aux régiments, semaient l'épouvante. De la vallée entière, au
delà du fleuve, une rumeur semblable montait, d'autres piétinements de
troupeau, d'autres fuites, le 1ᵉʳ corps qui venait de quitter Carignan et
Douzy, le 12ᵉ corps parti de Mouzon avec les débris du 5ᵉ, tous ébranlés,
emportés, sous la même force logique et invincible, qui, depuis le 28,
poussait l'armée vers le nord, la refoulait au fond de l'impasse où elle
devait périr.

Cependant, le petit jour parut, comme la compagnie Beaudoin traversait Pont-Maugis; et Maurice se retrouva, les coteaux du Liry à gauche,
la Meuse à droite, longeant la route. Mais cette aube grise éclairait d'une
infinie tristesse Bazeilles et Balan, noyés au bout des prairies; tandis
qu'un Sedan livide, un Sedan de cauchemar et de deuil, s'évoquait à
l'horizon, sur l'immense rideau sombre des forêts. Et, après Wadelincourt, lorsqu'on eut enfin atteint la porte de Torcy, il fallut parlementer,
supplier et se fâcher, presque faire le siège de la place, pour obtenir du
gouverneur qu'il baissât le pont-levis. Il était cinq heures. Le 7ᵉ corps
entra dans Sedan, ivre de fatigue, de faim et de froid.

VIII

Dans la bousculade, au bout de la chaussée de Wadelincourt, place de Torcy, Jean fut séparé de Maurice; et il courut, s'égara parmi la cohue piétinante, ne put le retrouver. C'était une vraie malechance, car il avait accepté l'offre du jeune homme, qui voulait l'emmener chez sa sœur là, on se reposerait, on se coucherait même dans un bon lit. Il y avait un tel désarroi, tous les régiments confondus, plus d'ordres de route ni plus de chefs, que les hommes étaient à peu près libres de faire ce qu'ils voulaient. Quand on aurait dormi quelques heures, il serait toujours temps de s'orienter et de rejoindre les camarades.

Jean, effaré, se trouva sur le viaduc de Torcy, au-dessus des vastes prairies, que le gouverneur avait fait inonder des eaux du fleuve. Puis, après avoir franchi une nouvelle porte, il traversa le pont de Meuse, et il lui sembla, malgré l'aube grandissante, que la nuit revenait, dans cette ville étroite, étranglée entre ses remparts, aux rues humides, bordées de maisons hautes. Il ne se rappelait même pas le nom du beau frère de Maurice, il savait seulement que sa sœur s'appelait Henriette. Où aller? qui demander? Ses pieds ne le portaient plus que par le mouvement mécanique de la marche, il sentait qu'il tomberait, s'il s'arrêtait. Comme un homme qui se noie, il n'entendait que le bourdonnement sourd, il ne distinguait que le ruissellement continu du flot d'hommes et de bêtes dans lequel il était charrié. Ayant mangé à Remilly, il souffrait surtout du besoin de sommeil; et, autour de lui, la fatigue aussi l'emportait sur la faim, le troupeau d'ombres trébuchait, par les rues inconnues. À chaque pas, un homme s'affaissait sur un trottoir, culbutait sous une porte, restait là comme mort, endormi.

En levant les yeux, Jean lut sur une plaque : Avenue de la Sous-Pré

fecture. Au bout, il y avait un monument, dans un jardin. Et, au coin
de l'avenue, il aperçut un cavalier, un chasseur d'Afrique, qu'il crut
reconnaître. N'était-ce pas Prosper, le garçon de Remilly, qu'il avait
vu à Vouziers, avec Maurice? Il était descendu de son cheval, et le
cheval, hagard, tremblant sur ses pieds, souffrait d'une telle faim, qu'il
avait allongé le cou pour manger les planches d'un fourgon, qui station-
nait contre le trottoir. Depuis deux jours, les chevaux n'avaient pas reçu
de rations, ils se mouraient d'épuisement. Les grosses dents faisaient
un bruit de râpe, contre le bois, tandis que le chasseur d'Afrique pleurait.

Puis, comme Jean, qui s'était éloigné, revenait, avec l'idée que ce
garçon devait savoir l'adresse des parents de Maurice, il ne le revit plus.
Alors, ce fut le désespoir, il erra de rue en rue, se retrouva à la Sous-
Préfecture, poussa jusqu'à la place Turenne. Là, un instant, il se crut
sauvé, en apercevant devant l'Hôtel de Ville, au pied de la statue même,
le lieutenant Rochas, avec quelques hommes de la compagnie. S'il ne
pouvait rejoindre son ami, il rallierait le régiment, il dormirait au moins
sous la tente. Le capitaine Beaudoin n'ayant pas reparu, emporté de son
côté, échoué ailleurs, le lieutenant tâchait de réunir son monde, s'infor-
mant, demandant en vain où était fixé le campement de la division.
Mais, à mesure qu'on avançait dans la ville, la compagnie, au lieu de
s'accroître, diminuait. Un soldat, avec des gestes fous, entra dans une
auberge, et jamais il ne revint. Trois autres s'arrêtèrent devant la porte
d'un épicier, retenus par des zouaves qui avaient défoncé un petit tonneau d'eau-de-vie. Plusieurs, déjà, gisaient en travers du ruisseau d'autres
voulaient partir, retombaient, écrasés et stupides. Chouteau et Loubet,
se poussant du coude, venaient de disparaître au fond d'une allée noire,
derrière une grosse femme qui portait un pain. Et il n'y avait plus, avec
le lieutenant, que Pache et Lapoulle, ainsi qu'une dizaine de camarades.

Au pied du bronze de Turenne, Rochas faisait un effort considérable,
pour se tenir debout, les yeux ouverts. Lorsqu'il reconnut Jean, il murmura :

— Ah! c'est vous, caporal! Et vos hommes?

Jean eut un geste vague, pour dire qu'il ne savait pas. Mais Pache,
montrant Lapoulle, répondit, gagné par les larmes :

— Nous sommes là, il n'y a que nous deux... Que le bon Dieu ait
pitié de nous, c'est trop de misère!

L'autre, le gros mangeur, regardait les mains de Jean, d'un air vorace,
révolté de les voir toujours vides à présent. Peut-être, dans sa somnolence, avait-il rêvé que le caporal était allé à la distribution.

— Sacré bon sort! gronda-t-il, faut donc encore se serrer le ventre!

Gaude, le clairon, qui attendait l'ordre de sonner au ralliement,
adossé à la grille, venait de s'endormir, glissant d'une seule coulée, s'éta-

lant sur le dos. Tous succombaient un à un, ronflaient à poings fermés. Et, seul, le sergent Sapin restait les yeux grands ouverts, avec son nez pincé dans sa petite figure pâle, comme s'il lisait son malheur à l'horizon de cette ville inconnue.

Cependant, le lieutenant Rochas avait cédé à l'irrésistible besoin de s'asseoir par terre. Il voulut donner un ordre.

— Caporal, il faudra... il faudra...

Et il ne trouva plus les mots, la bouche empâtée de fatigue ; et, tout d'un coup, il s'abattit à son tour, foudroyé par le sommeil.

Jean, craignant de tomber lui aussi sur le pavé, s'en alla. Il s'entêtait à chercher un lit. De l'autre côté de la place, à une des fenêtres de l'hôtel de la Croix d'Or, il avait aperçu le général Bourgain-Desfeuilles, déjà en manches de chemise, tout prêt à se fourrer entre de fins draps blancs. A quoi bon faire du zèle, pâtir davantage ? Et il eut une soudaine joie, un nom avait jailli de sa mémoire, celui du fabricant de drap, chez qui était employé le beau-frère de Maurice : M. Delaherche, oui ! c'était bien ça. Il arrêta un vieil homme qui passait.

— Monsieur Delaherche ?

— Rue Maqua, presque au coin de la rue au Beurre, une grande belle maison, avec des sculptures.

Puis, le vieil homme le rejoignit en courant.

— Dites donc, vous êtes du 106e... Si c'est votre régiment que vous cherchez, il est ressorti par le Château, là-bas... Je viens de rencontrer le colonel, monsieur de Vineuil, que j'ai bien connu, quand il était à Mézières.

Mais Jean repartit, avec un geste de furieuse impatience. Non ! non ! maintenant qu'il était certain de retrouver Maurice, il n'irait pas coucher sur la terre dure. Et, au fond de lui, un remords l'importunait, car il revoyait le colonel, avec sa haute taille, si dur à la fatigue malgré son âge, dormant comme ses hommes, sous la tente. Tout de suite, il enfila la Grande-Rue, se perdit de nouveau dans le tumulte grandissant de la ville, finit par s'adresser à un petit garçon qui le conduisit rue Maqua.

C'était là qu'un grand-oncle du Delaherche actuel avait construit, au siècle dernier, la fabrique monumentale, qui, depuis cent soixante ans, n'était point sortie de la famille. Il y a ainsi, à Sedan, datant des premières années de Louis XV, des fabriques de drap grandes comme des Louvres, avec des façades d'une majesté royale. Celle de la rue Maqua avait trois étages de hautes fenêtres, encadrées de sévères sculptures ; et, à l'intérieur, une cour de palais était encore plantée de vieux arbres de la fondation, des ormes gigantesques. Trois générations de Delaherche avaient fait là des fortunes considérables. Le père de Jules, le propriétaire actuel, ayant hérité la fabrique d'un cousin, mort sans enfant, c'était maintenant une branche cadette qui trônait. Ce père avait élargi la prospérité de la maison, mais il était de mœurs gaillardes et avait

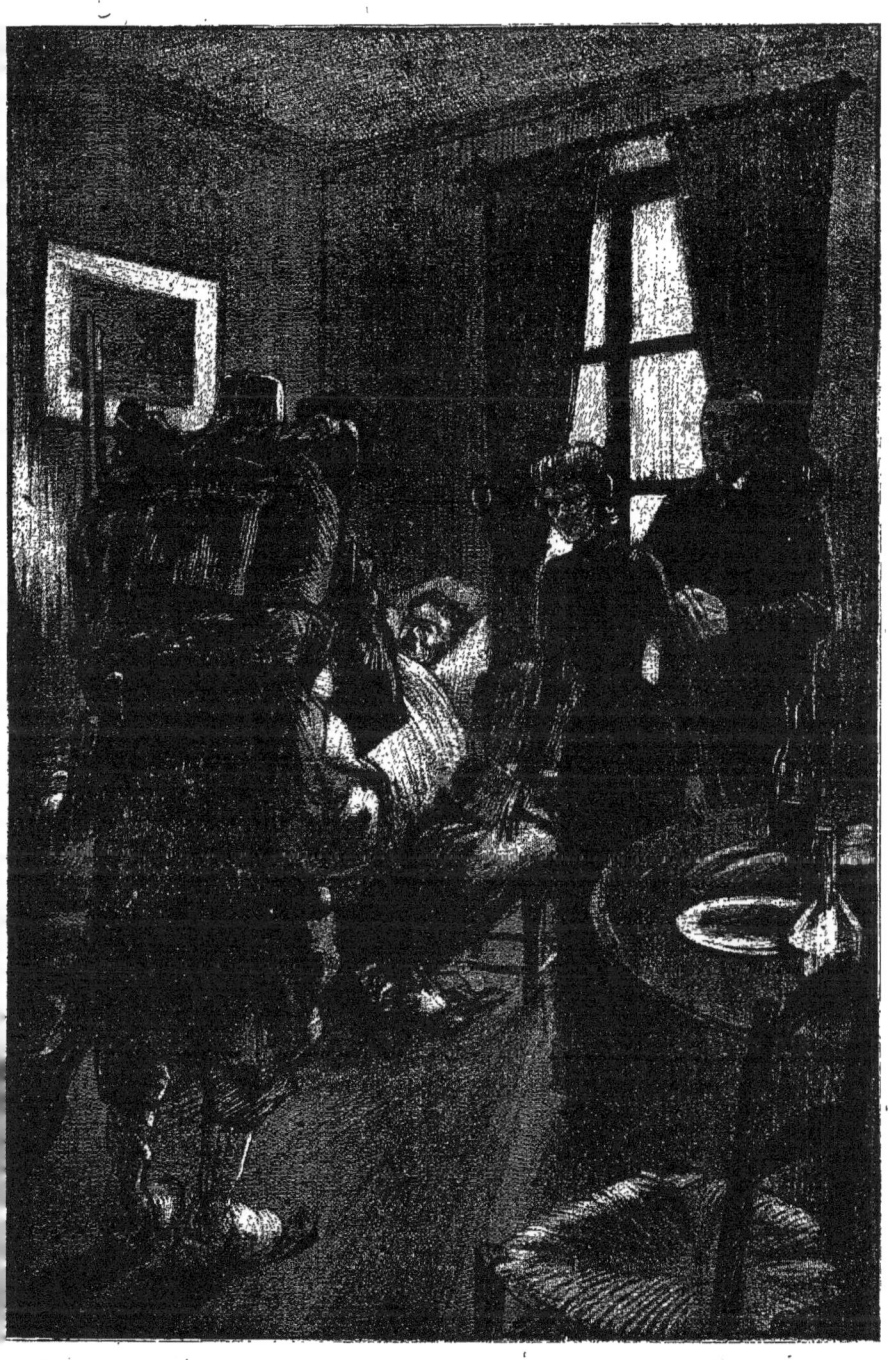

« Voici deux heures que nous vous attendons, oh ! avec bien de l'impatience ! » (P. 143).

rendu sa femme fort malheureuse. Aussi cette dernière, devenue veuve, tremblante de voir son fils recommencer les mêmes farces, s'était-elle efforcée de le tenir jusqu'à cinquante ans passés dans une dépendance de grand garçon sage, après l'avoir marié à une femme très simple et très dévote. Le pis est que la vie a de terribles revanches. Sa femme étant venue à mourir, Delaherche, sevré de jeunesse, s'était amouraché d'une jeune veuve de Charleville, la jolie madame Maginot, sur laquelle on chuchotait des histoires, et qu'il avait fini par épouser, l'automne dernier, malgré les remontrances de sa mère. Sedan, très puritain, a toujours jugé avec sévérité Charleville, cité de rires et de fêtes. D'ailleurs, jamais le mariage ne se serait conclu, si Gilberte n'avait eu pour oncle le colonel de Vineuil, en passe d'être promu général. Cette parenté, cette idée qu'il était entré dans une famille militaire, flattait beaucoup le fabricant de drap.

Le matin, Delaherche, en apprenant que l'armée allait passer à Mouzon, avait fait avec Weiss, son comptable, cette promenade en cabriolet, dont le père Fouchard avait parlé à Maurice. Gros et grand, le teint coloré, le nez fort et les lèvres épaisses, il était de tempérament expansif, il avait la curiosité gaie du bourgeois français qui aime les beaux défilés de troupes. Ayant su par le pharmacien de Mouzon que l'empereur se trouvait à la ferme de Baybel, il y était monté, l'avait vu, avait même failli causer avec lui, toute une histoire énorme, dont il ne tarissait pas depuis son retour. Mais quel terrible retour, à travers la panique de Beaumont, par les chemins encombrés de fuyards! Vingt fois, le cabriolet avait failli culbuter dans les fossés. Les deux hommes n'étaient rentrés qu'à la nuit, au milieu d'obstacles sans cesse renaissants. Et cette partie de plaisir, cette armée que Delaherche était allé voir défiler, à deux lieues, et qui le ramenait violemment dans le galop de sa retraite, toute cette aventure imprévue et tragique lui avait fait répéter, à dix reprises, le long de la route :

— Moi qui la croyais en marche sur Verdun et qui ne voulais pas manquer l'occasion de la voir!... Ah bien! je l'ai vue et je crois que nous allons la voir, à Sedan, plus que nous ne voudrons!

Le matin, dès cinq heures, réveillé par la haute rumeur d'écluse lâchée que faisait le 7e corps en traversant la ville, il s'était vêtu à la hâte; et, dans la première personne rencontrée sur la place Turenne, il avait reconnu le capitaine Beaudoin. L'année d'auparavant, à Charleville, le capitaine était un des familiers de la jolie madame Maginot; de sorte que Gilberte, avant le mariage, l'avait présenté. L'histoire, chuchotée autrefois, disait que le capitaine, n'ayant plus rien à désirer, s'était retiré devant le fabricant de drap par délicatesse, ne voulant pas priver son amie de la très grosse fortune qui lui arrivait.

— Comment! c'est vous? s'écria Delaherche, et dans quel état, bon Dieu!

Beaudoin, si correct, si joliment tenu d'habitude, était en effet pitoyable, l'uniforme souillé, la face et les mains noires. Exaspéré, il venait de faire route avec des turcos, sans pouvoir s'expliquer comment il avait perdu sa compagnie. Ainsi que tous, il se mourait de faim et de fatigue; mais ce n'était pas là son désespoir le plus cuisant, il souffrait surtout de ne pas avoir changé de chemise depuis Reims.

— Imaginez-vous, gémit-il tout de suite, qu'on m'a égaré mes bagages à Vouziers. Des imbéciles, des gredins à qui je casserais la tête, si je les tenais!... Et plus rien, pas un mouchoir, pas une paire de chaussettes! C'est à en devenir fou, ma parole d'honneur!

Delaherche insista aussitôt pour l'emmener chez lui. Mais il résistait: non, non! il n'avait plus figure humaine, il ne voulait pas faire peur au monde. Il fallut que le fabricant lui jurât que ni sa mère ni sa femme n'étaient levées. Et, d'ailleurs, il allait lui donner de l'eau, du savon, du linge, enfin le nécessaire.

Sept heures sonnaient, lorsque le capitaine Beaudoin, débarbouillé, brossé, ayant sous l'uniforme une chemise du mari, parut dans la salle à manger aux boiseries grises, très haute de plafond. Madame Delaherche, la mère, était déjà là, toujours debout à l'aube, malgré ses soixante-dix-huit ans. Toute blanche, elle avait un nez qui s'était aminci et une bouche qui ne riait plus, dans une longue face maigre. Elle se leva, se montra d'une grande politesse, en invitant le capitaine à s'asseoir devant une des tasses de café au lait qui étaient servies.

— Peut-être, monsieur, préféreriez-vous de la viande et du vin, après tant de fatigues?

Mais il se récria.

— Merci mille fois, madame, un peu de lait et du pain beurré, c'est ce qui m'ira le mieux.

A ce moment, une porte fut gaiement poussée, et Gilberte entra, la main tendue. Delaherche avait dû la prévenir, car d'ordinaire elle ne se levait jamais avant dix heures. Elle était grande, l'air souple et fort, avec de beaux cheveux noirs, de beaux yeux noirs, et pourtant très rose de teint, et la mine rieuse, un peu folle, sans méchanceté aucune. Son peignoir beige, à broderies de soie rouge, venait de Paris.

— Ah! capitaine, dit-elle vivement, en serrant la main du jeune homme, que vous êtes gentil, de vous être arrêté dans notre pauvre coin de province!

D'ailleurs, elle fut la première à rire de son étourderie.

— Hein! suis-je sotte? Vous vous passeriez bien d'être à Sedan, dans des circonstances pareilles... Mais je suis si heureuse de vous revoir!

En effet, ses beaux yeux brillaient de plaisir. Et madame Delaherche, qui devait connaître les propos des méchantes langues de Charleville, les regardait tous deux fixement, de son air rigide. Le capitaine, du reste, se montrait fort discret, en homme qui avait gardé simplement un bon souvenir de la maison hospitalière où il était accueilli autrefois.

On déjeuna, et tout de suite Delaherche revint à sa promenade de la veille, ne pouvant résister à la démangeaison d'en faire de nouveau le récit.

— Vous savez que j'ai vu l'empereur à Baybel.

Il partit, rien dès lors ne put l'arrêter. Ce fut d'abord une description de la ferme, un grand bâtiment carré, avec une cour intérieure, fermée par une grille, le tout sur un monticule qui domine Mouzon, à gauche de la route de Carignan. Ensuite, il revint au 12ᵉ corps qu'il avait traversé, campé parmi les vignes des coteaux, des troupes superbes, luisantes au soleil, dont la vue l'avait empli d'une grande joie patriotique.

— J'étais donc là, monsieur, lorsque l'empereur, tout d'un coup, est sorti de la ferme, où il était monté faire halte, pour se reposer et déjeuner. Il avait un paletot jeté sur son uniforme de général, bien que le soleil fût très chaud... Derrière lui, un serviteur portait un pliant... Je ne lui ai pas trouvé bonne mine, ah! non, voûté, la marche pénible, la figure jaune, enfin un homme malade... Et ça ne m'a pas surpris, parce que le pharmacien de Mouzon, en me conseillant de pousser jusqu'à Baybel, venait de me raconter qu'un aide de camp était accouru lui acheter des remèdes... oui, vous savez bien, des remèdes pour...

La présence de sa mère et de sa femme l'empêchait de désigner plus clairement la dysenterie dont l'empereur souffrait depuis le Chêne et qui le forçait à s'arrêter ainsi dans les fermes, le long de la route.

— Bref, voilà le serviteur qui installe le pliant, au bout d'un champ de blé, à la corne d'un taillis, et voilà l'empereur qui s'assied... Il restait immobile, affaissé, de l'air d'un petit rentier chauffant ses douleurs au soleil. Il regardait de son œil morne le vaste horizon, en bas la Meuse coulant dans la vallée, en face les coteaux boisés dont les sommets se perdent au loin, les cimes des bois de Dieulet à gauche, le mamelon verdoyant de Sommauthe à droite... Des aides de camp, des officiers supérieurs l'entouraient, et un colonel de dragons, qui m'avait déjà demandé des renseignements sur le pays, venait de me faire signe de ne pas m'éloigner, lorsque, tout d'un coup...

Delaherche se leva, car il arrivait à la péripétie poignante du récit, il voulait joindre la mimique à la parole.

Tout d'un coup, des détonations éclatent, et l'on voit, juste en face, en avant des bois de Dieulet, des obus décrire des courbes dans le ciel... Ça m'a fait, parole d'honneur! l'effet d'un feu d'artifice qu'on aurait tiré en plein jour... Autour de l'empereur, naturellement, on s'exclame, on s'inquiète. Mon colonel de dragons revient en courant me demander si je puis préciser où l'on se bat. Tout de suite, je dis : « C'est à Beaumont, il n'y a pas le moindre doute. » Il retourne près de l'empereur, sur les genoux duquel un aide de camp dépliait une carte. L'empereur ne voulait pas croire qu'on se battît à Beaumont. Moi, n'est-ce pas? je ne pouvais que m'obstiner, d'autant plus que les obus marchaient dans le ciel, se rapprochant, suivant la route de Mouzon... Et alors, comme je vous vois, monsieur, j'ai vu l'empereur tourner vers moi son visage blême. Oui, il m'a regardé un instant de ses yeux troubles, pleins de défiance et de tristesse. Et puis, sa tête est retombée au-dessus de la carte, il n'a plus bougé.

Bonapartiste ardent au moment du plébiscite, Delaherche, depuis les premières défaites, avouait que l'empire avait commis des fautes. Mais il défendait encore la dynastie, il plaignait Napoléon III, que tout le monde trompait. Ainsi, à l'entendre, les véritables auteurs de nos désastres n'étaient autres que les députés républicains de l'opposition, qui avaient empêché de voter le nombre d'hommes et les crédits nécessaires.

— Et l'empereur est rentré à la ferme, demanda le capitaine Beaudoin ?

— Ma foi, monsieur, je n'en sais rien, je l'ai laissé sur son pliant... Il était midi, la bataille se rapprochait, je commençais à me préoccuper de mon retour... Tout ce que je puis ajouter, c'est qu'un général, à qui je montrais Carignan au loin, dans la plaine, derrière nous, a paru stupéfait d'apprendre que la frontière belge était là, à quelques kilomètres... Ah ! ce pauvre empereur, il est bien servi !

Gilberte, souriante, très à l'aise, comme dans le salon de son veuvage, où elle le recevait autrefois, s'occupait du capitaine, lui passait le pain grillé et le beurre. Elle voulait absolument qu'il acceptât une chambre, un lit ; mais il refusait, il fut convenu qu'il se reposerait seulement une couple d'heures sur un canapé, dans le cabinet de Delaherche, avant de rejoindre son régiment. Au moment où il prenait des mains de la jeune femme le sucrier, madame Delaherche, qui ne les quittait pas des yeux, les vit nettement se serrer les doigts ; et elle ne douta plus.

Mais une servante venait de paraître.

— Monsieur, il y a, en bas, un soldat qui demande l'adresse de monsieur Weiss.

Delaherche n'était pas fier, comme on disait, aimant à causer avec les petits de ce monde, par un goût bavard de la popularité.

— L'adresse de Weiss, tiens ! c'est drôle... Faites entrer ce soldat.

Jean entra, si épuisé, qu'il vacillait. En apercevant son capitaine, attablé avec deux dames, il eut un léger sursaut de surprise, il retira la main qu'il avançait machinalement déjà, pour s'appuyer à une chaise. Puis, il répondit brièvement aux questions du fabricant, qui faisait le bon homme, ami du soldat. D'un mot, il expliqua sa camaraderie avec Maurice, et pourquoi il le cherchait.

— C'est un caporal de ma compagnie, finit par dire le capitaine, afin de couper court.

A son tour, il l'interrogea, désireux de savoir ce que le régiment était

devenu. Et, comme Jean racontait qu'on venait de voir le colonel traverser la ville, à la tête de ce qu'il lui restait d'hommes, pour aller
camper au nord, Gilberte, de nouveau, parla trop vite, avec sa vivacité
de jolie femme, qui ne réfléchissait guère.

— Oh! mon oncle, pourquoi n'est-il pas venu déjeuner ici? On lui
aurait préparé une chambre... Si l'on envoyait le chercher?

Mais madame Delaherche eut un geste de souveraine autorité. Dans
ses veines coulait le vieux sang bourgeois des villes frontières, toutes les
mâles vertus d'un patriotisme rigide. Elle ne rompit la sévérité de son
silence que pour dire :

— Laissez monsieur de Vineuil, il est à son devoir.

Cela causa un malaise. Delaherche emmena le capitaine dans son
cabinet, voulut l'installer lui-même sur le canapé; et Gilberte s'en alla,
malgré la leçon, de son air d'oiseau secouant les ailes, gai quand même
sous l'orage; tandis que la servante, à qui l'on avait confié Jean, le conduisait à travers les cours de la fabrique, dans un dédale de couloirs et
d'escaliers.

Les Weiss habitaient rue des Voyards; mais la maison, qui appartenait à Delaherche, communiquait avec la bâtisse monumentale de la
rue Maqua. Cette rue des Voyards était alors une des plus étranglées de
Sedan, une ruelle étroite, humide, assombrie par le voisinage du rempart qu'elle longeait. Les toitures des hautes façades se touchaient
presque, les allées noires semblaient des bouches de caves, surtout dans
le bout où se dressait le grand mur du collège. Cependant Weiss, logé et
chauffé, occupant tout le troisième étage, s'y trouvait à l'aise, à proximité
de son bureau, pouvant y descendre en pantoufles, sans sortir. Il était
un homme heureux, depuis qu'il avait épousé Henriette, si longtemps
désirée, lorsqu'il l'avait connue au Chêne, chez son père, le percepteur
ménagère à six ans, remplaçant la mère morte; tandis que lui, entré à la
Raffinerie générale presque à titre d'homme de peine, se faisait une instruction, s'élevait à l'emploi de comptable, à force de travail. Encore
pour réaliser son rêve, avait-il fallu la mort du père, puis les fautes
graves du frère, à Paris, de ce Maurice, dont la sœur jumelle était un peu
la servante, à qui elle s'était sacrifiée toute pour en faire un monsieur.
Élevée en cendrillon au logis, sachant au plus lire et écrire, elle venait
de vendre la maison, les meubles, sans combler le gouffre des folies
du jeune homme, lorsque le bon Weiss était accouru offrir ce qu'il possédait, avec ses bras solides, avec son cœur; et elle avait accepté de
l'épouser, touchée aux larmes de son affection, très sage et très réfléchie,
pleine d'estime tendre sinon de passion amoureuse. Maintenant, la fortune leur souriait, Delaherche avait parlé d'associer Weiss à sa maison.
Ce serait le bonheur, dès que des enfants seraient venus.

— Attention! dit la domestique à Jean, l'escalier est raide.

En effet, il butait dans une obscurité devenue profonde, quand un

porte, vivement ouverte, éclaira les marches d'un coup de lumière. Et il
entendit une voix douce qui disait :

— C'est lui.

— Madame Weiss, cria la domestique, voilà un soldat qui vous
demande.

Il y eut un léger rire de contentement, et la voix douce répondit :

— Bon ! bon ! je sais qui c'est.

Puis, comme le caporal, gêné, étouffé, s'arrêtait sur le seuil.

— Entrez, monsieur Jean... Voici deux heures que Maurice est là et
que nous vous attendons, oh ! avec bien de l'impatience !

Alors, dans le jour pâle de la pièce, il la vit, d'une ressemblance
frappante avec Maurice, de cette extraordinaire ressemblance des
jumeaux qui est comme un dédoublement des visages. Pourtant, elle
était plus petite, plus mince encore, d'apparence plus frêle, avec sa
bouche un peu grande, ses traits menus, sous son admirable chevelure
blonde, d'un blond clair d'avoine mûre. Et ce qui la différenciait surtout
de lui, c'étaient ses yeux gris, calmés et braves, où revivait toute l'âme
héroïque du grand-père, le héros de la Grande Armée. Elle parlait peu,
marchait sans bruit, d'une activité si adroite, d'une douceur si riante,
qu'on la sentait comme une caresse dans l'air où elle passait.

— Tenez, entrez par ici, monsieur Jean, répéta-t-elle. Tout va être
prêt.

Il balbutiait, ne trouvant pas même un remerciement, dans son émotion d'être si fraternellement reçu. D'ailleurs, ses paupières se fermaient,
il ne l'apercevait qu'à travers le sommeil invincible dont il était pris,
une sorte de brume où elle flottait, vague, détachée de terre. N'était-ce
donc qu'une apparition charmante, cette jeune femme secourable, qui
lui souriait avec tant de simplicité ? Il lui sembla bien qu'elle touchait sa
main, qu'il sentait la sienne, petite et ferme, d'une loyauté de vieil
ami.

Et, à partir de ce moment, Jean perdit la conscience nette des choses.
On était dans la salle à manger, il y avait du pain et de la viande sur la
table ; mais il n'aurait pas eu la force de porter les morceaux à sa bouche.
Un homme était là, assis sur une chaise. Puis, il reconnut Weiss, qu'il
avait vu à Mulhouse. Mais il ne comprenait pas ce que l'homme disait,
d'un air de chagrin, avec des gestes ralentis. Dans un lit de sangle,
dressé devant le poêle, Maurice dormait déjà, la face immobile, l'air
mort. Et Henriette s'empressait autour d'un divan, sur lequel on avait
jeté un matelas ; elle apportait un traversin, un oreiller, des couvertures ;
elle mettait, les mains promptes et savantes, des draps blancs, d'admi-
rables draps blancs, d'un blanc de neige.

Ah ! ces draps blancs, ces draps si ardemment convoités, Jean ne
voyait plus qu'eux ! Il ne s'était pas déshabillé, il n'avait pas couché dans
un lit depuis six semaines. C'était une gourmandise, une impatience

d'enfant, une irrésistible passion, à se glisser dans cette blancheur, dans cette fraîcheur, et à s'y perdre. Dès qu'on l'eut laissé seul, il fut tout de suite pieds nus, en chemise, il se coucha, se contenta, avec un grognement de bête heureuse. Le jour pâle du matin entrait par la haute fenêtre; et, comme, déjà chaviré dans le sommeil, il rouvrait à demi les yeux, il eut encore une apparition d'Henriette, une Henriette plus indécise, immatérielle, qui rentrait sur la pointe des pieds, pour poser près de lui, sur la table, une carafe et un verre oubliés. Elle sembla rester là quelques secondes, à les regarder tous deux, son frère et lui, avec son tranquille sourire, d'une infinie bonté. Puis, elle se dissipa. Et il dormait dans les draps blancs, anéanti.

Des heures, des années s'écoulèrent. Jean et Maurice n'étaient plus, sans un rêve, sans la conscience du petit battement de leurs veines. Dix ans ou dix minutes, le temps avait cessé de compter; et c'était comme la revanche du corps surmené, se satisfaisant dans la mort de tout leur être. Brusquement, secoués du même sursaut, tous deux s'éveillèrent. Quoi donc? que se passait-il, depuis combien de temps dormaient-ils? La même clarté pâle tombait de la haute fenêtre. Ils étaient brisés, les jointures, raidies, les membres plus las, la bouche plus amère qu'en se couchant. Heureusement qu'ils ne devaient avoir dormi qu'une heure. Et, sur la même chaise, ils ne s'étonnèrent pas d'apercevoir Weiss, qui semblait attendre leur réveil, dans la même attitude accablée.

— Fichtre! bégaya Jean, faut pourtant se lever et rejoindre le régiment avant midi.

Il sauta sur le carreau avec un léger cri de douleur, il s'habilla.

— Avant midi, répéta Weiss. Vous savez qu'il est sept heures du soir et que vous dormez depuis douze heures environ.

Sept heures, bon Dieu! Ce fut un effarement. Jean, déjà tout vêtu, voulait courir, tandis que Maurice, encore au lit, se lamentait de ne pouvoir plus remuer les jambes. Comment retrouver les camarades? l'armée n'avait-elle pas filé? Et tous deux se fâchaient, on n'aurait pas dû les laisser dormir si longtemps. Mais Weiss eut un geste de désespérance.

— Pour ce qu'on a fait, mon Dieu, vous avez aussi bien fait de rester couchés.

Lui, depuis le matin, battait Sedan et les environs. Il venait seulement de rentrer, désolé de l'inaction des troupes, de cette journée du 31, si précieuse, perdue dans une attente inexplicable. Une seule excuse était possible, la fatigue extrême des hommes, leur besoin absolu de repos; et encore ne comprenait-il pas que la retraite n'eût pas continué, après les quelques heures de sommeil nécessaire.

— Moi, reprit-il, je n'ai pas la prétention de m'y entendre, mais je sens, oui! je sens que l'armée est très mal plantée à Sedan... Le 12e corps se trouve à Bazeilles, où l'on s'est un peu battu, ce matin; le 1er est tout le long de la Givonne, du village de la Moncelle au bois de la Garenne;

« Vous ne voyez pas, là-bas, ces lignes noires en marche, ces fourmis noires qui défilent ? » (P. 146.)

tandis que le 7ᵉ campe sur le plateau de Floing, et que le 5ᵉ, à moitié détruit, s'entasse sous les remparts mêmes, du côté du Château... Et c'est cela qui me fait peur, de les savoir tous rangés ainsi autour de la ville, attendant les Prussiens. J'aurais filé, moi, oh! tout de suite, sur Mézières. Je connais le pays, il n'y a pas d'autre ligne de retraite, ou bien on sera culbuté en Belgique... Puis, tenez! venez voir quelque chose...

Il avait pris la main de Jean, il l'amenait devant la fenêtre.

— Regardez là-bas, sur la crête des coteaux.

Par-dessus les remparts, par-dessus les constructions voisines, la fenêtre s'ouvrait, au sud de Sedan, sur la vallée de la Meuse. C'était le fleuve se déroulant dans les vastes prairies, c'était Remilly à gauche, Pont-Maugis et Wadelincourt en face, Frénois à droite; et les coteaux étalaient leurs pentes vertes, d'abord le Liry, ensuite la Marfée et la Croix-Piau, avec leurs grands bois. Sous le jour finissant, l'immense horizon avait une douceur profonde, d'une limpidité de cristal.

— Vous ne voyez pas, là-bas, le long des sommets, ces lignes noires en marche, ces fourmis noires qui défilent?

Jean écarquillait les yeux, tandis que Maurice, à genoux sur son lit, tendait le cou.

— Ah! oui, crièrent-ils ensemble. En voici une ligne, en voici une autre, une autre, une autre! Il y en a partout.

— Eh bien! reprit Weiss, ce sont les Prussiens... Depuis ce matin, je les regarde, et il en passe, il en passe toujours! Ah! je vous promets que, si nos soldats les attendent, eux se dépêchent d'arriver!... Et tous les habitants de la ville les ont vus comme moi, il n'y a vraiment que les généraux qui ont les yeux bouchés. J'ai causé tout à l'heure avec un général, il a haussé les épaules, il m'a dit que le maréchal de Mac-Mahon était absolument convaincu d'avoir à peine soixante-dix mille hommes devant lui. Dieu veuille qu'il soit bien renseigné!... Mais, regardez-les donc! la terre en est couverte, elles viennent, elles viennent, les fourmis noires!

A ce moment, Maurice se rejeta dans son lit et éclata en gros sanglots. Henriette, de son air souriant de la veille, entrait. Vivement, elle s'approcha, alarmée.

— Quoi donc?

Mais lui, la repoussait du geste.

— Non, non! laisse-moi, abandonne-moi, je ne t'ai jamais fait que du chagrin. Quand je pense que tu te privais de robes, et que j'étais au collège, moi! Ah! oui, une instruction dont j'ai profité joliment!... Et puis, j'ai failli déshonorer notre nom, je ne sais pas où je serais à cette heure, si tu ne t'étais saignée aux quatre membres, pour réparer mes sottises.

Elle s'était remise à sourire.

— Vraiment, mon pauvre ami, tu n'as pas le réveil gai... Mais puisque

tout cela est effacé, oublié! Ne fais-tu pas maintenant ton devoir de bon
Français? Depuis que tu t'es engagé, je suis très fière de toi, je t'assure.

Comme pour le prier de venir à son aide, elle s'était tournée vers
Jean. Celui-ci la regardait, un peu surpris de la trouver moins belle que
la veille, plus mince, plus pâle, à présent qu'il ne la voyait plus au
travers de la demi-hallucination de sa fatigue. Ce qui restait frappant,
c'était sa ressemblance avec son frère; et, cependant, toute la différence
de leurs natures s'accusait profonde, à cette minute : lui, d'une nervosité de femme, ébranlé par la maladie de l'époque, subissant la crise
historique et sociale de la race, capable d'un instant à l'autre des
enthousiasmes les plus nobles et des pires découragements; elle, si ché-
tive, dans son effacement de cendrillon, avec son air résigné de petite
ménagère, le front solide, les yeux braves, du bois sacré dont on fait les
martyrs.

— Fière de moi! s'écria Maurice, il n'y a pas de quoi, vraiment!
Voilà un mois que nous fuyons comme des lâches que nous sommes.

— Dame! dit Jean, avec son bon sens, nous ne sommes pas les
seuls, nous faisons ce qu'on nous fait faire.

Mais la crise du jeune homme éclata, plus violente.

— Justement, j'en ai assez!... Est-ce que ce n'est pas à pleurer des
larmes de sang, ces défaites continuelles, ces chefs imbéciles, ces soldats qu'on mène stupidement à l'abattoir comme des troupeaux?...
Maintenant, nous voilà au fond d'une impasse. Vous voyez bien que les
Prussiens arrivent de toutes parts; et nous allons être écrasés, l'armée
est perdue... Non, non! je reste ici, je préfère qu'on me fusille comme
déserteur. Jean, tu peux partir sans moi. Non! je n'y retourne pas, je
reste ici.

Un nouvel accès de larmes l'avait abattu sur l'oreiller. C'était une
détente nerveuse irrésistible, qui emportait tout, une de ces chutes
soudaines dans le désespoir, le mépris du monde entier et de lui-même,
auxquelles il était si fréquemment sujet. Sa sœur, le connaissant bien,
demeurait placide.

— Ce serait très mal, mon bon Maurice, si tu désertais ton poste, au
moment du danger.

D'une secousse, il se mit sur son séant.

— Eh bien! donne-moi mon fusil, je vais me casser la tête, ce sera
plus tôt fait.

Puis, le bras tendu, montrant Weiss immobile et silencieux :

— Tiens! il n'y a que lui de raisonnable, oui! lui seul a vu clair...
Tu te souviens, Jean, de ce qu'il me disait, devant Mulhouse, il y a un mois?

— C'est bien vrai, confirma le caporal, monsieur a dit que nous
serions battus.

Et la scène s'évoquait, la nuit anxieuse, l'attente pleine d'angoisse,
tout le désastre de Frœschwiller passant déjà dans le ciel morne, tandis

que Weiss disait ses craintes, l'Allemagne prête, mieux commandée, mieux armée, soulevée par un grand élan de patriotisme, la France effarée, livrée au désordre, attardée et pervertie, n'ayant ni les chefs, ni les hommes, ni les armes nécessaires. Et l'affreuse prédiction se réalisait.

Weiss leva ses mains tremblantes. Sa face de bon chien exprimait une douleur profonde.

— Ah! je ne triomphe guère d'avoir eu raison, murmura-t-il. Je suis une bête, mais c'était tellement clair, quand on savait les choses!... Seulement, si l'on est battu, on peut en tuer tout de même, de ces Prussiens de malheur. C'est la consolation, je crois encore que nous allons y rester, et je voudrais qu'il y restât aussi des Prussiens, des tas de Prussiens, tenez! de quoi couvrir la terre, là-bas!

Il s'était mis debout, il montrait du geste la vallée de la Meuse. Toute une flamme allumait ses gros yeux de myope qui l'avaient empêché de servir.

— Tonnerre de Dieu! oui, je me battrais, moi, si j'étais libre... Je ne sais pas si c'est parce qu'ils sont maintenant en maîtres dans mon pays, cette Alsace où les Cosaques avaient déjà fait tant de mal, mais je ne puis penser à eux, les voir en imagination chez nous, dans nos maisons, sans qu'aussitôt une furieuse envie me saisisse d'en saigner une douzaine... Ah! si je n'avais pas été réformé, si j'étais soldat!

Puis, après un court silence :

— Et, d'ailleurs, qui sait?

C'était l'espérance, le besoin de croire la victoire toujours possible, même chez les plus désabusés. Et Maurice, honteux déjà de ses larmes, l'écoutait, se raccrochait à ce rêve. En effet, là veille, le bruit n'avait-il pas couru que Bazaine était à Verdun? La fortune devait bien un miracle à cette France qu'elle avait faite si longtemps glorieuse. Henriette muette, venait de disparaître; et, quand elle rentra, elle ne s'étonna point de trouver son frère vêtu, debout, prêt au départ. Elle voulut absolument les voir manger, Jean et lui. Ils durent s'attabler, mais les bouchées les étouffaient, des nausées leur soulevaient le cœur, alourdi encore de leur gros sommeil. En homme de précaution, Jean coupa un pain en deux, en mit une moitié dans le sac de Maurice, l'autre moitié dans le sien. Le jour baissait, il fallait partir. Et Henriette qui s'était arrêtée devant la fenêtre, regardant au loin, sur la Marfée, les troupes prussiennes, les fourmis noires défilant sans cesse, peu à peu perdues au fond de l'ombre croissante, laissa échapper une involontaire plainte.

— Oh! la guerre, l'atroce guerre!

Du coup, Maurice la plaisanta, prenant sa revanche.

— Quoi donc? petite sœur, c'est toi qui veux qu'on se batte, et tu injuries la guerre!

Elle se retourna, elle répondit de face, avec sa vaillance :

— C'est vrai, je l'exècre, je la trouve injuste et abominable... Peu être, simplement, est-ce parce que je suis femme. Ces tueries me révoltent. Pourquoi ne pas s'expliquer et s'entendre?

Jean, brave garçon, l'approuvait d'un hochement de tête. Rien également ne semblait plus facile, à lui illettré, que de tomber tous d'accord si l'on s'était donné de bonnes raisons. Mais, repris par sa science, Maurice songeait à la guerre nécessaire, la guerre qui est la vie même, la loi du monde. N'est-ce pas l'homme pitoyable qui a introduit l'idée de justice et de paix, lorsque l'impassible nature n'est qu'un continuel champ de massacre?

— S'entendre! s'écria-t-il, oui! dans des siècles. Si tous les peuples ne formaient plus qu'un peuple, on pourrait concevoir à la rigueur l'avènement de cet âge d'or; et encore la fin de la guerre ne serait-elle pas la fin de l'humanité?... J'étais imbécile tout à l'heure, il faut se battre, puisque c'est la loi.

Il souriait à son tour, il répéta le mot de Weiss.

— Et puis, qui sait?

De nouveau, l'illusion vivace le tenait, tout un besoin d'aveuglement, dans l'exagération maladive de sa sensibilité nerveuse.

— A propos, reprit-il gaiement, et le cousin Gunther?

— Le cousin Gunther, dit Henriette, mais il appartient à la garde prussienne... Est-ce que la garde est par ici?

Weiss eut un geste d'ignorance, que les deux soldats imitèrent, ne pouvant répondre, puisque les généraux eux-mêmes ne savaient pas quels ennemis ils avaient devant eux.

— Partons, je vais vous conduire, déclara-t-il. J'ai appris tout à l'heure où campait le 106ᵉ.

Alors, il dit à sa femme qu'il ne rentrerait pas, qu'il irait coucher à Bazeilles. Il venait d'acheter là une petite maison, qu'il achevait justement d'installer, pour l'habiter jusqu'aux froids. Elle se trouvait voisine d'une teinturerie, appartenant à M. Delaherche. Et il se montrait inquiet des provisions qu'il avait déjà mises à la cave, un tonneau de vin, deux sacs de pommes de terre, certain, disait-il, que des maraudeurs pilleraient la maison si elle restait vide, tandis qu'il la préserverait sans doute en l'occupant cette nuit-là. Sa femme, pendant qu'il parlait, le regardait fixement.

— Sois tranquille, ajouta-t-il avec un sourire, je n'ai pas d'autre idée que de veiller sur nos quatre meubles. Et je te promets, si le village est attaqué, s'il y a un danger quelconque, de revenir tout de suite.

— Va, dit-elle. Mais reviens, où je vais te chercher.

A la porte, Henriette embrassa tendrement Maurice. Puis, elle tendit la main à Jean, garda la sienne quelques secondes, dans une étreinte amicale.

— Je vous confie encore mon frère... Oui, il m'a conté combien vous avez été gentil pour lui, et je vous aime beaucoup.

Il fut si troublé qu'il se contenta de serrer, lui aussi, cette petite main frêle et solide. Et il retrouvait son impression de l'arrivée, cette Henriette aux cheveux d'avoine mûre, si légère, si riante dans son effacement, qu'elle emplissait l'air, autour d'elle, comme d'une caresse.

En bas, ils retombèrent dans le Sedan assombri du matin. Le crépuscule noyait déjà les rues étroites, toute une agitation confuse obstruait le pavé. La plupart des boutiques s'étaient fermées, les maisons semblaient mortes, tandis que, dehors, on s'écrasait. Cependant, sans trop de peine, ils avaient atteint la place de l'Hôtel-de-Ville, lorsqu'ils firent la rencontre de Delaherche, flânant là, en curieux. Tout de suite, il s'exclama, parut enchanté de reconnaître Maurice, raconta qu'il venait justement de reconduire le capitaine Beaudoin, du côté de Floing, où était le régiment; et son habituelle satisfaction augmenta encore, lorsqu'il sut que Weiss allait coucher à Bazeilles; car lui-même, comme il le disait à l'instant au capitaine, avait résolu de passer également la nuit à sa teinturerie, pour voir.

— Weiss, nous partirons ensemble... Mais, en attendant, allons donc jusqu'à la Sous-Préfecture, nous apercevrons peut-être l'empereur.

Depuis qu'il avait failli lui parler, à la ferme de Baybel, il ne se préoccupait que de Napoléon III; et il finit par entraîner les deux soldats eux-mêmes. Quelques groupes seulement stationnaient, en chuchotant, sur la place de la Sous-Préfecture; tandis que, de temps à autre, des officiers se précipitaient, effarés. Une ombre mélancolique décolorait déjà les arbres, on entendait le gros bruit de la Meuse, coulant à droite, au pied des maisons. Et, dans la foule, on racontait comment l'empereur, qui s'était décidé avec peine à quitter Carignan, la veille, vers onze heures du soir, avait absolument refusé de pousser jusqu'à Mézières, pour rester au danger et ne pas démoraliser les troupes. D'autres disaient qu'il n'était plus là, qu'il avait fui, laissant, en guise de mannequin, un de ses lieutenants, vêtu de son uniforme, et dont une ressemblance frappante abusait l'armée. D'autres donnaient leur parole d'honneur qu'ils avaient vu entrer, dans le jardin de la Sous-Préfecture, des voitures chargées du trésor impérial, cent millions en or, en pièces de vingt francs neuves. Ce n'était, à la vérité, que le matériel de la maison de l'empereur, le char à bancs, les deux calèches, les douze fourgons, dont le passage avait révolutionné les villages, Courcelles, le Chêne, Raucourt, grandissant dans les imaginations, devenant une queue immense, dont l'encombrement arrêtait l'armée, et qui venait enfin d'échouer là, maudits et honteux, cachés à tous les regards derrière les lilas du sous-préfet.

Près de Delaherche, qui se haussait, examinant les fenêtres du rez-de-chaussée, une vieille femme, quelque pauvre journalière du voisinage, à la taille déviée, aux mains tordues, mangées par le travail, mâchonnait entre ses dents :

— Un empereur... je voudrais pourtant bien en voir un... oui, pour voir...

Brusquement, Delaherche s'exclama, en saisissant le bras de Maurice.

— Tenez! c'est lui... Là, regardez, à la fenêtre de gauche... Oh! je ne me trompe pas, je l'ai vu hier de très près, je le reconnais bien... Il a soulevé le rideau, oui, cette figure pâle, contre la vitre.

La vieille femme, qui avait entendu, restait béante. C'était, en effet, contre la vitre, une apparition de face cadavéreuse, les yeux éteints, les traits décomposés, les moustaches blêmies, dans cette angoisse dernière. Et la vieille, stupéfaite, tourna tout de suite le dos, s'en alla, avec un geste d'immense dédain.

— Ça, un empereur! en voilà une bête!

Un zouave était là, un de ces soldats débandés qui ne se pressaient pas de rallier leur corps. Il agitait son chassepot, jurant, crachant des menaces; et il dit à un camarade :

— Attends, que je lui foute une balle dans la tête!

Delaherche, indigné, intervint. Mais, déjà, l'empereur avait disparu. Le gros bruit de la Meuse continuait, une plainte d'infinie tristesse semblait avoir passé dans l'ombre croissante. D'autres clameurs éparses grondaient au loin. Était-ce le : Marche! marche! l'ordre terrible crié de Paris, qui avait poussé cet homme d'étape en étape, traînant par les chemins de la défaite l'ironie de son impériale escorte, acculé maintenant à l'effroyable désastre qu'il prévoyait et qu'il était venu chercher? Que de braves gens allaient mourir par sa faute, et quel bouleversement de tout l'être, chez ce malade, ce rêveur sentimental, silencieux dans la morne attente de la destinée!

Weiss et Delaherche accompagnèrent les deux soldats jusqu'au plateau de Floing.

— Adieu! dit Maurice, en embrassant son beau-frère.

— Non, non! au revoir, que diable! s'écria gaiement le fabricant.

Jean, tout de suite, avec son flair, trouva le 106e, dont les tentes s'alignaient sur la pente du plateau, derrière le cimetière. La nuit était presque tombée; mais on distinguait encore, par grandes masses, l'amas sombre des toitures de la ville, puis, au delà, Balan et Bazeilles, dans les prairies qui se déroulaient jusqu'à la ligne des coteaux, de Remilly à Frénois; tandis que, sur la gauche, s'étendait la tache noire du bois de la Garenne, et que, sur la droite, en bas, luisait le large ruban pâle de la Meuse. Un instant, Maurice regarda cet immense horizon s'anéantir dans les ténèbres.

— Ah! voici le caporal! dit Chouteau. Est-ce qu'il revient de la distribution?

Il y eut une rumeur. Toute la journée, des hommes s'étaient ralliés, les uns seuls, les autres par petits groupes; dans une telle bousculade, que les chefs avaient renoncé même à demander des explications. Ils fermaient les yeux, heureux encore d'accepter ceux qui voulaient bien revenir.

Le capitaine Beaudoin, d'ailleurs, arrivait à peine, et le lieutenant Rochas n'avait ramené que vers deux heures la compagnie débandée, réduite des deux tiers. Maintenant, elle se retrouvait à peu près au complet. Quelques soldats étaient ivres, d'autres restaient à jeun, n'ayant pu se procurer un morceau de pain; et les distributions, une fois de plus, venaient de manquer. Loubet, pourtant, s'était ingénié à faire cuire des choux, arrachés dans un jardin du voisinage; mais il n'avait ni sel ni graisse, les estomacs continuaient à crier famine.

— Voyons, mon caporal, vous qui êtes un malin! répétait Chouteau goguenard. Oh! ce n'est pas pour moi, j'ai très bien déjeuné avec Loubet, chez une dame.

Des faces anxieuses se tournaient vers Jean, l'escouade l'avait attendu, Lapoulle et Pache surtout, malchanceux, n'ayant rien attrapé, comptant sur lui, qui aurait tiré de la farine des pierres, comme ils disaient. Et Jean, apitoyé, la conscience bourrelée d'avoir abandonné ses hommes, leur partagea la moitié de pain qu'il avait dans son sac.

— Nom de Dieu! nom de Dieu! répéta Lapoulle dévorant, ne trouvant pas d'autre mot, dans le grognement de sa satisfaction, tandis que Pache disait tout bas un *Pater* et un *Ave*, pour être certain que le ciel, le lendemain, lui enverrait encore sa nourriture.

Le clairon Gaude venait de sonner l'appel, à toute fanfare. Mais il n'y eut point de retraite. Le camp tout de suite tomba dans un grand silence. Et ce fut, lorsqu'il eut constaté que sa demi-section était au complet, que le sergent Sapin, avec sa mince figure maladive et son nez pincé, dit doucement :

— Demain soir, il en manquera.

Puis, comme Jean le regardait, il ajouta avec une tranquille certitude, les yeux au loin dans l'ombre :

— Oh! moi, demain je serai tué.

Il était neuf heures, la nuit menaçait d'être glaciale, car des brumes étaient montées de la Meuse, cachant les étoiles. Et Maurice, couché près de Jean, au pied d'une haie, frissonna, en disant qu'on ferait bien d'aller s'allonger sous la tente. Mais, brisés, plus courbaturés encore, depuis le repos qu'ils avaient pris, ni l'un ni l'autre ne pouvait dormir. A côté d'eux, ils enviaient le lieutenant Rochas, qui, dédaigneux de tout abri, simplement enveloppé d'une couverture, ronflait en héros, sur la terre humide. Longtemps, ensuite, ils s'intéressèrent à la petite flamme d'une bougie, qui brûlait dans une grande tente, où veillaient le colonel et quelques officiers. Toute la soirée, M. de Vineuil avait paru très inquiet de ne pas recevoir d'ordre pour le lendemain matin. Il sentait son régiment en l'air, trop en avant, bien qu'il eût reculé déjà, abandonnant le poste avancé, occupé le matin. Le général Bourgain-

Une batterie française répondit, si voisine et d'un tel fracas... (p. 155).

Desfeuilles n'avait pas paru, malade, disait-on, couché à l'hôtel de la Croix d'Or ; et le colonel dut se décider à lui envoyer un officier, pour l'avertir que la nouvelle position paraissait dangereuse, dans l'éparpillement du 7ᵉ corps, forcé de défendre une ligne trop étendue, de la boucle de la Meuse au bois de la Garenne. Certainement, dès le jour, la bataille serait livrée. On n'avait plus devant soi que sept ou huit heures de ce grand calme noir. Maurice fut tout étonné, comme la petite clarté s'éteignait dans la tente du colonel, de voir le capitaine Beaudoin passer près de lui, le long de la haie, d'un pas furtif, et disparaître vers Sedan.

De plus en plus, la nuit s'épaississait, les grandes vapeurs, montées du fleuve, l'obscurcissaient toute d'un morne brouillard.

— Dors-tu, Jean?

Jean dormait, et Maurice resta seul. L'idée d'aller rejoindre Lapoulle et les autres, sous la tente, lui causait une lassitude. Il écoutait leurs ronflements répondre à ceux de Rochas, il les jalousait. Peut-être que, si les grands capitaines dorment bien, la veille d'une bataille, c'est simplement qu'ils sont fatigués. Du camp immense, noyé de ténèbres, il n'entendait s'exhaler que cette grosse haleine du sommeil, un souffle énorme et doux. Plus rien n'était. Il savait seulement que le 5ᵉ corps devait camper par là, sous les remparts, que le 1ᵉʳ s'étendait du bois de la Garenne au village de la Moncelle, tandis que le 12ᵉ, de l'autre côté de la ville, occupait Bazeilles ; et tout dormait, la lente palpitation venait des premières aux dernières tentes, du fond vague de l'ombre, à plus d'une lieue. Puis, au delà, c'était un autre inconnu, dont les bruits lui parvenaient aussi par moments, si lointains, si légers, qu'il aurait pu croire à un simple bourdonnement de ses oreilles : galop perdu de cavalerie, roulement affaibli de canons, surtout marche pesante d'hommes, le défilé sur les hauteurs de la noire fourmilière humaine, cet envahissement, cet enveloppement que la nuit elle-même n'avait pu arrêter. Et, là-bas, n'étaient-ce pas encore des feux brusques qui s'éteignaient, des voix éparses jetant des cris, toute une angoisse grandissant, emplissant cette nuit dernière, dans l'attente épouvantée du jour?

Maurice, d'une main tâtonnante, avait pris la main de Jean. Alors, seulement, rassuré, il s'endormit. Il n'y eut, au loin, plus qu'un clocher de Sedan, dont les heures tombèrent une à une.

DEUXIÈME PARTIE

I

A Bazeilles, dans la petite chambre noire, un brusque ébranlement fit sauter Weiss de son lit. Il écouta, c'était le canon. D'une main tâtonnante, il dut allumer la bougie, pour regarder l'heure à sa montre : quatre heures, le jour naissait à peine. Vivement, il prit son binocle, enfila d'un coup d'œil la grande rue, la route de Douzy qui traverse le village ; mais une sorte de poussière épaisse l'emplissait, on ne distinguait rien. Alors, il passa dans l'autre chambre, dont la fenêtre ouvrait sur les prés, vers la Meuse ; et, là, il comprit que des vapeurs matinales montaient du fleuve, noyant l'horizon. Le canon tonnait plus fort, là-bas, derrière ce voile, de l'autre côté de l'eau. Tout d'un coup, une batterie française répondit, si voisine et d'un tel fracas, que les murs de la petite maison tremblèrent.

La maison des Weiss se trouvait vers le milieu de Bazeilles, à droite, avant d'arriver à la place de l'Église. La façade, un peu en retrait, donnait sur la route, un seul étage de trois fenêtres, surmonté d'un grenier ; mais, derrière, il y avait un jardin assez vaste, dont la pente descendait vers les prairies, et d'où l'on découvrait l'immense panorama des coteaux, depuis Remilly jusqu'à Frénois. Et Weiss, dans sa ferveur de *nouveau* propriétaire, ne s'était guère couché que vers deux heures du matin, après avoir enfoui dans sa cave toutes les provisions et s'être ingénié à protéger les meubles autant que possible contre les balles, en garnissant les fenêtres de matelas. Une colère montait en lui, à l'idée que les Prussiens pouvaient venir saccager cette maison si désirée, si difficilement acquise et dont il avait encore joui si peu.

Mais une voix l'appelait, sur la route.

— Dites donc, Weiss, vous entendez?

En bas, il trouva Delaherche, qui avait voulu également coucher à sa teinturerie, un grand bâtiment de briques, dont le mur était mitoyen. Du reste, tous les ouvriers avaient fui à travers bois, gagnant la Belgique; et il ne restait là, comme gardienne, que la concierge, la veuve d'un maçon, nommée Françoise Quittard. Encore, tremblante, éperdue, aurait-elle filé avec les autres, si elle n'avait pas eu son garçon, le petit Auguste, un gamin de dix ans, si malade d'une fièvre typhoïde, qu'il n'était pas transportable.

— Dites-donc, répéta Delaherche, vous entendez, ça commence bien... Il serait sage de rentrer tout de suite à Sedan.

Weiss avait formellement promis à sa femme de quitter Bazeilles au premier danger sérieux, et il était alors très résolu à tenir sa promesse. Mais ce n'était encore là qu'un combat d'artillerie, à grande portée et un peu au hasard, dans les brumes du petit jour.

— Attendons, que diable! répondit-il. Rien ne presse.

D'ailleurs, la curiosité de Delaherche était si vive, si agitée, qu'il en devenait brave. Lui, n'avait pas fermé l'œil, très intéressé par les préparatifs de défense. Prévenu qu'il serait attaqué dès l'aube, le général Lebrun, qui commandait le 12e corps, venait d'employer la nuit à se retrancher dans Bazeilles, dont il avait l'ordre d'empêcher à tout prix l'occupation. Des barricades barraient la route et les rues; des garnisons de quelques hommes occupaient toutes les maisons; chaque ruelle, chaque jardin se trouvait transformé en forteresse. Et, dès trois heures, dans la nuit d'encre, les troupes, éveillées sans bruit, étaient à leurs postes de combat, les chassepots fraîchement graissés, les cartouchières emplies des quatre-vingt-dix cartouches réglementaires. Aussi, le premier coup de canon de l'ennemi n'avait-il surpris personne, et les batteries françaises, établies en arrière, entre Balan et Bazeilles, s'étaient-elles mises aussitôt à répondre, pour faire acte de présence car elles tiraient simplement au jugé, dans le brouillard.

— Vous savez, reprit Delaherche, que la teinturerie sera vigoureusement défendue... J'ai toute une section. Venez donc voir.

On avait, en effet, posté là quarante et quelques soldats de l'infanterie de marine, à la tête desquels était un lieutenant, un grand garçon blond, fort jeune, l'air énergique et têtu. Déjà, ses hommes avaient pris possession du bâtiment, les uns pratiquant des meurtrières dans les volets du premier étage, sur la rue, les autres crénelant le mur bas de la cour, qui dominait les prairies, par derrière.

Et ce fut au milieu de cette cour que Delaherche et Weiss trouvèrent le lieutenant, regardant, s'efforçant de voir au loin, dans la brume matinale.

— Le fichu brouillard! murmura-t-il. On ne va pas pouvoir se battre à tâtons.

Puis, après un silence, sans transition apparente :

— Quel jour sommes-nous donc, aujourd'hui?

— Jeudi, répondit Weiss.

— Jeudi, c'est vrai... Le diable m'emporte! on vit sans savoir, comme si le monde n'existait plus!

Mais, à ce moment, dans le grondement du canon qui ne cessait pas, éclata une vive fusillade, au bord des prairies mêmes, à cinq ou six cents mètres. Et il y eut comme un coup de théâtre : le soleil se levait, les vapeurs de la Meuse s'envolèrent en lambeaux de fine mousseline, le ciel bleu apparut, se dégagea, d'une limpidité sans tache. C'était l'exquise matinée d'une admirable journée d'été.

— Ah! cria Delaherche, ils passent le pont du chemin de fer. Les voyez-vous qui cherchent à gagner, le long de la ligne... Mais c'est stupide, de ne pas avoir fait sauter le pont!

Le lieutenant eut un geste de muette colère. Les fourneaux de mine étaient chargés, raconta-t-il; seulement, la veille, après s'être battu quatre heures pour reprendre le pont, on avait oublié d'y mettre le feu.

— C'est notre chance, dit-il de sa voix brève.

Weiss regardait, essayait de se rendre compte. Les Français occupaient, dans Bazeilles, une position très forte. Bâti aux deux bords de la route de Douzy, le village dominait la plaine; et il n'y avait, pour s'y rendre, que cette route, tournant à gauche, passant devant le château, tandis qu'une autre, à droite, qui conduisait au pont du chemin de fer, bifurquait à la place de l'Église. Les Allemands devaient donc traverser les prairies, les terres de labour, dont les vastes espaces découverts bordaient la Meuse et la ligne ferrée. Leur prudence habituelle étant bien connue, il semblait peu probable que la véritable attaque se produisît de ce côté. Cependant, des masses profondes arrivaient toujours par le pont, malgré le massacre que des mitrailleuses, installées à l'entrée de Bazeillles, faisaient dans les rangs; et, tout de suite, ceux qui avaient passé, se jetaient en tirailleurs parmi les quelques saules, des colonnes se reformaient et s'avançaient. C'était de là que partait la fusillade croissante.

— Tiens! fit remarquer Weiss, ce sont des Bavarois. Je distingue parfaitement leurs casques à chenille.

Mais il crut comprendre que d'autres colonnes, à demi cachées derrière la ligne du chemin de fer, filaient vers leur droite, en tâchant de gagner les arbres lointains, de façon à se rabattre ensuite sur Bazeilles par un mouvement oblique. Si elles réussissaient de la sorte à s'abriter dans le parc de Montivilliers, le village pouvait être pris. Il en eut la rapide et vague sensation. Puis, comme l'attaque de front s'aggravait, elle s'effaça.

Brusquement, il s'était tourné vers les hauteurs de Floing, qu'on apercevait, au nord, par-dessus la ville de Sedan. Une batterie venait d'y ouvrir le feu, des fumées montaient dans le clair soleil, tandis que les détonations arrivaient très nettes. Il pouvait être cinq heures.

— Allons, murmura-t-il, la danse va être complète.

Le lieutenant d'infanterie de marine, qui regardait lui aussi, eut un geste d'absolue certitude, en disant :

— Oh ! Bazeilles est le point important. C'est ici que le sort de la bataille se décidera.

— Croyez-vous ? s'écria Weiss.

— Il n'y a pas à en douter. C'est à coup sûr l'idée du maréchal, qui est venu, cette nuit, nous dire de nous faire tuer jusqu'au dernier, plutôt que de laisser occuper le village.

Weiss hocha la tête, jeta un regard autour de l'horizon ; puis, d'une voix hésitante, comme se parlant à lui-même :

— Eh bien ! non, eh bien ! non, ce n'est pas ça... J'ai peur d'autre chose, oui ! je n'ose pas dire au juste...

Et il se tut. Il avait simplement ouvert les bras très grands, pareils aux branches d'un étau ; et, tourné vers le nord, il rejoignait les mains, comme si les mâchoires de l'étau se fussent tout d'un coup resserrées.

Depuis la veille, c'était sa crainte, à lui qui connaissait le pays et qui s'était rendu compte de la marche des deux armées. A cette heure encore, maintenant que la vaste plaine s'élargissait dans la radieuse lumière, ses regards se reportaient sur les coteaux de la rive gauche, où, durant tout un jour et toute une nuit, avait défilé un si noir fourmillement de troupes allemandes. Du haut de Remilly, une batterie tirait. Une autre, dont on commençait à recevoir les obus, avait pris position à Pont-Maugis, au bord du fleuve. Il doubla son binocle, appliqua l'un des verres sur l'autre, pour mieux fouiller les pentes boisées ; mais il ne voyait que les petites fumées pâles des pièces, dont les hauteurs de minute en minute, se couronnaient : où donc se massait à présent le flot d'hommes qui avait coulé là-bas ? Au-dessus de Noyers et de Frénois, sur la Marfée, il finit seulement par distinguer, à l'angle d'un bois de pins, un groupe d'uniformes et de chevaux, des officiers sans doute, quelque état-major. Et la boucle de la Meuse était plus loin, barrant l'ouest, et il n'y avait, de ce côté, d'autre voie de retraite sur Mézières qu'une étroite route, qui suivait le défilé de Saint-Albert, entre le fleuve et la forêt des Ardennes. Aussi, la veille, avait-il osé parler de cette ligne unique de retraite à un général, rencontré par hasard dans un chemin creux de la vallée de Givonne, et qu'il avait su ensuite être le général Ducrot, commandant le 1er corps. Si l'armée ne se retirait pas tout de suite par cette route, si elle attendait que les Prussiens vinssent lui couper le passage, après avoir traversé la Meuse à Donchery, elle allait sûrement être immobilisée, acculée à la frontière. Déjà, le soir, il n'était plus temps, on affirmait que des uhlans occupaient le pont, un pont encore qu'on n'avait pas fait sauter, faute, cette fois, d'avoir songé à apporter de la poudre. Et, désespérément, Weiss se disait que le flot d'hommes, le fourmillement noir devait être dans la plaine de Donchery, en marche vers le défilé de Saint-Albert, lançant son avant-garde sur Saint-Menges et sur Floing, où il avait conduit la veille Jean et Maurice. Dans l'éclatant soleil, le clocher de Floing lui apparaissait très loin, comme une fine aiguille blanche.

Puis, à l'est, il y avait l'autre branche de l'étau. S'il apercevait, au nord, du plateau d'Illy à celui de Floing, la ligne de bataille du 7e corps, mal soutenu par le 5e, qu'on avait placé en réserve sous les remparts, il lui était impossible de savoir ce qui se passait à l'est, le long de la vallée de la Givonne, où le 1er corps se trouvait rangé, du bois de la Garenne au village de Daigny. Mais le canon tonnait aussi de ce côté, la lutte devait être engagée dans le bois Chevalier, en avant du village. Et son inquiétude venait de ce que des paysans avaient signalé, dès la veille, l'arrivée des Prussiens à Francheval; de sorte que le mouvement qui se produisait à l'ouest, par Donchery, avait lieu également à l'est, par Francheval, et que les mâchoires de l'étau réussiraient à se rejoindre, là-bas, au nord, au calvaire d'Illy, si la double marche d'enveloppement n'était pas arrêtée. Il ne savait rien en science militaire, il n'avait que son bon sens, et il tremblait, à voir cet immense triangle dont la Meuse faisait un des côtés, et dont les deux autres étaient représentés au nord, par le 7e corps, à l'est, par le 1er, tandis que le 12e, au sud, à Bazeilles, occupait l'angle extrême, tous les trois se tournant le dos, attendant on ne savait pourquoi ni comment un ennemi qui arrivait de toutes parts. Au milieu, comme au fond d'une basse-fosse, la ville de Sedan était là, armée de canons hors d'usage, sans munitions et sans vivres.

— Comprenez donc, disait Weiss, en répétant son geste, ses deux bras élargis et ses deux mains rejointes, ça va être comme ça, si vos généraux n'y prennent pas garde... On vous amuse à Bazeilles...

Mais il s'expliquait mal, confusément, et le lieutenant, qui ne connaissait pas le pays, ne pouvait le comprendre. Aussi haussait-il les épaules, pris d'impatience, plein de dédain pour ce bourgeois en paletot et en lunettes, qui voulait en savoir plus long que le maréchal. Irrité de l'entendre redire que l'attaque de Bazeilles n'avait peut-être d'autre but que de faire une diversion et de cacher le plan véritable, il finit par s'écrier:

— Fichez-nous la paix!... Nous allons les flanquer à la Meuse, vos Bavarois, et ils verront comment on nous amuse!

Depuis un instant, les tirailleurs ennemis semblaient s'être rapprochés, des balles arrivaient, avec un bruit mat, dans les briques de la teinturerie; et, abrités derrière le petit mur de la cour, les soldats main-

tenant ripostaient. C'était, à chaque seconde, une détonation de chas
sepot, sèche et claire.

— Les flanquer à la Meuse, oui, sans doute ! murmura Weiss, et leu
passer sur le ventre pour reprendre le chemin de Carignan, ce sera
très bien !

Puis, s'adressant à Delaherche, qui s'était caché derrière la pompe
afin d'éviter les balles :

— N'importe, le vrai plan était de filer hier soir sur Mézières ; et.
leur place, j'aimerais mieux être là-bas... Enfin, il faut se battre, puisque
désormais, la retraite est impossible.

— Venez-vous ? demanda Delaherche, qui, malgré son ardente curio
sité, commençait à blêmir. Si nous tardons encore, nous ne pourron
plus rentrer à Sedan.

— Oui, une minute, et je vous suis.

Malgré le danger, il se haussait, il s'entêtait à vouloir se rendr
compte. Sur la droite, les prairies inondées par ordre du gouverneur, l
vaste lac qui s'étendait de Torcy à Balan, protégeait la ville : une napp
immobile, d'un bleu délicat au soleil matinal. Mais l'eau cessait à l'entré
de Bazeilles, et les Bavarois s'étaient en effet avancés, au travers de
herbes, profitant des moindres fossés, des moindres arbres. Ils pouvaien
être à cinq cents mètres ; et ce qui le frappait c'était la lenteur de leur
mouvements, la patience avec laquelle ils gagnaient du terrain, e
s'exposant le moins possible. D'ailleurs, une puissante artillerie les soute
nait, l'air frais et pur s'emplissait de sifflements d'obus. Il leva les yeux
il vit que la batterie de Pont-Maugis n'était pas la seule à tirer su
Bazeilles : deux autres, installées à mi-côte du Liry, avaient ouvert leu
feu, battant le village, balayant même au delà les terrains nus de l
Moncelle, où étaient les réserves du 12e corps, et jusqu'aux pentes boisée
de Daigny, qu'une division du 1er corps occupait. Toutes les crêtes de l
rive gauche, du reste, s'enflammaient. Les canons semblaient pousse
du sol, c'était comme une ceinture sans cesse allongée : une batterie
Noyers qui tirait sur Balan, une batterie à Wadelincourt qui tirait su
Sedan, une batterie à Frénois, en dessous de la Marfée, une formidabl
batterie, dont les obus passaient par-dessus la ville, pour aller éclate
parmi les troupes du 7e corps, sur le plateau de Floing. Ces coteaux qu'
aimait, cette suite de mamelons qu'il avait toujours crus là pour l
plaisir de la vue, fermant au loin la vallée d'une verdure si gaie, Weis
ne les regardait plus qu'avec une angoisse terrifiée, devenus tout d'u
coup l'effrayante et gigantesque forteresse, en train d'écraser les inutile
fortifications de Sedan.

Une légère chute de plâtras lui fit lever la tête. C'était une balle qu
venait d'écorner sa maison, dont il apercevait la façade, par-dessus l
mur mitoyen. Il en fut très contrarié, il gronda :

— Est-ce qu'ils vont me la démolir, ces brigands !

Il monta vers la Moncelle, à travers champs, par les terrains nus
de la Ripaille (p. 166).

Mais, derrière lui, un autre petit bruit mou l'étonna. Et, comme il se retournait, il vit un soldat, frappé en plein cœur, qui tombait sur le dos. Les jambes eurent une courte convulsion, la face resta jeune et tranquille, foudroyée. C'était le premier mort, et il fut surtout bouleversé par le fracas du chassepot, rebondissant sur le pavé de la cour.

— Ah! non, je file, moi! bégaya Delaherche. Si vous ne venez pas, je file tout seul.

Le lieutenant, qu'ils énervaient, intervint.

— Certainement, messieurs, vous feriez mieux de vous en aller... Nous pouvons être attaqués d'un moment à l'autre.

Alors, après avoir jeté un regard vers les prés, où les Bavarois gagnaient du terrain, Weiss se décida à suivre Delaherche. Mais, de l'autre côté, dans la rue, il voulut fermer sa maison à double tour; et il rejoignait enfin son compagnon, lorsqu'un nouveau spectacle les immobilisa tous les deux.

Au bout de la route, à trois cents mètres environ, la place de l'Église était en ce moment attaquée par une forte colonne bavaroise, qui débouchait du chemin de Douzy. Le régiment d'infanterie de marine chargé de défendre la place parut un instant ralentir le feu, comme pour la laisser s'avancer. Puis, tout d'un coup, quand elle fut massée bien en face, il y eut une manœuvre extraordinaire et imprévue : les soldats s'étaient rejetés aux deux bords de la route, beaucoup se couchaient par terre; et, dans le brusque espace qui s'ouvrait ainsi, les mitrailleuses, mises en batterie à l'autre bout, vomirent une grêle de balles. La colonne ennemie en fut comme balayée. Les soldats s'étaient relevés d'un bond, couraient à la baïonnette sur les Bavarois épars, achevaient de les pousser et de les culbuter. Deux fois, la manœuvre recommença, avec le même succès. A l'angle d'une ruelle, dans une petite maison, trois femmes étaient restées; et, tranquillement, à une des fenêtres, elles riaient, elles applaudissaient, l'air amusé d'être au spectacle.

— Ah! fichtre! dit soudain Weiss, j'ai oublié de fermer la porte de la cave et de prendre la clef... Attendez-moi, j'en ai pour une minute.

Cette première attaque semblait repoussée, et Delaherche, que l'envie de voir reprenait, avait moins de hâte. Il était debout devant la teinturerie, il causait avec la concierge, sortie un instant sur le seuil de la pièce qu'elle occupait, au rez-de-chaussée.

— Ma pauvre Françoise, vous devriez venir avec nous. Une femme seule, c'est terrible, au milieu de ces abominations!

Elle leva ses bras tremblants.

— Ah! monsieur, bien sûr que j'aurais filé, sans la maladie de mon petit Auguste... Entrez donc, monsieur, vous le verrez.

Il n'entra pas, mais il allongea le cou et il hocha la tête, en apercevant le gamin dans un lit très blanc, la face empourprée de fièvre, et qui regardait fixement sa mère de ses yeux de flamme.

— Eh bien ! mais, reprit-il, pourquoi ne l'emportez-vous pas ? Je vous installerai à Sedan... Enveloppez-le dans une couverture chaude et venez avec nous.

— Oh ! non, monsieur, ce n'est pas possible. Le médecin a bien dit que je le tuerais... Si encore son pauvre père était en vie ! Mais nous ne sommes plus que tous les deux, il faut que nous nous conservions l'un pour l'autre... Et puis, ces Prussiens, ils ne vont peut-être pas faire du mal à une femme seule et à un enfant malade.

Weiss, à cet instant, reparut, satisfait d'avoir tout barricadé chez lui.

— Là, pour entrer, il faudra casser tout... Maintenant, en route ! et ça ne va guère être commode, filons contre les maisons, si nous voulons ne rien attraper.

En effet, l'ennemi devait préparer une nouvelle attaque, car la fusillade redoublait et le sifflement des obus ne cessait plus. Deux déjà étaient tombés sur la route, à une centaine de mètres ; un autre venait de s'enfoncer dans la terre molle du jardin voisin, sans éclater.

— Ah ! dites-donc, Françoise, reprit-il, je veux l'embrasser, votre petit Auguste... Mais il n'est pas si mal que ça, encore une couple de jours, et il sera hors de danger... Ayez bon courage, surtout rentrez vite, ne montrez plus votre nez.

Les deux hommes, enfin, partaient.

— Au revoir, Françoise.

Au revoir, messieurs.

Et, à cette seconde même, il y eut un épouvantable fracas. C'était un obus qui, après avoir démoli une cheminée de la maison de Weiss, tombait sur le trottoir, où il éclata avec une telle détonation, que toutes les vitres voisines furent brisées. Une poussière épaisse, une fumée lourde empêchèrent d'abord de voir. Puis, la façade reparut, éventrée ; et, là, sur le seuil, Françoise était jetée en travers, morte, les reins cassés, la tête broyée, une loque humaine, toute rouge, affreuse.

Weiss, furieusement, accourut. Il bégayait, il ne trouvait plus que des jurons.

— Nom de Dieu ! nom de Dieu !

Oui, elle était bien morte. Il s'était baissé, il lui tâtait les mains ; et, en se relevant, il rencontra le visage empourpré du petit Auguste, qui avait soulevé la tête pour regarder sa mère. Il ne disait rien, il ne pleurait pas, il avait seulement ses grands yeux de fièvre élargis démesurément, devant cet effroyable corps qu'il ne reconnaissait plus.

— Nom de Dieu ! put enfin crier Weiss, les voilà maintenant qui tuent les femmes !

Il s'était remis debout, il montrait le poing aux Bavarois, dont les casques commençaient à reparaître, du côté de l'église. Et la vue du toit de sa maison à moitié crevé par la chute de la cheminée, acheva de le jeter dans une exaspération folle.

— Sales bougres! vous tuez les femmes et vous démolissez ma maison!... Non, non! ce n'est pas possible, je ne peux pas m'en aller comme ça, je reste!

Il s'élança, revint d'un bond, avec le chassepot et les cartouches du soldat mort. Pour les grandes occasions, lorsqu'il voulait voir très clair, il avait toujours sur lui une paire de lunettes, qu'il ne portait pas d'habitude, par une gêne coquette et touchante, à l'égard de sa jeune femme. D'une main prompte, il arracha le binocle, le remplaça par les lunettes; et ce gros bourgeois en paletot, à la bonne face ronde que la colère transfigurait, presque comique et superbe d'héroïsme, se mit à faire le coup de feu, tirant dans le tas des Bavarois, au fond de la rue. Il avait ça dans le sang, disait-il, ça le démangeait d'en descendre quelques-uns, depuis les récits de 1814, dont on avait bercé son enfance, là-bas, en Alsace.

— Ah! sales bougres, sales bougres!

Et il tirait toujours, si rapidement, que le canon de son chassepot finissait par lui brûler les doigts.

L'attaque s'annonçait terrible. Du côté des prairies, la fusillade avait cessé. Maîtres d'un ruisseau étroit, bordé de peupliers et de saules, les Bavarois s'apprêtaient à donner l'assaut aux maisons qui défendaient la place de l'Église; et leurs tirailleurs s'étaient prudemment repliés, le soleil seul dormait en nappe d'or sur le déroulement immense des herbes, que tachaient quelques masses noires, les corps des soldats tués. Aussi le lieutenant venait-il de quitter la cour de la teinturerie, en y laissant une sentinelle, comprenant que, désormais, le danger allait être du côté de la rue. Vivement, il rangea ses hommes le long du trottoir, avec l'ordre, si l'ennemi s'emparait de la place, de se barricader au premier étage du bâtiment, et de s'y défendre, jusqu'à la dernière cartouche. Couchés par terre, abrités derrière les bornes, profitant des moindres saillies, les hommes tiraient à volonté; et c'était, le long de cette large voie, ensoleillée et déserte, un ouragan de plomb, des rayures de fumée, comme une averse de grêle chassée par un grand vent. On vit une jeune fille traverser la chaussée d'une course éperdue, sans être atteinte. Puis, un vieillard, un paysan vêtu d'une blouse, qui s'obstinait à faire rentrer son cheval à l'écurie, reçut une balle en plein front, et d'un tel choc, qu'il en fut projeté au milieu de la route. La toiture de l'église venait d'être défoncée par la chute d'un obus. Deux autres avaient incendié des maisons, qui flambaient dans la lumière vive, avec des craquements de charpente. Et cette misérable Françoise broyée près de son enfant malade, ce paysan avec une balle dans le crâne, ces démolitions et ces incendies achevaient d'exaspérer les habitants qui avaient mieux aimé mourir là que de se sauver en Belgique. Des bourgeois, des ouvriers, des gens en paletot et en bourgeron, tiraient rageusement par les fenêtres.

— Ah! les bandits! cria Weiss, ils ont fait le tour... Je les voyais bien

qui filaient le long du chemin de fer... Tenez! les entendez-vous, là-bas.
à gauche?

En effet, une fusillade venait d'éclater, derrière le parc de Montivilliers, dont les arbres bordaient la route. Si l'ennemi s'emparait de ce parc,
Bazeilles était pris. Mais la violence même du feu prouvait que le commandant du 12ᵉ corps avait prévu le mouvement et que le parc se trouvait défendu.

— Prenez donc garde, maladroit! cria le lieutenant, en forçant Weiss
à se coller contre le mur, vous allez être coupé en deux!

Ce gros homme, si brave, avec ses lunettes, avait fini par l'intéresser,
tout en le faisant sourire; et, comme il entendait venir un obus, il l'avait
fraternellement écarté. Le projectile tomba à une dizaine de pas, éclata
en les couvrant tous les deux de mitraille. Le bourgeois restait debout,
sans une égratignure, tandis que le lieutenant avait eu les deux jambes
brisées.

— Allons, bon! murmura-t-il, c'est moi qui ai mon compte!

Renversé sur le trottoir, il se fit adosser contre la porte, près de la
femme qui gisait déjà en travers du seuil. Et sa jeune figure gardait
son air énergique et têtu.

— Ça ne fait rien, mes enfants, écoutez-moi bien... Tirez à votre aise,
ne vous pressez pas. Je vous le dirai, quand il faudra tomber sur eux à
la baïonnette.

Et il continua de les commander, la tête droite, surveillant au loin
l'ennemi. Une autre maison, en face, avait pris feu. Le pétillement de la
fusillade, les détonations des obus déchiraient l'air, qui s'emplissait de
poussières et de fumées. Des soldats culbutaient au coin de chaque
ruelle, des morts, les uns isolés, les autres en tas, faisaient des taches
sombres, éclaboussées de rouge. Et, au-dessus du village, grandissait
une effrayante clameur, la menace de milliers d'hommes se ruant sur
quelques centaines de braves, résolus à mourir.

Alors, Delaherche, qui n'avait cessé d'appeler Weiss, demanda une
dernière fois:

— Vous ne venez pas?... Tant pis! je vous lâche, adieu!

Il était environ sept heures, et il avait trop tardé. Tant qu'il put marcher le long des maisons, il profita des portes, des bouts de muraille, se
collant dans les moindres encoignures, à chaque décharge. Jamais il ne
se serait cru si jeune ni si agile, tellement il s'allongeait avec des sou-
plesses de couleuvre. Mais, au bout de Bazeilles, lorsqu'il lui fallut suivre
pendant près de trois cents mètres la route déserte et nue, que balayaient
les batteries du Liry, il se sentit grelotter, bien qu'il fût trempé de sueur.
Un moment encore, il s'avança courbé en deux, dans un fossé. Puis, il
prit sa course follement, il galopa droit devant lui, les oreilles pleines de
détonations, pareilles à des coups de tonnerre. Ses yeux brûlaient, il
croyait marcher dans des flammes. Cela dura une éternité. Subitement,

il aperçut une petite maison, sur la gauche ; et il se précipita, il s'abrita, la poitrine soulagée d'un poids énorme. Du monde l'entourait ; des hommes, des chevaux. D'abord, il n'avait distingué personne. Ensuite, ce qu'il vit l'étonna.

N'était-ce point l'empereur, avec tout un état-major ? Il hésitait, bien qu'il se vantât de le connaître, depuis qu'il avait failli lui parler, à Baybel ; puis, il resta béant. C'était bien Napoléon III, qui lui apparaissait plus grand, à cheval, et les moustaches si fortement cirées, les joues si colorées, qu'il le jugea tout de suite rajeuni, fardé comme un acteur. Sûrement, il s'était fait peindre, pour ne pas promener, parmi son armée, l'effroi de son masque blême, décomposé par la souffrance, au nez aminci, aux yeux troubles. Et, averti dès cinq heures qu'on se battait à Bazeilles, il était venu, de son air silencieux et morne de fantôme, aux chairs ravivées de vermillon.

Une briqueterie était là, offrant un refuge. De l'autre côté, une pluie de balles en criblait les murs, et des obus, à chaque seconde, s'abattaient sur la route. Toute l'escorte s'était arrêtée.

— Sire, murmura une voix, il y a vraiment danger...

Mais l'empereur se tourna, commanda du geste à son état-major de se ranger dans l'étroite ruelle qui longeait la briqueterie. Là, hommes et bêtes seraient cachés complètement.

— En vérité, sire, c'est de la folie... Sire, nous vous en supplions...

Il répéta simplement son geste, comme pour dire que l'apparition d'un groupe d'uniformes, sur cette route nue, attirerait certainement l'attention des batteries de la rive gauche. Et, tout seul, il s'avança, au milieu des balles et des obus, sans hâte, de sa même allure morne et indifférente, allant à son destin. Sans doute, il entendait derrière lui la voix implacable qui le jetait en avant, la voix criant de Paris : « Marche ! marche ! meurs en héros sur les cadavres entassés de ton peuple, frappe le monde entier d'une admiration émue, pour que ton fils règne ! » Il marchait, il poussait son cheval à petits pas. Pendant une centaine de mètres, il marcha encore. Puis, il s'arrêta, attendant la fin qu'il était venu chercher. Les balles sifflaient comme un vent d'équinoxe, un obus avait éclaté, en le couvrant de terre. Il continua d'attendre. Les crins de son cheval se hérissaient, toute sa peau tremblait, dans un instinctif recul, devant la mort qui, à chaque seconde, passait, sans vouloir de la bête ni de l'homme. Alors, après cette attente infinie, l'empereur, avec son fatalisme résigné, comprenant que son destin n'était pas là, revint tranquillement, comme s'il n'avait désiré que reconnaître l'exacte position des batteries allemandes.

— Sire, que de courage !... De grâce, ne vous exposez plus...

Mais, d'un geste encore, il invita son état-major à le suivre ; sans l'épargner cette fois, pas plus qu'il ne s'épargnait lui-même ; et il monta vers la Moncelle, à travers champs, par les terrains nus de la Rapaille. Un capitaine fut tué, deux chevaux s'abattirent. Les régiments du 12ᵉ corps, devant lesquels il passait, le regardaient venir et disparaître comme un spectre, sans un salut, sans une acclamation.

Delaherche avait assisté à ces choses. Et il en frémissait, surtout en pensant que, dès qu'il aurait quitté la briqueterie, lui aussi, allait se retrouver en plein sous les projectiles. Il s'attardait, il écoutait maintenant des officiers démontés qui étaient restés là.

— Je vous dit qu'il a été tué net, un obus qui l'a coupé en deux.

— Mais non, je l'ai vu emporter.... Une simple blessure, un éclat dans la fesse...

— A quelle heure?

— Vers six heures et demie, il y a une heure... Là-haut, près de la Moncelle, dans un chemin creux....

— Alors, il est rentré à Sedan?

— Certainement, il est à Sedan.

De qui parlaient-ils donc? Brusquement, Delaherche comprit qu'ils parlaient du maréchal de Mac-Mahon, blessé en allant aux avant-postes. Le maréchal blessé! c'était notre chance, comme avait dit le lieutenant d'infanterie de marine. Et il réfléchissait aux conséquences de l'accident, lorsque, à toutes brides, une estafette passa, criant à un camarade qu'elle venait de reconnaître :

— Le général Ducrot est commandant en chef! Toute l'armée va se concentrer à Illy, pour battre en retraite sur Mézières!

Déjà, l'estafette galopait au loin, entrait dans Bazeilles, sous le redoublement du feu; tandis que Delaherche, effaré des nouvelles extraordinaires, ainsi apprises coup sur coup, menacé de se trouver pris dans la retraite des troupes, se décidait et courait de son côté jusqu'à Balan, d'où il regagnait Sedan enfin, sans trop de peine.

Dans Bazeilles, l'estafette galopait toujours, cherchant les chefs pour leur donner les ordres. Et les nouvelles galopaient aussi, le maréchal de Mac-Mahon blessé, le général Ducrot nommé commandant en chef, toute l'armée se repliant sur Illy.

— Quoi? que dit-on? cria Weiss, déjà noir de poudre. Battre en retraite sur Mézières à cette heure! mais c'est insensé, jamais on ne passera!

Il se désespérait, pris du remords d'avoir conseillé cela, la veille, justement à ce général Ducrot, investi maintenant du commandement suprême. Certes, oui, la veille, il n'y avait pas d'autre plan à suivre : la retraite, la retraite immédiate, par le défilé Saint-Albert. Mais, à présent, la route devait être barrée, tout le fourmillement noir des Prussiens s'en était allé là-bas, dans la plaine de Donchery. Et, folie pour folie, il n'y en avait plus qu'une de désespérée et de brave, celle de jeter les Bavarois à la Meuse et de passer sur eux pour reprendre le chemin de Carignan.

Weiss, qui, d'un petit coup sec, remontait ses lunettes à chaque seconde, expliquait la position au lieutenant, toujours assis contre la porte, avec ses deux jambes coupées, très pâle et agonisant du sang qu'il perdait.

— Mon lieutenant, je vous assure que j'ai raison... Dites à vos hommes de ne pas lâcher. Vous voyez bien que nous sommes victorieux. Encore un effort, et nous les flanquons à la Meuse !

En effet, la deuxième attaque des Bavarois venait d'être repoussée. Les mitrailleuses avaient de nouveau balayé la place de l'Église, des entassements de cadavres y barraient le pavé, au grand soleil ; et, de toutes les ruelles, à la baïonnette, on rejetait l'ennemi dans les prés, une débandade, une fuite vers le fleuve, qui se serait à coup sûr changée en déroute, si des troupes fraîches avaient soutenu les marins, déjà exténués et décimés. D'autre part, dans le parc de Montivilliers, la fusillade n'avançait guère, ce qui indiquait que, de ce côté aussi, des renforts auraient dégagé le bois.

— Dites à vos hommes, mon lieutenant... A la baïonnette ! à la baïonnette !

D'une blancheur de cire, la voix mourante, le lieutenant eut encore la force de murmurer :

— Vous entendez, mes enfants, à la baïonnette.

Et ce fut son dernier souffle, il expira, la face droite et têtue, les yeux ouverts, regardant toujours la bataille. Des mouches déjà volaient et se posaient sur la tête broyée de Françoise ; tandis que le petit Auguste, dans son lit, pris du délire de la fièvre, appelait, demandait à boire, d'une voix basse et suppliante.

— Mère, réveille-toi, relève-toi... J'ai soif, j'ai bien soif...

Mais les ordres étaient formels, les officiers durent commander la retraite, désolés de ne pouvoir tirer profit de l'avantage qu'ils venaient de remporter. Évidemment, le général Ducrot, hanté par la crainte du mouvement tournant de l'ennemi, sacrifiait tout à la tentative folle d'échapper à son étreinte. La place de l'Église fut évacuée, les troupes se replièrent de ruelle en ruelle, bientôt la route se vida. Des cris et des sanglots de femmes s'élevaient, des hommes juraient, brandissaient les poings, dans la colère de se voir ainsi abandonnés. Beaucoup s'enfermaient chez eux, résolus à s'y défendre et à mourir.

— Eh bien ! moi, je ne fiche pas le camp ! criait Weiss, hors de lui. Non ! j'aime mieux y laisser la peau... Qu'ils viennent donc casser mes meubles et boire mon vin !

Plus rien n'existait que sa rage, cette fureur inextinguible de la lutte, à l'idée que l'étranger entrerait chez lui, s'assoirait sur sa chaise, boirait dans son verre. Cela soulevait tout son être, emportait son existence accoutumée, sa femme, ses affaires, sa prudence de petit bourgeois raisonnable. Et il s'enferma dans sa maison, s'y barricada, y tourna comme une bête en cage, passant d'une pièce dans une autre, s'assurant que toutes les ouvertures étaient bien bouchées. Il compta ses cartouches, il

Dominant la formidable batterie de Frénois, à l'angle d'un petit bois de la Marfée,
il retrouva le groupe d'uniformes, plus nombreux... (p. 170).

en avait encore une quarantaine. Puis, comme il allait donner un dernier
coup d'œil vers la Meuse, pour s'assurer qu'aucune attaque n'était à
craindre par les prairies, la vue des coteaux de la rive gauche l'arrêta de
nouveau un instant. Des envolements de fumée indiquaient nettement
les positions des batteries prussiennes. Et, dominant la formidable batterie de Frénois, à l'angle d'un petit bois de la Marfée, il retrouva le
groupe d'uniformes, plus nombreux, d'un tel éclat au grand soleil, qu'en
mettant son binocle par-dessus ses lunettes, il distinguait l'or des épaulettes et des casques.

— Sales bougres, sales bougres ! répéta-t-il, le poing tendu.

Là-haut, sur la Marfée, c'était le roi Guillaume et son état-major. Dès
sept heures, il était venu de Vendresse, où il avait couché, et il se trouvait
là-haut, à l'abri de tout péril, ayant devant lui la vallée de la Meuse, le
déroulement sans bornes du champ de bataille. L'immense plan en relief
allait d'un bord du ciel à l'autre ; tandis que, debout sur la colline, comme
du trône réservé de cette gigantesque loge de gala, il regardait.

Au milieu, sur le fond sombre de la forêt des Ardennes, drapée à
l'horizon ainsi qu'un rideau d'antique verdure, Sedan se détachait, avec
les lignes géométriques de ses fortifications, que les prés inondés et le
fleuve noyaient au sud et à l'ouest. Dans Bazeilles, des maisons flambaient
déjà, une poussière de bataille embrumait le village. Puis, à l'est, de là,
Moncelle à Givonne, on ne voyait, pareils à des lignes d'insectes, traversant les chaumes, que quelques régiments du 12ᵉ corps et du 1ᵉʳ, qui
disparaissaient par moments dans l'étroit vallon, où les hameaux étaient
cachés ; et, en face, l'autre revers apparaissait, des champs pâles, que le
bois Chevalier tachait de sa masse verte. Mais surtout, au nord, le 7ᵉ corps
était bien en vue, occupant de ses mouvants points noirs le plateau de
Floing, une large bande de terres rougeâtres qui descendait du petit bois
de la Garenne aux herbages du bord de l'eau. Au delà, c'était encore
Floing, Saint-Menges, Fleigneux, Illy, des villages perdus parmi la houle
des terrains, toute une région tourmentée, coupée d'escarpements Et
c'était aussi, à gauche, la boucle de la Meuse, les eaux lentes, d'argent
neuf au clair soleil, enfermant la presqu'île d'Iges de son vaste et pares-
seux détour, barrant tout chemin vers Mézières, ne laissant entre la berge
extrême et les inextricables forêts, que la porte unique du défilé de Saint-
Albert.

Les cent mille hommes et les cinq cents canons de l'armée française
étaient là, entassés et traqués dans ce triangle ; et, lorsque le roi de
Prusse se tournait vers l'ouest, il apercevait une autre plaine, celle de
Donchery, des champs vides s'élargissant vers Briancourt, Marancourt et
Vrignes-aux-Bois, tout un infini de terres grises, poudroyant sous le ciel
bleu ; et, lorsqu'il se tournait vers l'est, c'était aussi, en face des lignes
françaises si resserrées, une immensité libre, un pullulement de villages,
Douzy et Carignan d'abord, ensuite en remontant Rubécourt, Pourru-aux-

Bois, Francheval, Villers-Cernay, jusqu'à la Chapelle, près de la frontière. Tout autour, la terre lui appartenait, il poussait à son gré les deux cent cinquante mille hommes et les huit cents canons de ses armées, il embrassait d'un seul regard leur marche envahissante. Déjà, d'un côté, le XIIᵉ corps s'avançait sur Saint-Menges, tandis que le Vᵉ corps était à Vrignes-aux-Bois et que la division wurtembergeoise attendait près de Donchery; et, de l'autre côté, si les arbres et les coteaux le gênaient, il devinait les mouvements, il venait de voir le XIIᵉ corps pénétrer dans le bois Chevalier, il savait que la garde devait avoir atteint Villers-Cernay C'étaient les branches de l'étau, l'armée du prince royal de Prusse à gauche, l'armée du prince royal de Saxe à droite, qui s'ouvraient et montaient, d'un mouvement irrésistible, pendant que les deux corps bavarois se ruaient sur Bazeilles.

Aux pieds du roi Guillaume, de Remilly à Frénois, les batteries presque ininterrompues tonnaient sans relâche, couvrant d'obus la Moncelle et Daigny, allant, par-dessus la ville de Sedan, balayer les plateaux du nord. Et il n'était guère plus de huit heures, et il attendait l'inévitable résultat de la bataille, les yeux sur l'échiquier géant, occupé à mener cette poussière d'hommes, l'enragement de ces quelques points noirs, perdus au milieu de l'éternelle et souriante nature.

II

Sur le plateau de Floing, au petit jour, dans le brouillard épais, ‌le clairon Gaude sonna la diane, de tout son souffle. Mais l'air était si noy‌é d'eau, que la sonnerie joyeuse s'étouffait. Et les hommes de la comp‌a‌gnie, qui n'avaient pas même eu le courage de dresser les tentes, roul‌és dans les toiles, couchés dans là boue, ne s'éveillaient pas, pareils déjà ‌à des cadavres, avec leurs faces blêmes, durcies de fatigue et de somme‌il. Il fallut les secouer un à un, les tirer de ce néant; et ils se soulevaie‌nt comme des ressuscités, livides, les yeux pleins de la terreur de vivre.‌

Jean avait réveillé Maurice.

— Quoi donc? Où sommes-nous?

Effaré, il regardait, n'apercevait que cette mer grise, où flottaient l‌es ombres de ses camarades. On ne distinguait rien, à vingt mètres deva‌nt soi. Toute orientation se trouvait perdue, il n'aurait pas été capable ‌de dire de quel côté était Sedan. Mais, à ce moment, le canon, quelque pa‌rt très loin, frappa son oreille.

— Ah! oui, c'est pour aujourd'hui, on se bat... Tant mieux! on ‌va donc en finir!

Des voix, autour de lui, disaient de même; et c'était une sombre sat‌is‌faction, le besoin de s'évader de ce cauchemar, de les voir enfin, c‌es Prussiens, qu'on était venu chercher, et devant lesquels on fuyait depu‌is tant de mortelles heures! On allait donc leur envoyer des coups de fus‌il, s'alléger de ces cartouches qu'on avait apportées de si loin, sans ‌en brûler une seule! Cette fois, tous le sentaient, c'était l'inévitable batail‌le.

Mais le canon de Bazeilles tonnait plus haut, et Jean, debout, éco‌u‌tait.

— Où tire-t-on?

— Ma foi, répondit Maurice, ça m'a l'air d'être vers la Meuse... Seulement, le diable m'emporte si je me doute où je suis.

— Écoute, mon petit, dit alors le caporal, tu ne vas pas me quitter, parce que, vois-tu, il faut savoir, si l'on ne veut pas attraper de mauvais coups... Moi, j'ai déjà vu ça, j'ouvrirai l'œil pour toi et pour moi.

L'escouade, cependant, commençait à grogner, fâchée de ne pouvoir se mettre sur l'estomac quelque chose de chaud. Pas possible d'allumer du feu, sans bois sec, et avec un sale temps pareil! Au moment même où s'engageait la bataille, la question du ventre revenait, impérieuse, décisive. Des héros peut-être, mais des ventres avant tout. Manger, c'était l'unique affaire; et avec quel amour on écumait le pot, les jours de bonne soupe! et quelles colères d'enfants et de sauvages, quand le pain manquait!

— Lorsqu'on ne mange pas, on ne se bat pas, déclara Chouteau. Du tonnerre de Dieu, si je risque ma peau aujourd'hui!

Le révolutionnaire revenait chez ce grand diable de peintre en bâtiments, beau parleur de Montmartre, théoricien de cabaret, gâtant les quelques idées justes, attrapées çà et là, dans le plus effroyable mélange d'âneries et de mensonges.

— D'ailleurs, continua-t-il, est-ce qu'on ne s'est pas foutu de nous, à nous raconter que les Prussiens crevaient de faim et de maladie, qu'ils n'avaient même plus de chemises et qu'on les rencontrait sur les routes, sales, en guenilles comme des pauvres?

Loubet se mit à rire, de son air de gamin de Paris, qui avait roulé au travers de tous les petits métiers des Halles.

— Ah! ouiche! c'est nous autres qui claquons de misère, et à qui on donnerait un sou, quand nous passons avec nos godillots crevés et nos frusques de chienlits... Et leurs grandes victoires donc! Encore de jolis farceurs, lorsqu'ils nous racontaient qu'on venait de faire Bismarck prisonnier et qu'on avait culbuté toute une armée dans une carrière... Non, ce qu'ils se sont foutus de nous!

Pache et Lapoulle, qui écoutaient, serraient les poings, en hochant furieusement la tête. D'autres, aussi, se fâchaient, car l'effet de ces continuels mensonges des journaux avait fini par être désastreux. Toute confiance était morte, on ne croyait plus à rien. L'imagination de ces grands enfants, si fertile d'abord en espérances extraordinaires, tombait maintenant à des cauchemars fous.

— Pardi! ce n'est pas malin, reprit Chouteau, ça s'explique, puisque nous sommes vendus... Vous le savez bien tous.

La simplicité paysanne de Lapoulle s'exaspérait chaque fois à ce mot.

— Oh! vendus, faut-il qu'il y ait des gens canailles!

— Vendus, comme Judas a vendu son maître, murmura Pache, que hantaient ses souvenirs d'Histoire sainte.

Chouteau triomphait.

— C'est bien simple, mon Dieu! on sait les chiffres... Mac-Mahon a reçu trois millions, et les autres généraux chacun un million, pour nous amener ici... Ça s'est fait à Paris, le printemps dernier ; et, cette nuit, ils ont tiré une fusée, histoire de dire que c'était prêt, et qu'on pouvait venir nous prendre.

Maurice fut révolté par la stupidité de l'invention. Autrefois, Chouteau l'avait amusé, presque conquis, grâce à sa verve faubourienne. Mais, à présent, il ne tolérait plus ce pervertisseur, ce mauvais ouvrier qui crachait sur toutes les besognes, afin d'en dégoûter les autres.

— Pourquoi dites-vous des absurdités pareilles? cria-t-il. Vous savez bien que ce n'est pas vrai.

— Comment, pas vrai?... Alors, maintenant, c'est pas vrai que nous sommes vendus?... Ah! dis donc, toi l'aristo! est ce que tu en es, de la bande à ces sales cochons de traîtres?

Il s'avançait, menaçant.

— Tu sais, faudrait le dire, monsieur le bourgeois, parce que, sans attendre ton ami Bismarck, on te ferait tout de suite ton affaire.

Les autres, de même, commençaient à gronder, et Jean crut devoir intervenir.

— Silence donc! je mets au rapport le premier qui bouge!

Mais Chouteau, ricanant, le hua. Il s'en fichait pas mal de son rapport! Il se battrait ou il ne se battrait pas, à son idée ; et il ne fallait plus qu'on l'embêtât, parce qu'il n'avait pas des cartouches que pour les Prussiens. A présent que la bataille était commencée, le peu de discipline, maintenue par la peur, s'effondrait : qu'est-ce qu'on pouvait lui faire? il filerait, dès qu'il en aurait assez. Et il fut grossier, excitant les autres contre le caporal, qui les laissait mourir de faim. Oui, c'était sa faute, si l'escouade n'avait rien mangé depuis trois jours, tandis que les camarades avaient eu de la soupe et de la viande. Mais monsieur était allé se goberger avec l'aristo chez des filles. On les avait bien vus, à Sedan.

— Tu as boulotté l'argent de l'escouade, ose donc dire le contraire, bougre de fricoteur!

Du coup, les choses se gâtèrent. Lapoulle serrait les poings, et Pache, malgré sa douceur, affolé par la faim, voulait qu'on s'expliquât. Le plus raisonnable fut encore Loubet, qui se mit à rire, de son air avisé, en disant que c'était bête de se manger entre Français, lorsque les Prussiens étaient là. Lui n'était pas pour les querelles, ni à coups de poing, ni à coups de fusil ; et, faisant allusion aux quelques centaines de francs qu'il avait touchées, comme remplaçant militaire, il ajouta :

— Vrai! s'ils croient que ma peau ne vaut pas plus cher que ça!... Je vais leur en donner pour leur argent.

Mais Maurice et Jean, irrités de cette agression imbécile, répondaient violemment, se disculpaient, lorsqu'une voix forte sortit du brouillard.

— Quoi donc? quoi donc? quels sont les sales pierrots qui se disputent?

Et le lieutenant Rochas parut, avec son képi jauni par les pluies, sa capote où manquaient des boutons, toute sa maigre et dégingandée personne dans un pitoyable état d'abandon et de misère. Il n'en était pas moins d'une crânerie victorieuse, les yeux étincelants, les moustaches hérissées.

— Mon lieutenant, répondit Jean hors de lui, ce sont ces hommes qui crient comme ça que nous sommes vendus... Oui, nos généraux nous auraient vendus...

Dans le crâne étroit de Rochas, cette idée de trahison n'était pas loin de paraître naturelle, car elle expliquait les défaites qu'il ne pouvait admettre.

— Eh bien! qu'est-ce que ça leur fout d'être vendus?... Est-ce que ça les regarde?... Ça n'empêche pas que les Prussiens sont là et que nous allons leur allonger une de ces raclées dont on se souvient.

Au loin, derrière l'épais rideau de brume, le canon de Bazeilles ne cessait point. Et, d'un grand geste, il tendit les bras.

— Hein! cette fois, ça y est!... On va donc les reconduire chez eux, à coups de crosse!

Tout, pour lui, depuis qu'il entendait la canonnade, se trouvait effacé : les lenteurs, les incertitudes de la marche, la démoralisation des troupes, le désastre de Beaumont, l'agonie dernière de la retraite forcée sur Sedan. Puisqu'on se battait, est-ce que la victoire n'était pas certaine? Il n'avait rien appris ni rien oublié, il gardait son mépris fanfaron de l'ennemi, son ignorance absolue des conditions nouvelles de la guerre, son obstinée certitude qu'un vieux soldat d'Afrique, de Crimée et d'Italie ne pouvait pas être battu. Ce serait vraiment trop drôle, de commencer à son âge!

Un rire brusque lui fendit les mâchoires. Il eut une de ces tendresses de brave homme qui le faisaient adorer de ses soldats, malgré les bourrades qu'il leur distribuait parfois.

— Écoutez, mes enfants, au lieu de vous disputer, ça vaudra mieux de boire la goutte... Oui, je vas vous payer la goutte, vous la boirez à ma santé.

Et, d'une poche profonde de sa capote, il tira une bouteille d'eau-de-vie, en ajoutant, de son air triomphal, que c'était un cadeau d'une dame. La veille, en effet, on l'avait vu, attablé au fond d'un cabaret de Floing, très entreprenant à l'égard de la servante, qu'il tenait sur ses genoux. Maintenant, les soldats riaient de bon cœur, tendaient leurs gamelles, dans lesquelles il versait lui-même, gaiement.

— Mes enfants, il faut boire à vos bonnes amies, si vous en avez, et il faut boire à la gloire de la France... Je ne connais que ça, vive la joie!

— C'est bien vrai, mon lieutenant, à votre santé et à la santé de tout le monde!

Tous burent, réconciliés, réchauffés. Ce fut très gentil, cette goutte, dans le petit froid du matin, au moment de marcher à l'ennemi. Et Maurice la sentit qui descendait dans ses veines, en lui rendant la chaleur et la demi-ivresse de l'illusion. Pourquoi ne battrait-on pas les Prussiens? Est-ce que les batailles ne réservaient pas leurs surprises, des revirements inattendus dont l'Histoire gardait l'étonnement! Ce diable d'homme ajoutait que Bazaine était en marche, qu'on l'attendait avant le soir : oh! un renseignement sûr, qu'il tenait de l'aide de camp d'un général; et, bien qu'il montrât la Belgique, pour indiquer la route par laquelle arrivait Bazaine, Maurice s'abandonna à une de ces crises d'espoir, sans lesquelles il ne pouvait vivre. Peut-être enfin était-ce la revanche.

— Qu'est-ce que nous attendons, mon lieutenant? se permit-il de demander. On ne marche donc pas!

Rochas eut un geste, comme pour dire qu'il n'avait pas d'ordre. Puis, après un silence :

— Quelqu'un a-t-il vu le capitaine?

Personne ne répondit. Jean se souvenait de l'avoir vu, dans la nuit, s'éloigner du côté de Sedan; mais un soldat prudent ne doit jamais voir un chef, en dehors du service. Il se taisait, lorsque, en se retournant, il aperçut une ombre, qui revenait le long de la haie.

— Le voici, dit-il.

C'était, en effet, le capitaine Beaudoin. Il les étonna tous par la correction de sa tenue, son uniforme brossé, ses chaussures cirées, qui contrastaient si violemment avec le pitoyable état du lieutenant. Et il avait en outre une coquetterie, comme des soins galants, dans ses mains blanches et la frisure de ses moustaches, un vague parfum de lilas de Perse qui sentait le cabinet de toilette bien installé de jolie femme.

— Tiens! ricana Loubet, le capitaine a donc retrouvé ses bagages!

Mais personne ne sourit, car on le savait peu commode. Il était exécré, tenant ses hommes à l'écart. Un pète-sec, selon le mot de Rochas. Depuis les premières défaites, il avait l'air absolument choqué; et le désastre que tous prévoyaient lui semblait surtout inconvenant. Bonapartiste convaincu, promis au plus bel avancement, appuyé par plusieurs salons, il sentait sa fortune choir dans toute cette boue. On racontait qu'il avait une très jolie voix de ténor, à laquelle il devait beaucoup déjà. Pas inintelligent d'ailleurs, bien que ne sachant rien de son métier, uniquement désireux de plaire, et très brave, quand il le fallait, sans excès de zèle.

— Quel brouillard! dit-il simplement, soulagé de retrouver sa compagnie, qu'il cherchait depuis une demi-heure, avec la crainte de s'être perdu.

Tout de suite, un ordre étant enfin arrivé, le bataillon se porta en

Et Maurice eut alors une vision qui le frappa, celle du colonel de Vineuil,
surgissant tout d'un coup, immobile sur son cheval (p. 178).

avant. De nouveaux flots de brume devaient monter de la Meuse, car on marchait presque à tâtons, au milieu d'une sorte de rosée blanchâtre qui tombait en pluie fine. Et Maurice eut alors une vision qui le frappa, celle du colonel de Vineuil, surgissant tout d'un coup, immobile sur son cheval, à l'angle de deux routes, lui très grand, très pâle, tel qu'un marbre de la désespérance, la bête frissonnante au froid du matin, les naseaux ouverts, tournés là-bas, vers le canon. Mais, surtout, à dix pas en arrière, flottait le drapeau du régiment, que le sous-lieutenant de service tenait, sorti déjà de son fourreau, et qui, dans la blancheur molle et mouvante des vapeurs, semblait en plein ciel de rêve, une apparition de gloire, tremblante, près de s'évanouir. L'aigle dorée était trempée d'eau, tandis que la soie des trois couleurs, où se trouvaient brodés des noms de victoire, pâlissait, enfumée, trouée d'anciennes blessures; et il n'y avait guère que la croix d'honneur, attachée à la cravate, qui mît dans tout cet effacement l'éclat vif de ses branches d'émail.

Le drapeau, le colonel disparurent, noyés sous une nouvelle vague, et le bataillon avançait toujours, sans savoir où, comme dans une ouate humide. On avait descendu une pente, on remontait maintenant par un chemin étroit. Puis, le cri de halte retentit. Et l'on resta là, l'arme au pied, les épaules alourdies par le sac, avec défense de bouger. On devait se trouver sur un plateau ; mais impossible encore de voir à vingt pas, on ne distinguait absolument rien. Il était sept heures, le canon semblait s'être rapproché, de nouvelles batteries tiraient de l'autre côté de Sedan, de plus en plus voisines.

— Oh ! moi, dit brusquement le sergent Sâpin à Jean et à Maurice, je serai tué aujourd'hui.

Il n'avait pas ouvert la bouche depuis le réveil, l'air enfoncé dans une rêverie, avec sa grêle figure aux grands beaux yeux et au petit nez pincé.

— En voilà une idée ! se récria Jean, est-ce qu'on peut dire ce qu'on attrapera?... Vous savez, il n'y en a pour personne, et il y en a pour tout le monde.

Mais le sergent hocha la tête, dans un branle d'absolue certitude.

— Oh ! moi, c'est comme si c'était fait... Je serai tué aujourd'hui.

Des têtes se tournèrent. On lui demanda s'il avait vu ça en rêve. Non, il n'avait rien rêvé; seulement, il le sentait, c'était là.

— Et ça m'embête tout de même, parce que j'allais me marier, en rentrant chez moi.

Ses yeux de nouveau vacillèrent, il revoyait sa vie. Fils de petits épiciers de Lyon, gâté par sa mère qu'il avait perdue, n'ayant pu s'entendre avec son père, il était resté au régiment, dégoûté de tout, sans vouloir se laisser racheter; et puis, pendant un congé, il s'était mis d'accord avec une de ses cousines, se reprenant à l'existence, faisant ensemble l'heureux projet de tenir un commerce, grâce aux quelques sous qu'elle devait apporter. Il avait de l'instruction, l'écriture, l'orthographe, le calcul. Depuis un an, il ne vivait plus que pour la joie de cet avenir.

Il eut un frisson, se secoua pour sortir de son idée fixe, en répétant d'un air calme :

— Oui, c'est embêtant, je serai tué aujourd'hui.

Personne ne parlait plus, l'attente continua. On ne savait même pas si l'on tournait le dos ou la face à l'ennemi. Des bruits vagues, par moments, venaient de l'inconnu du brouillard : grondements de roues, piétinements de foule, trots lointains de chevaux. C'étaient les mouvements de troupes que la brume cachait, toute l'évolution du 7e corps en train de prendre ses positions de combat. Mais, depuis un instant, il semblait que les vapeurs devinssent plus légères. Des lambeaux s'enlevaient comme des mousselines, des coins d'horizon se découvraient, troubles encore, d'un bleu morne d'eau profonde. Et ce fut, dans une de ces éclaircies, qu'on vit défiler, tels qu'une chevauchée de fantômes, les régiments de chasseurs d'Afrique qui faisaient partie de la division Margueritte. Raides sur la selle, avec leurs vestes d'ordonnance, leurs larges ceintures rouges, ils poussaient leurs chevaux, des bêtes minces, à moitié disparues sous la complication du paquetage. Après un escadron, un autre escadron, et tous, sortis de l'incertain, rentraient dans l'incertain, avaient l'air de se fondre sous la pluie fine. Sans doute, ils gênaient, on les emmenait plus loin, ne sachant qu'en faire, ainsi que cela arrivait depuis le commencement de la campagne. A peine les avait-on employés comme éclaireurs, et, dès que le combat s'engageait, on les promenait de vallon en vallon, précieux et inutiles.

Maurice regardait, en songeant à Prosper.

— Tiens ! murmura-t-il, c'est peut-être lui, là-bas.

— Qui donc ? demanda Jean.

— Ce garçon de Remilly, tu sais bien, dont nous avons rencontré le frère à Oches.

Mais les chasseurs étaient passés, et il y eut encore un brusque galop, un état-major qui dévalait par le chemin en pente. Cette fois, Jean avait reconnu leur général de brigade, Bourgain-Desfeuilles, le bras agité dans un geste violent. Il avait donc daigné quitter enfin l'hôtel de la Croix d'Or ; et sa mauvaise humeur disait assez son ennui de s'être levé si tôt, dans des conditions d'installation et de nourriture déplorables.

Sa voix tonnante arriva, distincte.

— Eh ! nom de Dieu ! la Moselle ou la Meuse, l'eau qui est là, enfin !

Le brouillard, pourtant, se levait. Ce fut soudain, comme à Bazeilles, le déroulement d'un décor, derrière le flottant rideau qui remontait avec lenteur vers les frises. Un clair ruissellement de soleil tombait du ciel bleu. Et tout de suite Maurice reconnut l'endroit où ils attendaient.

— Ah ! dit-il à Jean, nous sommes sur le plateau de l'Algérie... **Tu**

vois, de l'autre côté du vallon, en face de nous, ce village, c'est Floing
et là-bas, c'est Saint-Menges ; et, plus loin encore, c'est Fleigneux.
Puis, tout au fond, dans la forêt des Ardennes, ces arbres maigres s
l'horizon, c'est la frontière...

Il continua, la main tendue. Le plateau de l'Algérie, une bande d
terre rougeâtre, longue de trois kilomètres, descendait en pente dou
du bois de la Garenne à la Meuse, dont des prairies le séparaient. C'éta
là que le général Douay avait rangé le 7e corps, désespéré de n'avoir pa
assez d'hommes pour défendre une ligne si développée et pour se reli
solidement au 1er corps, qui occupait, perpendiculairement à lui,
vallon de la Givonne, du bois de la Garenne à Daigny.

— Hein ? c'est grand, est-ce grand !

Et Maurice, se retournant, faisait de la main le tour de l'horizon. I
plateau de l'Algérie, tout le champ de bataille se déroulait, immens
vers le sud et vers l'ouest : d'abord, Sedan, dont on voyait la citadell
dominant les toits ; puis Balan et Bazeilles, dans une fumée trouble q
persistait ; puis, au fond, les coteaux de la rive gauche, le Liry, la Marfé
la Croix-Piau. Mais c'était surtout vers l'ouest, vers Donchery, que s'éte
dait la vue. La boucle de la Meuse enserrait la presqu'île d'Iges d'u
ruban pâle ; et, là, on se rendait parfaitement compte de l'étroite rou
de Saint-Albert, qui filait entre la berge et un coteau escarpé, co
ronné plus loin par le petit bois du Seugnon, une queue des bois de
Falizette. En haut de la côte, au carrefour de la Maison-Rouge, débo
chait la route de Vrignes-aux-Bois et de Donchery.

— Vois-tu, par là, nous pourrions nous replier sur Mézières.

Mais, à cette minute même, un premier coup de canon partit de Sain
Menges. Dans les fonds, traînaient encore des lambeaux de brouillar
et rien n'apparaissait, qu'une masse confuse, en marche dans le défi
de Saint-Albert.

— Ah ! les voici, reprit Maurice qui baissa instinctivement la voi
sans nommer les Prussiens. Nous sommes coupés, c'est fichu !

Il n'était pas huit heures. Le canon, qui redoublait du côté
Bazeilles, se faisait aussi entendre à l'est, dans le vallon de la Givonn
qu'on ne pouvait voir : c'était le moment où l'armée du prince royal
Saxe, au sortir du bois Chevalier, abordait le 1er corps, en avant
Daigny. Et, maintenant que le XIe corps prussien, en marche vers Floin
ouvrait le feu sur les troupes du général Douay, la bataille se trouv
engagée de toutes parts, du sud au nord, sur cet immense périmèt
de plusieurs lieues.

Maurice venait d'avoir conscience de l'irréparable faute qu'on av
commise, en ne se retirant pas sur Mézières, pendant la nuit. Mais, po
lui, les conséquences restaient confuses. Seul, un sourd instinct
danger lui faisait regarder avec inquiétude les hauteurs voisines, q
dominaient le plateau de l'Algérie. Si l'on n'avait pas eu le temps

battre en retraite, pourquoi ne s'était-on pas décidé à occuper ces hauteurs, en s'adossant contre la frontière, quitte à passer en Belgique, dans
le cas où l'on serait culbuté ? Deux points surtout semblaient menaçants,
le mamelon du Hattoy, au-dessus de Floing, à gauche, et le calvaire
d'Illy, une croix de pierre entre deux tilleuls, à droite. La veille, le
général Douay avait fait occuper le Hattoy par un régiment, qui, dès le
petit jour, s'était replié, trop en l'air. Quant au calvaire d'Illy, il devait
être défendu par l'aile gauche du 1er corps. Les terres s'étendaient entre
Sedan et la forêt des Ardennes, vastes et nues, profondément vallonnées ;
et la clef de la position était visiblement là, au pied de cette croix et de
ces deux tilleuls, d'où l'on balayait toute la contrée environnante.

Trois autres coups de canon retentirent. Puis, ce fut toute une salve.
Cette fois, on avait vu une fumée monter d'un petit coteau, à gauche de
Saint-Menges.

— Allons, dit Jean, c'est notre tour.

Pourtant, rien n'arrivait. Les hommes, toujours immobiles, l'arme
au pied, n'avaient d'autre amusement que de regarder la belle ordonnance de la 2e division, rangée devant Floing, et dont la gauche, placée
en potence, était tournée vers la Meuse, pour parer à une attaque de ce
côté. Vers l'est, se déployait la 3e division, jusqu'au bois de la Garenne,
en dessous d'Illy, tandis que la 1re, très entamée à Beaumont, se trouvait en seconde ligne. Pendant la nuit, le génie avait travaillé à des
ouvrages de défense. Même, sous le feu commençant des Prussiens, on
creusait encore des tranchées-abris, on élevait des épaulements.

Mais une fusillade éclata, dans le bas de Floing, tout de suite éteinte
du reste, et la compagnie du capitaine Beaudoin reçut l'ordre de se
reporter de trois cents mètres en arrière. On arrivait dans un vaste carré
de choux, lorsque le capitaine cria, de sa voix brève :

— Tous les hommes par terre !

Il fallut se coucher. Les choux étaient trempés d'une abondante
rosée, leurs épaisses feuilles d'or vert retenaient des gouttes d'une
pureté et d'un éclat de gros brillants.

— La hausse à quatre cents mètres, cria de nouveau le capitaine.

Alors, Maurice appuya le canon de son chassepot sur un chou qu'il
avait devant lui. Mais on ne voyait plus rien, ainsi au ras du sol ; des
terrains s'étendaient, confus, coupés de verdures. Et il poussa le coude
de Jean, allongé à sa droite, en demandant ce qu'on fichait là. Jean,
expérimenté, lui montra, sur un tertre voisin, une batterie qu'on était
en train d'établir. Évidemment, on les avait postés à cette place pour
soutenir cette batterie. Pris de curiosité, Maurice se releva, désireux de
savoir si Honoré n'en était pas, avec sa pièce ; mais l'artillerie de
réserve se trouvait en arrière, à l'abri d'un bouquet d'arbres.

— Nom de Dieu ! hurla Rochas, voulez-vous bien vous coucher !

Et Maurice n'était pas allongé de nouveau, qu'un obus passa en

sifflant. A partir de ce moment, ils ne cessèrent plus. Le tir ne se régla
qu'avec lenteur, les premiers allèrent tomber bien au delà de la batterie,
qui, elle aussi, commençait à tirer. En outre, beaucoup de projectiles
n'éclataient pas, amortis dans la terre molle; et ce furent d'abord des plaisanteries sans fin sur la maladresse de ces sacrés mangeurs de choucroute.

— Ah bien! dit Loubet, il est raté, leur feu d'artifice!

— Pour sûr qu'ils ont pissé dessus! ajouta Chouteau, en ricanant.

Le lieutenant Rochas lui-même s'en mêla.

— Quand je vous disais que ces jean-foutre ne sont pas même
capables de pointer un canon!

Mais un obus éclata à dix mètres, couvrant la compagnie de terre.
Et, bien que Loubet fît la blague de crier aux camarades de prendre leurs
brosses dans les sacs, Chouteau pâlissant se tut. Il n'avait jamais vu
le feu, ni Pache, ni Lapoulle non plus d'ailleurs, personne de l'escouade,
excepté Jean. Les paupières battaient sur les yeux un peu troubles, les
voix se faisaient grêles, comme étranglées au passage. Assez maître de
lui, Maurice s'efforçait de s'étudier : il n'avait pas encore peur, car il
ne se croyait pas en danger; et il n'éprouvait, à l'épigastre, qu'une
sensation de malaise, tandis que sa tête se vidait, incapable de lier deux
idées l'une à l'autre. Cependant, son espoir grandissait plutôt, ainsi
qu'une ivresse, depuis qu'il s'était émerveillé du bel ordre des troupes.
Il en était à ne plus douter de la victoire, si l'on pouvait aborder l'ennemi
à la baïonnette.

— Tiens! murmura-t-il, c'est plein de mouches.

A trois reprises déjà, il avait entendu comme un vol d'abeilles.

— Mais non, dit Jean, en riant, ce sont des balles.

D'autres légers bourdonnements d'ailes passèrent. Toute l'escouade
tournait la tête, s'intéressait. C'était irrésistible, les hommes renversaient le cou, ne pouvaient rester en place.

— Écoute, recommanda Loubet à Lapoulle, en s'amusant de sa
simplicité, quand tu vois arriver une balle, tu n'as qu'à mettre, comme
ça, un doigt devant ton nez : ça coupe l'air, la balle passe à droite ou à
gauche.

— Mais je ne les vois pas, dit Lapoulle.

Un rire formidable éclata autour de lui.

— Oh! le malin, il ne les voit pas!... Ouvre donc tes quinquets,
imbécile!... Tiens! en voici une, tiens! en voici une autre... Tu ne l'as
pas vue, celle-là? elle était verte.

Et Lapoulle écarquillait les yeux, mettait un doigt devant son nez,
pendant que Pache, tâtant le scapulaire qu'il portait, l'aurait voulu
étendre, pour s'en faire une cuirasse sur toute la poitrine.

Rochas, qui était resté debout, s'écria, de sa voix goguenarde :

— Mes enfants, les obus, on ne vous défend pas de les saluer. Quant
aux balles, c'est inutile, il y en a trop!

A ce moment, un éclat d'obus vint fracasser la tête d'un soldat, au premier rang. Il n'y eut pas même de cri : un jet de sang et de cervelle, et ce fut tout.

— Pauvre bougre! dit simplement le sergent Sapin, très calme et très pâle. A un autre !

Mais on ne s'entendait plus, Maurice souffrait surtout de l'effroyable vacarme. La batterie voisine tirait sans relâche, d'un grondement continu dont la terre tremblait; et les mitrailleuses, plus encore, déchiraient l'air, intolérables. Est-ce qu'on allait rester ainsi longtemps, couchés au milieu des choux? On ne voyait toujours rien, on ne savait rien. Impossible d'avoir la moindre idée de la bataille : était-ce même une vraie, une grande bataille? Au-dessus de la ligne rase des champs, Maurice ne reconnaissait que le sommet arrondi et boisé du Hattoy, très loin, désert encore. D'ailleurs, à l'horizon, pas un Prussien ne se montrait. Seules, des fumées s'élevaient, flottaient un instant dans le soleil. Et, comme il tournait la tête, il fut très surpris d'apercevoir, au fond d'un vallon écarté, protégé par des pentes rudes, un paysan qui labourait sans hâte, poussant sa charrue attelée d'un grand cheval blanc. Pourquoi perdre un jour? Ce n'était pas parce qu'on se battait, que le blé cesserait de croître et le monde de vivre.

Dévoré d'impatience, Maurice se mit debout. Dans un regard, il revit les batteries de Saint-Menges qui les canonnaient, couronnées de vapeurs fauves, et il revit surtout, venant de Saint-Albert, le chemin noir de Prussiens, un pullulement indistinct de horde envahissante. Déjà, Jean le saisissait aux jambes, le ramenait violemment par terre.

— Es-tu fou? tu vas y rester !

Et, de son côté, Rochas jurait.

— Voulez-vous bien vous coucher! Qui est-ce qui m'a fichu des gaillards qui se font tuer, quand ils n'en ont pas l'ordre !

— Mon lieutenant, dit Maurice, vous n'êtes pas couché, vous!

— Ah! moi, c'est différent, il faut que je sache.

Le capitaine Beaudoin, lui aussi, était bravement debout. Mais il ne desserrait pas les lèvres, sans lien avec ses hommes, et il semblait ne pouvoir tenir en place, piétinant d'un bout du champ à l'autre.

Toujours l'attente, rien n'arrivait. Maurice étouffait sous le poids de son sac, qui lui écrasait le dos et la poitrine, dans cette position couchée, si pénible à la longue. On avait bien recommandé aux hommes de ne jeter leur sac qu'à la dernière extrémité.

— Dis donc, est-ce que nous allons passer la journée comme ça? finit-il par demander à Jean.

— Possible... A Solférino, c'était dans un champ de carottes, nous y sommes restés cinq heures, le nez par terre.

Puis, il ajouta, en garçon pratique :

— Pourquoi te plains-tu? On n'est pas mal ici. Il sera toujours temps

de s'exposer davantage. Va, chacun son tour. Si l'on se faisait tous tue
au commencement, il n'y en aurait plus pour la fin.

— Ah! interrompit brusquement Maurice, vois donc cette fumée, su
le Hattoy... Ils ont pris le Hattoy, nous allons la danser belle!

Et, pendant un instant, sa curiosité anxieuse, où entrait le frisso
de sa peur première, eut un aliment. Il ne quittait plus du regard l
sommet arrondi du mamelon, la seule bosse de terrain qu'il aperçût
dominant la ligne fuyante des vastes champs, au ras de son œil. L
Hattoy était beaucoup trop éloigné, pour qu'il y distinguât les servant
des batteries que les Prussiens venaient d'y établir; et il ne voyait e
effet que les fumées, à chaque décharge, au-dessus d'un taillis, qu
devait cacher les pièces. C'était, comme il en avait eu le sentiment, un
chose grave, que la prise par l'ennemi de cette position, dont le généra
Douay avait dû abandonner la défense. Elle commandait les plateau
environnants. Tout de suite, les batteries, qui ouvraient leur feu sur l
deuxième division du 7e corps, la décimèrent. Maintenant, le tir s
réglait, la batterie française, près de laquelle était couchée la compagni
Beaudoin, eut coup sur coup deux servants tués. Un éclat vint mêm
blesser un homme de cette compagnie, un fourrier dont le talon gauch
fut emporté et qui se mit à pousser des hurlements de douleur, dans un
sorte de folie subite.

— Tais-toi donc, animal! répétait Rochas. Est-ce qu'il y a du bo
sens à gueuler ainsi, pour un bobo au pied!

L'homme, soudainement calmé, se tut, tomba à une immobilit
stupide, son pied dans sa main

Et le formidable duel d'artillerie continua, s'aggrava, par-dessus l
tête des régiments couchés, dans la campagne ardente et morne, où pa
une âme n'apparaissait, sous le brûlant soleil. Il n'y avait que c
tonnerre, que cet ouragan de destruction, roulant au travers de cett
solitude. Les heures allaient s'écouler, cela ne cesserait point. Mais déj
la supériorité de l'artillerie allemande s'indiquait, les obus à percussio
éclataient presque tous, à des distances énormes; tandis que les obu
français, à fusée, d'un vol beaucoup plus court, s'enflammaient le plu
souvent en l'air, avant d'être arrivés au but. Et aucune autre ressourc
que de se faire tout petit, dans le sillon où l'on se terrait! Pas même l
soulagement, la griserie de s'étourdir en lâchant des coups de fusil; ca
tirer sur qui? puisqu'on ne voyait toujours personne, à l'horizon vide

— Allons-nous tirer à la fin! répétait Maurice hors de lui. Je dor
nerais cent sous pour en voir un. C'est exaspérant d'être mitraillé ains
sans pouvoir répondre.

— Attends, ça viendra peut-être, répondait Jean, paisible.

Mais un galop, à leur gauche, leur fit tourner la tête. Ils reconnurer
le général Douay, suivi de son état-major, accouru pour se rendr
compte de la solidité de ses troupes, sous le feu terrible du Hattoy.

Dès lors, la position de la compagnie devint terrible (p. 187).

sembla satisfait, il donnait quelques ordres, lorsque, débouchant d'un chemin creux, le général Bourgain-Desfeuilles parut à son tour. Ce dernier, tout soldat de cour qu'il était, trottait insouciamment au milieu des projectiles, entêté dans sa routine d'Afrique, n'ayant profité d'aucune leçon. Il criait et gesticulait comme Rochas.

— Je les attends, je les attends tout à l'heure, au corps à corps !

Puis, apercevant le général Douay, il s'approcha.

— Mon général, est-ce vrai, cette blessure du maréchal ?

— Oui, malheureusement... J'ai reçu tout à l'heure un billet du général Ducrot, où il m'annonçait que le maréchal l'avait désigné pour prendre le commandement de l'armée.

— Ah ! c'est le général Ducrot !... Et quels sont les ordres ?

Le général eut un geste désespéré. Depuis la veille, il sentait l'armée perdue, il avait vainement insisté pour qu'on occupât les positions de Saint-Menges et d'Illy, afin d'assurer la retraite sur Mézières.

— Ducrot reprend notre plan, toutes les troupes vont se concentrer sur le plateau d'Illy.

Et il répéta son geste, comme pour dire qu'il était trop tard.

Le bruit du canon emportait ses paroles, mais le sens en était arrivé très net aux oreilles de Maurice, qui en restait effaré. Eh quoi ! le maréchal de Mac-Mahon blessé, le général Ducrot commandant à sa place, toute l'armée en retraite au nord de Sedan ! et ces faits si graves, ignorés des pauvres diables de soldats en train de se faire tuer ! et cette partie effroyable, livrée ainsi au hasard d'un accident, au caprice d'une direction nouvelle ! Il sentit la confusion, le désarroi final où tombait l'armée, sans chef, sans plan, tiraillée en tous sens ; pendant que les Allemands allaient droit à leur but, avec leur rectitude, d'une précision de machine.

Déjà, le général Bourgain-Desfeuilles s'éloignait, lorsque le général Douay, qui venait de recevoir un nouveau message, apporté par un hussard couvert de poussière, le rappela violemment.

— Général ! général !

Sa voix était si haute, si tonnante de surprise et d'émotion, qu'elle dominait le bruit de l'artillerie.

— Général ! ce n'est plus Ducrot qui commande, c'est Wimpffen ! Oui, il est arrivé hier, en plein dans la déroute de Beaumont, pour remplacer de Failly à la tête du 5e corps... Et il m'écrit qu'il avait une lettre de service du ministre de la guerre, le mettant à la tête de l'armée, dans le cas où le commandement viendrait à être libre... Et l'on ne se replie plus, les ordres sont de regagner et de défendre nos positions premières.

Les yeux arrondis, le général Bourgain-Desfeuilles écoutait.

— Nom de Dieu ! dit-il enfin, faudrait savoir.. Moi, je m'en fous d'ailleurs !

Et il galopa, réellement insoucieux au fond, n'ayant vu dans la guerre qu'un moyen rapide de passer général de division, gardant la seule hâte que cette bête de campagne s'achevât au plus tôt, depuis qu'elle apportait si peu de contentement à tout le monde.

Alors, parmi les soldats de la compagnie Beaudoin, ce fut une risée. Maurice ne disait rien, mais il était de l'avis de Chouteau et de Loubet, qui blaguaient, débordants de mépris. A hue, à dia! va comme je te pousse! En v'la des chefs qui s'entendaient et qui ne tiraient pas la couverture à eux! Est-ce que le mieux n'était pas d'aller se coucher, quand on avait des chefs pareils? Trois commandants en deux heures, trois gaillards qui ne savaient pas même au juste ce qu'il y avait à faire et qui donnaient des ordres différents! non, vrai, c'était à ficher en colère et à démoraliser le bon Dieu en personne! Et les accusations fatales de trahison revenaient, Ducrot et Wimpffen voulaient gagner les trois millions de Bismarck, comme Mac-Mahon.

Le général Douay était resté, en avant de son état-major, seul et les regards au loin, sur les positions prussiennes, dans une rêverie d'une infinie tristesse. Longtemps, il examina le Hattoy, dont les obus tombaient à ses pieds. Puis, après s'être tourné vers le plateau d'Illy, il appela un officier, pour porter un ordre, là-bas, à la brigade du 5° corps, qu'il avait demandée la veille au général de Wimpffen, et qui le reliait à la gauche du général Ducrot. Et on l'entendit encore dire nettement :

— Si les Prussiens s'emparaient du calvaire, nous ne pourrions rester une heure ici, nous serions rejetés dans Sedan.

Il partit, disparut avec son escorte, au coude du chemin creux, et le feu redoubla. On l'avait aperçu sans doute. Les obus, qui, jusque-là, n'étaient arrivés que de face, se mirent à pleuvoir par le travers, venant de la gauche. C'étaient les batteries de Frénois, et une autre batterie, installée dans la presqu'île d'Iges, qui croisaient leurs salves avec celles du Hattoy. Tout le plateau de l'Algérie en était balayé. Dès lors la position de la compagnie devint terrible. Les hommes, occupés à surveiller ce qui se passait en face d'eux, eurent cette autre inquiétude dans leur dos, ne sachant à quelle menace échapper. Coup sur coup, trois hommes furent tués, deux blessés hurlèrent.

Et ce fut ainsi que le sergent Sapin reçut la mort, qu'il attendait. Il s'était tourné, il vit venir l'obus, lorsqu'il ne pouvait plus l'éviter.

— Ah! voilà! dit-il simplement.

Sa petite figure, aux grands beaux yeux, n'était que profondément triste, sans terreur. Il eut le ventre ouvert. Et il se lamenta.

— Oh! ne me laissez pas, emportez-moi à l'ambulance, je vous en supplie... Emportez-moi.

Rochas voulut le faire taire. Brutalement, il allait lui dire qu'avec une blessure pareille, on ne dérangeait pas inutilement deux camarades. Puis, apitoyé :

— Mon pauvre garçon, attendez un peu que des brancardiers viennent vous prendre.

Mais le misérable continuait, pleurait maintenant, éperdu du bonheur
rêvé qui s'en allait avec son sang.

— Emportez-moi, emportez-moi.

Et le capitaine Beaudoin, dont cette plainte exaspérait sans doute les
nerfs en révolte, demanda deux hommes de bonne volonté, pour le porter
à un petit bois voisin, où il devait y avoir une ambulance volante. D'un
bond, prévenant les autres, Chouteau et Loubet s'étaient levés, avaient
saisi le sergent, l'un par les épaules, l'autre par les pieds ; et ils l'emportèrent au grand trot. Mais, en chemin, ils le sentirent qui se raidissait,
qui expirait, dans une secousse dernière.

— Dis donc, il est mort, déclara Loubet. Lâchons-le.

Chouteau, furieusement, s'obstinait.

— Veux-tu bien courir, feignant ! Plus souvent que je le lâche ici,
pour qu'on nous rappelle !

Ils continuèrent leur course avec le cadavre, jusqu'au petit bois, le
jetèrent au pied d'un arbre, s'éloignèrent. On ne les revit que le soir.

Le feu redoublait, la batterie voisine venait d'être renforcée de deux
pièces ; et, dans ce fracas croissant, la peur, la peur folle s'empara de
Maurice. Il n'avait pas eu d'abord cette sueur froide, cette défaillance
douloureuse au creux de l'estomac, cet irrésistible besoin de se lever, de
s'en aller au galop, hurlant. Sans doute, maintenant, n'y avait-il là qu'un
effet de la réflexion, ainsi qu'il arrive chez les natures affinées et ner-
veuses. Mais Jean, qui le surveillait, le saisit de sa forte main, le garda
rudement près de lui, en lisant cette crise lâche, dans le vacillement
trouble de ses yeux. Il l'injuriait tout bas, paternellement, il tâchait de
lui faire honte, en paroles violentes, car il savait que c'est à coups de
pied qu'on rend le courage aux hommes. D'autres aussi grelottaient,
Pache qui avait des larmes plein les yeux, qui se lamentait d'une
plainte involontaire et douce, d'un cri de petit enfant, qu'il ne pouvait
retenir. Et il arriva à Lapoulle un accident, un tel bouleversement d'entrailles, qu'il se déculotta, sans avoir le temps de gagner la haie voisine.
On le hua, on jeta des poignées de terre à sa nudité, étalée ainsi aux
balles et aux obus. Beaucoup étaient pris de la sorte, se soulageaient, au
milieu d'énormes plaisanteries, qui rendaient du courage à tous.

— Bougre de lâche, répétait Jean à Maurice, tu ne vas pas être
malade comme eux... Je te fous ma main sur la figure, moi ! si tu ne te
conduis pas bien.

Il le réchauffait par ces bourrades, lorsque, brusquement, à quatre
cents mètres devant eux, ils aperçurent une dizaine d'hommes, vêtus
d'uniformes sombres, sortant d'un petit bois. C'étaient enfin des Prussiens, dont ils reconnaissaient les casques à pointe, les premiers
Prussiens qu'ils voyaient depuis le commencement de la campagne, à

portée de leurs fusils. D'autres escouades suivirent la première ; et,
devant elles, on distinguait les petites fumées de poussière, que les obus
soulevaient du sol. Tout cela était fin et précis, les Prussiens avaient une
netteté délicate, pareils à de petits soldats de plomb, rangés en bon ordre.
Puis, comme les obus pleuvaient plus fort, ils reculèrent, ils disparurent
de nouveau derrière les arbres.

Mais la compagnie Beaudoin les avait vus, et elle les voyait toujours
là. Les chassepots étaient partis d'eux-mêmes. Maurice, le premier,
déchargea le sien. Jean, Pache, Lapoulle, tous les autres l'imitèrent. Il
n'y avait pas eu d'ordre, le capitaine voulut arrêter le feu ; et il ne céda
que sur un grand geste de Rochas, disant la nécessité de ce soulagement. Enfin, on tirait donc, on employait donc ces cartouches qu'on
promenait depuis plus d'un mois, sans en brûler une seule ! Maurice
surtout en était regaillardi, occupant sa peur, s'étourdissant des détonations. La lisière du bois restait morne, pas une feuille ne bougeait,
pas un Prussien n'avait reparu ; et l'on tirait toujours sur les arbres
immobiles.

Puis, ayant levé la tête, Maurice fut surpris d'apercevoir à quelques
pas, le colonel de Vineuil, sur son grand cheval, l'homme et la bête
impassibles, comme s'ils étaient de pierre. Face à l'ennemi, le
colonel attendait sous les balles. Tout le 106e devait s'être replié là,
d'autres compagnies étaient terrées dans les champs voisins, la fusillade
gagnait de proche en proche. Et le jeune homme vit aussi, un peu en
arrière, le drapeau au bras solide du sous-lieutenant qui le portait. Mais
ce n'était plus le fantôme de drapeau, noyé dans le brouillard du matin.
Sous le soleil ardent, l'aigle dorée rayonnait, la soie des trois couleurs
éclatait en notes vives, malgré l'usure glorieuse des batailles. En plein
ciel bleu, au vent de la canonnade, il flottait comme un drapeau de
victoire.

Pourquoi ne vaincrait-on pas, maintenant qu'on se battait ? Et Maurice,
et tous les autres, s'enrageaient, brûlaient leur poudre, à fusiller le bois
lointain, où tombait une pluie lente et silencieuse de petites branches.

III

Henriette ne put dormir de la nuit. La pensée de savoir son mari à Bazeilles, si près des lignes allemandes, la tourmentait. Vainement, elle se répétait sa promesse de revenir au premier danger; et, à chaque instant, elle tendait l'oreille, croyant l'entendre. Vers dix heures, au moment de se mettre au lit, elle ouvrit la fenêtre, s'accouda, s'oublia.

La nuit était très sombre, à peine distinguait-elle, en bas, le pavé de la rue des Voyards, un étroit couloir obscur, étranglé entre les vieilles maisons. Au loin, du côté du collège, il n'y avait que l'étoile fumeuse d'un réverbère. Et il montait de là un souffle salpêtré de cave, le miaulement d'un chat en colère, des pas lourds de soldat égaré. Puis, dans Sedan entier, derrière elle, c'étaient des bruits inaccoutumés, des galops brusques, des grondements continus, qui passaient comme des frissons de mort. Elle écoutait, son cœur battait à grands coups, et elle ne reconnaissait toujours point le pas de son mari, au détour de la rue.

Des heures s'écoulèrent, elle s'inquiétait maintenant des lointaines lueurs aperçues dans la campagne, par-dessus les remparts. Il faisait si sombre, qu'elle tâchait de reconstituer les lieux. En bas, cette grande nappe pâle, c'étaient bien les prairies inondées. Alors, quel était donc ce feu, qu'elle avait vu briller et s'éteindre, là-haut, sans doute sur la Marfée? Et, de toutes parts, il en flambait d'autres, à Pont-Maugis, à Noyers, à Frénois, des feux mystérieux qui vacillaient comme au-dessus d'une multitude innombrable, pullulant dans l'ombre. Puis, davantage encore, des rumeurs extraordinaires la faisaient tressaillir, le piétine-ment d'un peuple en marche, des souffles de bêtes, des chocs d'armes, toute une chevauchée au fond de ces ténèbres d'enfer. Brusquement, éclata un coup de canon, un seul, formidable, effrayant dans l'absolu

silence qui suivit. Elle en eut le sang glacé. Qu'était-ce donc? Un signal
sans doute, la réussite de quelque mouvement, l'annonce qu'ils étaient
prêts, là-bas, et que le soleil pouvait paraître.

Vers deux heures, tout habillée, Henriette vint se jeter sur son lit,
en négligeant même de fermer la fenêtre. La fatigue, l'anxiété l'écrasaient. Qu'avait-elle, à grelotter ainsi de fièvre, elle si calme d'habitude,
marchant d'un pas si léger, qu'on ne l'entendait pas vivre? Et elle som-
meilla péniblement, engourdie, avec la sensation persistante du malheur
qui pesait dans le ciel noir. Tout d'un coup, au fond de son mauvais
sommeil, le canon recommença, des détonations sourdes, lointaines; et
il ne cessait plus, régulier, entêté. Frissonnante, elle se mit sur son
séant. Où était-elle donc? Elle ne reconnaissait plus, elle ne voyait plus
la chambre, qu'une épaisse fumée semblait emplir. Puis, elle comprit :
des brouillards, qui s'étaient levés du fleuve voisin, avaient dû envahir
la pièce. Dehors, le canon redoublait. Elle sauta du lit, elle courut à la
fenêtre, pour écouter.

Quatre heures sonnaient à un clocher de Sedan. Le petit jour pointait,
louche et sale dans la brume roussâtre. Impossible de rien voir, elle ne
distinguait même plus les bâtiments du collège, à quelques mètres. Où
tirait-on, mon Dieu? Sa première pensée fut pour son frère Maurice, car
les coups étaient si assourdis, qu'ils lui semblaient venir du nord, par-
dessus la ville. Puis, elle n'en put douter, on tirait là, devant elle, et elle
trembla pour son mari. C'était à Bazeilles, certainement. Pourtant, elle
se rassura pendant quelques minutes, les détonations lui paraissaient
être, par moments, à sa droite. On se battait peut-être à Donchéry, dont
elle savait qu'on n'avait pu faire sauter le pont. Et ensuite la plus cruelle
indécision s'empara d'elle : était-ce à Donchery, était-ce à Bazeilles? il
devenait impossible de s'en rendre compte, dans le bourdonnement qui
lui emplissait la tête. Bientôt, son tourment fut tel, qu'elle se sentit
incapable de rester là davantage, à attendre. Elle frémissait d'un besoin
immédiat de savoir, elle jeta un châle sur ses épaules et sortit, allant
aux nouvelles.

En bas, dans la rue des Voyards, Henriette eut une courte hésitation,
tellement la ville lui sembla noire encore, sous le brouillard opaque qui
la noyait. Le petit jour n'était point descendu jusqu'au pavé humide,
entre les vieilles façades enfumées. Rue au beurre, au fond d'un cabaret
borgne, où clignotait une chandelle, elle n'aperçut que deux turcos
ivres, avec une fille. Il lui fallut tourner dans la rue Maqua, pour trouver
quelque animation : des soldats furtifs dont les ombres filaient le long
des trottoirs, des lâches peut-être, en quête d'un abri; un grand cuiras-
sier perdu, lancé à la recherche de son capitaine, frappant furieusement
aux portes; tout un flot de bourgeois qui suaient la peur de s'être
attardés et qui se décidaient à s'empiler dans une carriole, pour voir
s'il ne serait pas temps encore de gagner Bouillon, en Belgique, où la

moitié de Sedan émigrait depuis deux jours! Instinctivement, elle se dirigeait vers la Sous-Préfecture, certaine d'y être renseignée; et l'idée lui vint de couper par les ruelles, désireuse d'éviter toute rencontre. Mais, rue du Four et rue des Laboureurs, elle ne put passer : des canons s'y trouvaient, une file sans fin de pièces, de caissons, de prolonges, qu'on avait dû parquer dès la veille dans ce recoin, et qui semblait y avoir été oubliée. Pas un homme même ne les gardait. Cela lui fit froid au cœur, toute cette artillerie inutile et morne, dormant d'un sommeil d'abandon au fond de ces ruelles désertes. Alors, elle dut revenir, par la place du Collège, vers la Grande-Rue, où, devant l'hôtel de l'Europe, des ordonnances tenaient en main des chevaux, en attendant des officiers supérieurs, dont les voix hautes s'élevaient dans la salle à manger, violemment éclairée. Place du Rivage et place Turenne, il y avait plus de monde encore, des groupes d'habitants inquiets, des femmes, des enfants mêlés à de la troupe débandée, effarée; et, là, elle vit un général sortir en jurant de l'hôtel de la Croix d'Or, puis galoper rageusement, au risque de tout écraser. Un instant, elle parut vouloir entrer à l'Hôtel de Ville; enfin, elle prit la rue du Pont-de-Meuse, pour pousser jusqu'à la Sous-Préfecture.

Et jamais Sedan ne lui avait fait cette impression de ville tragique, ainsi vu, sous le petit jour sale, noyé de brouillard. Les maisons semblaient mortes, beaucoup, depuis deux jours, se trouvaient abandonnées et vides; les autres restaient hermétiquement closes, dans l'insomnie peureuse qu'on y sentait. C'était tout un matin grelottant, avec ces rues à demi désertes encore, seulement peuplées d'ombres anxieuses, traversées de brusques départs, au milieu du ramas louche qui traînait déjà de la veille. Le jour allait grandir et la ville s'encombrer, submergée sous le désastre. Il était cinq heures et demie, on entendait à peine le bruit du canon, assourdi entre les hautes façades noires.

A la Sous-Préfecture, Henriette connaissait la fille de la concierge, Rose, une petite blonde, l'air délicat et joli, qui travaillait à la fabrique Delaherche. Tout de suite, elle entra dans la loge. La mère n'était pas là, mais Rose l'accueillit avec sa gentillesse.

— Oh! ma chère dame, nous ne tenons plus debout. Maman vient d'aller se reposer un peu. Pensez donc! la nuit entière, il a fallu être sur pied, avec ces allées et venues continuelles.

Et, sans attendre d'être questionnée, elle en disait, elle en disait, enfiévrée de tout ce qu'elle voyait d'extraordinaire depuis la veille.

— Le maréchal, lui, a bien dormi. Mais c'est ce pauvre empereur! Non, vous ne pouvez pas savoir ce qu'il souffre!... Imaginez-vous qu'hier soir j'étais montée pour aider à donner du linge. Alors, voilà qu'en passant dans la pièce qui touche au cabinet de toilette, j'ai entendu des gémissements, oh! des gémissements, comme si quelqu'un était en train de mourir. Et je suis restée tremblante, le cœur glacé, en compre

Pas un bruit, le silence moite d'une nuit heureuse... (p. 196).

nant que c'était l'empereur... Il paraît qu'il a une maladie affreuse qui le force à crier ainsi. Quand il y a du monde, il se retient; mais, dès qu'il est seul, c'est plus fort que sa volonté, il crie, il se plaint, à vous faire dresser les cheveux sur la tête.

— Où se bat-on, depuis ce matin, le savez-vous? demanda Henriette, en tâchant de l'interrompre.

Rose, d'un geste, écarta la question; et elle continua :

— Alors, vous comprenez, j'ai voulu savoir, je suis remontée quatre ou cinq fois cette nuit, j'ai collé mon oreille à la cloison... Il se plaignait toujours, il n'a pas cessé de se plaindre, sans pouvoir fermer l'œil un instant, j'en suis bien sûre... Hein? c'est terrible, de souffrir de la sorte, avec les tracas qu'il doit avoir dans la tête! car il y a un gâchis, une bousculade! Ma parole, ils ont tous l'air d'être fous! Et toujours du monde nouveau qui arrive, et les portes qui battent, et des gens qui se fâchent, et d'autres qui pleurent, et un vrai pillage dans la maison en l'air, des officiers buvant aux bouteilles, couchant dans les lits avec leurs bottes!... Tenez! c'est encore l'empereur qui est le plus gentil et qui tient le moins de place, dans le coin où il se cache pour crier.

Puis, comme Henriette répétait sa question :

— Où l'on se bat? c'est à Bazeilles qu'on se bat depuis ce matin!... Un soldat à cheval est venu le dire au maréchal, qui tout de suite s'est rendu chez l'empereur, pour l'avertir... Voici dix minutes déjà que le maréchal est parti, et je crois bien que l'empereur va le rejoindre, car on l'habille, là-haut... Je viens de voir à l'instant qu'on le peignait et qu'on le bichonnait, avec toutes sortes d'histoires sur la figure.

— Mais Henriette, sachant enfin ce qu'elle désirait, se sauva.

— Merci, Rose. Je suis pressée.

Et la jeune fille l'accompagna jusqu'à la rue, complaisante, lui jetant encore :

— Toute à votre service, madame Weiss. Je sais bien qu'avec vous, on peut tout dire.

Vivement, Henriette retourna chez elle, rue des Voyards. Elle était convaincue de trouver son mari rentré; et même elle pensa qu'en ne la voyant pas au logis, il devait être très inquiet, ce qui lui fit encore hâter le pas. Comme elle approchait de la maison, elle leva la tête, croyant l'apercevoir là-haut, penché à la fenêtre, en train de guetter son retour. Mais la fenêtre, toujours grande ouverte, était vide. Et lorsqu'elle fut montée, qu'elle eut donné un coup d'œil dans les trois pièces, elle resta saisie, serrée au cœur, de n'y trouver que le brouillard glacial, dans l'ébranlement continu du canon. Là-bas, on tirait toujours. Elle se remit un instant à la fenêtre. Maintenant, renseignée, bien que le mur des brumes matinales restât impénétrable, elle se rendait parfaitement compte de la lutte engagée à Bazeilles, le craquement des mitrailleuses, les volées fracassantes des batteries françaises répondant aux volées lointaines des batteries allemandes. On aurait dit que les détonations se rapprochaient, la bataille s'aggravait de minute en minute.

Pourquoi Weiss ne revenait-il pas? Il avait si formellement promis de rentrer, à la première attaque! Et l'inquiétude d'Henriette croissait, elle s'imaginait des obstacles, la route coupée, les obus rendant déjà la retraite trop dangereuse. Peut-être même était il arrivé un malheur. Elle en écartait la pensée, trouvant dans l'espoir un ferme soutien d'action. Puis, elle forma un instant le projet d'aller là-bas, de partir à la rencontre de son mari. Des incertitudes la retinrent : peut-être se croiseraient-ils; et que deviendrait-elle, si elle le manquait? et quel serait son tourment, à lui, s'il rentrait sans la trouver? Du reste, la témérité d'une visite à Bazeilles en ce moment lui apparaissait naturelle, sans héroïsme déplacé, rentrant dans son rôle de femme active, faisant en silence ce que nécessitait la bonne tenue de son ménage. Où son mari était, elle devait être, simplement.

Mais elle eut un brusque geste, elle dit tout haut, en quittant la fenêtre :

— Et monsieur Delaherche... Je vais voir...

Elle venait de songer que le fabricant de drap, lui aussi, avait couché à Bazeilles, et que, s'il était rentré, elle aurait par lui des nouvelles. Promptement, elle redescendit. Au lieu de sortir par la rue des Voyards, elle traversa l'étroite cour de la maison, elle prit le passage qui conduisait aux vastes bâtiments de la fabrique, dont la monumentale façade donnait sur la rue Maqua. Comme elle débouchait dans l'ancien jardin central, pavé maintenant, n'ayant gardé qu'une pelouse entourée d'arbres superbes, des ormes géants du dernier siècle, elle fut d'abord étonnée d'apercevoir, devant la porte fermée d'une remise, un factionnaire qui montait la garde; puis, elle se souvint, elle avait su la veille que le trésor du 7e corps était déposé là; et cela lui fit un singulier effet, tout cet or, des millions, à ce qu'on disait, caché dans cette remise, pendant qu'on se tuait déjà, à l'entour. Mais, au moment où elle prenait l'escalier de service pour monter à la chambre de Gilberte, une autre surprise l'arrêta, une rencontre si imprévue, qu'elle en redescendit les trois marches déjà gravies, ne sachant plus si elle oserait aller frapper là-haut. Un soldat, un capitaine venait de passer devant elle, d'une légèreté d'apparition, aussitôt évanoui; et elle avait eu pourtant le temps de le reconnaître, l'ayant vu à Charleville, chez Gilberte, lorsque celle-ci n'était encore que madame Maginot. Elle fit quelques pas dans la cour, leva les yeux sur les deux hautes fenêtres de la chambre à coucher, dont les persiennes restaient closes. Puis, elle se décida, elle monta quand même.

Au premier étage, elle comptait frapper à la porte du cabinet de toilette, en petite amie d'enfance, en intime qui venait parfois causer ainsi le matin. Mais cette porte, mal fermée dans une hâte de départ, était restée entr'ouverte. Elle n'eut qu'à la pousser, elle se trouva dans le cabinet, puis dans la chambre. C'était une chambre à très haut plafond, d'où tombaient d'amples rideaux de velours rouge, qui enveloppaient le grand lit tout entier. Et pas un bruit, le silence moité d'une nuit heureuse, rien qu'une respiration calme, à peine distincte, dans un vague parfum de lilas évaporé.

— Gilberte! appela doucement Henriette.

La jeune femme s'était tout de suite rendormie; et, sous le faible jour qui pénétrait entre les rideaux rouges des fenêtres, elle avait sa jolie tête ronde, roulée de l'oreiller, appuyée sur l'un de ses bras nus, au milieu de son admirable chevelure noire défaite.

— Gilberte!

Elle s'agita, s'étira, sans ouvrir les paupières.

— Oui, adieu... Oh! je vous en prie...

Ensuite, soulevant la tête, reconnaissant Henriette :

— Tiens! c'est toi... Quelle heure est-il donc?

Quand elle sut que six heures sonnaient, elle éprouva une gêne plaisantant pour la cacher, disant que ce n'était pas une heure à venir réveiller les gens. Puis, à la première question sur son mari :

— Mais il n'est pas rentré, il ne rentrera que vers neuf heures, je pense... Pourquoi veux-tu qu'il rentre sitôt?

Henriette, en la voyant souriante, dans son engourdissement de sommeil heureux, dut insister.

— Je te dis qu'on se bat à Bazeilles depuis le petit jour, et comme je suis très inquiète de mon mari...

— Oh! ma chère, s'écria Gilberte, tu as bien tort... Le mien est si prudent, qu'il serait depuis longtemps ici, s'il y avait le moindre danger... Tant que tu ne le verras pas, va! tu peux être tranquille.

Cette réflexion frappa beaucoup Henriette. En effet, Delaherche n'était pas un homme à s'exposer inutilement. Elle en fut toute rassurée, elle alla tirer les rideaux, rabattre les persiennes; et la chambre s'éclaira de la grande lumière rousse du ciel, où le soleil commençait à percer et à dorer le brouillard. Une des fenêtres était restée entr'ouverte, on entendait maintenant le canon, dans cette grande pièce tiède, si close et si étouffée tout à l'heure.

Gilberte, soulevée à demi, un coude dans l'oreiller, regardait le ciel de ses jolis yeux clairs.

— Alors, on se bat, murmura-t-elle.

Sa chemise avait glissé, une de ses épaules était nue, d'une chair rose et fine, sous les mèches éparses de la noire chevelure; tandis qu'une odeur pénétrante, une odeur d'amour s'exhalait de son réveil.

— On se bat si matin, mon Dieu! Que c'est ridicule, de se battre!

Mais les regards d'Henriette venaient de tomber sur une paire de gants d'ordonnance, des gants d'homme oubliés sur un guéridon; et elle n'avait pu retenir un mouvement. Alors, Gilberte rougit beaucoup, l'attira au bord du lit, d'un geste confus et câlin. Puis, se cachant la face contre son épaule :

— Oui, j'ai bien senti que tu savais, que tu l'avais vu... Chérie, il ne faut pas me juger sévèrement. C'est un ami ancien, je t'avais avoué ma faiblesse, à Charleville, autrefois, tu te souviens ..

Elle baissa encore la voix, continua avec un attendrissement où il y avait comme un petit rire :

— Hier, il m'a tant suppliée, quand je l'ai revu... Songe donc, il se bat ce matin, on va le tuer peut-être... Est-ce que je pouvais refuser?

Et cela était héroïque et charmant, dans sa gaieté attendrie, ce dernier cadeau de plaisir, cette nuit heureuse donnée à la veille d'une bataille. C'était de cela dont elle souriait, malgré sa confusion, avec son étourderie d'oiseau. Jamais elle n'aurait eu le cœur de fermer sa porte, puisque toutes les circonstances facilitaient le rendez-vous.

— Est-ce que tu me condamnes?

Henriette l'avait écoutée, très grave. Ces choses la surprenaient, car elle ne les comprenait pas. Sans doute, elle était autre. Depuis le matin, son cœur était avec son mari, avec son frère, là-bas, sous les balles. Comment pouvait-on dormir si paisible, s'égayer de cet air amoureux, quand les êtres aimés se trouvaient en péril?

— Mais ton mari, ma chère, et ce garçon lui-même, est-ce que cela ne te retourne pas le cœur, de ne pas être avec eux? Tu ne songes donc pas qu'on peut te les rapporter d'une minute à l'autre, la tête cassée?

Vivement, de son adorable bras nu, Gilberte écarta l'affreuse image.

— Oh! mon Dieu! qu'est-ce que tu me dis là? Es-tu mauvaise, de me gâter ainsi la matinée!... Non, non, je ne veux pas y songer, c'est trop triste!

Et, malgré elle, Henriette sourit à son tour. Elle se rappelait leur enfance, lorsque le père de Gilberte, le commandant de Vineuil, nommé directeur des Douanes à Charleville, à la suite de ses blessures, avait envoyé sa fille dans une ferme, près du Chêne-Populeux, inquiet de l'entendre tousser, hanté par la mort de sa femme, que la phtisie venait d'emporter toute jeune. La fillette n'avait que neuf ans, et déjà elle était d'une coquetterie turbulente, elle jouait la comédie, voulait toujours faire la reine, drapée dans tous les chiffons qu'elle trouvait, gardant le papier d'argent du chocolat pour s'en fabriquer des bracelets et des couronnes. Plus tard, elle était restée la même, lorsque, à vingt ans, elle avait épousé l'inspecteur des forêts Maginot. Mézières, resserré entre ses remparts, lui déplaisait, et elle continuait d'habiter Charleville, dont elle aimait la vie large, égayée de fêtes. Son père n'était plus, elle jouissait d'une liberté entière, avec un mari commode, dont la nullité la laissait sans remords. La malignité provinciale lui avait alors prêté beaucoup d'amants, mais elle ne s'était réellement oubliée qu'avec le capitaine Beaudoin, dans le flot d'uniformes où elle vivait, grâce aux anciennes relations de son père et à sa parenté avec le colonel de Vineuil. Elle était sans méchanceté perverse, adorant simplement le plaisir; et il semblait bien certain qu'en prenant un amant, elle avait cédé à son irrésistible besoin d'être belle et gaie.

— C'est très mal d'avoir renoué, dit enfin Henriette de son air sérieux.

Déjà Gilberte lui fermait la bouche, d'un de ses jolis gestes caressants.

— Oh! chérie, puisque je ne pouvais pas faire autrement et que c'était pour une seule fois... Tu le sais, j'aimerais mieux mourir, maintenant, que de tromper mon nouveau mari.

Ni l'une ni l'autre ne parlèrent plus, serrées dans une affectueuse etreinte, si profondément dissemblables pourtant. Elles entendaient les battements de leurs cœurs, elles auraient pu en comprendre la langue différente, l'une toute à sa joie, se dépensant, se partageant, l'autre enfoncée dans un dévouement unique, du grand héroïsme muet des âmes fortes.

— C'est vrai qu'on se bat! finit par s'écrier Gilberte. Il faut que je m'habille bien vite.

Depuis que régnait le silence, en effet, le bruit des détonations semblait grandir. Et elle sauta du lit, elle se fit aider, sans vouloir appeler la femme de chambre, se chaussant, passant tout de suite une robe, pour être prête à recevoir et à descendre, s'il le fallait. Comme elle achevait rapidement de se coiffer, on frappa, et elle courut ouvrir, en reconnaissant la voix de la vieille madame Delaherche.

— Mais parfaitement, chère mère, vous pouvez entrer.

Avec son étourderie habituelle, elle l'introduisit, sans remarquer que les gants d'ordonnance étaient là encore, sur le guéridon. Vainement, Henriette se précipita pour les saisir et les jeter derrière un fauteuil. Madame Delaherche avait dû les voir, car elle demeura quelques secondes suffoquée, comme si elle ne pouvait reprendre haleine. Elle eut un involontaire regard autour de la chambre, s'arrêta au lit drapé de rouge, resté grand ouvert, dans son désordre.

— Alors, c'est madame Weiss qui est montée vous réveiller... Vous avez pu dormir, ma fille...

Évidemment, elle n'était pas venue pour dire cela. Ah! ce mariage que son fils avait voulu faire contre son gré, dans la crise de la cinquantaine, après vingt ans d'un ménage glacé avec une femme maussade et maigre, lui si raisonnable jusque-là, tout emporté maintenant d'un désir de jeunesse pour cette jolie veuve, si légère et si gaie! Elle s'était bien promis de veiller sur le présent, et voilà le passé qui revenait! Mais devait-elle parler? Elle ne vivait plus que comme un blâme muet dans la maison, elle se tenait toujours enfermée dans sa chambre, d'une grande rigidité de dévotion. Cette fois pourtant, l'injure était si grave qu'elle résolut de prévenir son fils.

Gilberte, rougissante, répondait :

— Oui, j'ai eu tout de même quelques heures de bon sommeil... Vous savez que Jules n'est pas rentré...

D'un geste, madame Delahèrche l'interrompit. Depuis que le canon tonnait, elle s'inquiétait, guettait le retour de son fils. Mais c'était une mère héroïque. Et elle se ressouvint de ce qu'elle était montée faire.

— Votre oncle, le colonel, nous envoie le major Bouroche, avec un billet écrit au crayon, pour nous demander si nous ne pourrions pas laisser installer ici une ambulance... Il sait que nous avons de la place, dans la fabrique, et j'ai déjà mis la cour et le séchoir à la disposition de ces messieurs... Seulement, vous devriez descendre.

— Oh! tout de suite, tout de suite! dit Henriette, qui se rapprocha. Nous allons aider.

Gilberte elle-même se montra très émue, très passionnée pour ce rôle nouveau d'infirmière. Elle prit à peine le temps de nouer sur ses cheveux une dentelle; et les trois femmes descendirent. En bas, comme elles arrivaient sous le vaste porche, elles virent un rassemblement dans la rue, par la porte ouverte à deux battants. Une voiture basse arrivait lentement, une sorte de carriole, attelée d'un seul cheval, qu'un lieutenant de zouaves conduisait par la bride. Et elles crurent que c'était un premier blessé qu'on leur amenait.

— Oui, oui! c'est ici, entrez!

Mais on les détrompa. Le blessé qui se trouvait couché au fond de la carriole, était le maréchal de Mac-Mahon, la fesse gauche à demi emportée, et que l'on ramenait à la Sous-Préfecture, après lui avoir fait un premier pansement, dans une petite maison de jardinier. Il était nu-tête, à moitié dévêtu, les broderies d'or de son uniforme salies de poussière et de sang. Sans parler, il avait levé la tête, il regardait, d'un air vague. Puis, ayant aperçu les trois femmes, saisies, les mains jointes devant ce grand malheur qui passait, l'armée tout entière frappée dans son chef, dès les premiers obus, il inclina légèrement la tête, avec un faible et paternel sourire. Autour de lui, quelques curieux s'étaient découverts. D'autres, affairés, racontaient déjà que le général Ducrot venait d'être nommé général en chef. Il était sept heures et demie.

— Et l'empereur? demanda Henriette à un libraire, debout devant sa porte.

— Il y a près d'une heure qu'il est passé, répondit le voisin. Je l'ai accompagné, je l'ai vu sortir par la porte de Balan... Le bruit court qu'un boulet lui a emporté la tête.

Mais l'épicier d'en face se fâchait.

— Laissez donc! des mensonges! il n'y a que les braves gens qui y laisseront la peau!

Vers la place du Collège, la carriole qui emportait le maréchal, se perdait au milieu de la foule grossie, parmi laquelle circulaient déjà les plus extraordinaires nouvelles du champ de bataille. Le brouillard se dissipait, les rues s'emplissaient de soleil.

Mais une voix rude cria de la cour :

— Mesdames, ce n'est pas dehors, c'est ici qu'on a besoin de vous !

Elles rentrèrent toutes trois, elles se trouvèrent devant le major Bouroche qui avait déjà jeté dans un coin son uniforme, pour revêtir un grand tablier blanc. Sa tête énorme aux durs cheveux hérissés, son mufle de lion flambait de hâte et d'énergie, au-dessus de toute cette blancheur, encore sans tache. Et il leur apparut si terrible, qu'elles lui appartinrent du coup, obéissant à un signe, se bousculant pour le satisfaire.

— Nous n'avons rien... Donnez-moi du linge, tâchez de trouver encore des matelas, montrez à mes hommes où est la pompe...

Elles coururent, se multiplièrent, ne furent plus que ses servantes.

C'était un très bon choix que la fabrique pour une ambulance. Il y avait là surtout le séchoir, une immense salle fermée par de grands vitrages, où l'on pouvait installer aisément une centaine de lits; et, à côté, se trouvait un hangar, sous lequel on allait être à merveille pour faire les opérations : une longue table venait d'y être apportée, la pompe n'était qu'à quelques pas, les petits blessés pourraient attendre sur la pelouse voisine. Puis, cela était vraiment agréable, ces beaux ormes séculaires qui donnaient une ombre délicieuse.

Bouroche avait préféré s'établir tout de suite dans Sedan, prévoyant le massacre, l'effroyable poussée qui allait y jeter les troupes. Il s'était contenté de laisser près du 7ᵉ corps, en arrière de Floing, deux ambulances volantes et de premiers secours, d'où l'on devait lui envoyer les blessés, après les avoir pansés sommairement. Toutes les escouades de brancardiers étaient là-bas, chargées de ramasser sous le feu les hommes qui tombaient, ayant avec elles le matériel des voitures et des fourgons. Et Bouroche, sauf deux de ses aides restés sur le champ de bataille, avait amené son personnel, deux majors de seconde classe et trois sous-aides, qui sans doute suffiraient aux opérations. En outre, il y avait là trois pharmaciens et une douzaine d'infirmiers.

Mais il ne décolérait pas, ne pouvant rien faire sans passion.

— Qu'est-ce que vous fichez donc? Serrez-moi ces matelas davantage!... On mettra de la paille dans ce coin, si c'est nécessaire.

Le canon grondait, il savait bien que d'un instant à l'autre la besogne allait arriver, des voitures pleines de chair saignante; et il installait violemment la grande salle encore vide. Puis, sous le hangar, ce furent d'autres préparatifs : les caisses de pansement et de pharmacie rangées, ouvertes sur une planche, des paquets de charpie, des bandes, des compresses, des linges, des appareils à fractures; tandis que, sur une autre planche, à côté d'un gros pot de cérat et d'un flacon de chloroforme, les trousses s'étalaient, l'acier clair des instruments, les sondes, les pinces, les couteaux, les ciseaux, les scies, un arsenal, toutes les formes aiguës

Et la visite commença... (p. 202).

et coupantes de ce qui fouille, entaille, tranche, abat. Mais les cuvettes manquaient.

— Vous avez bien des terrines, des seaux, des marmites, enfin ce que vous voudrez... Nous n'allons pas nous barbouiller de sang jusqu'au nez, bien sûr !... Et des éponges, tâchez de m'avoir des éponges !

Madame Delaherche se hâta, revint suivie de trois servantes, les bras chargés de toutes les terrines qu'elle avait pu trouver. Debout devant les trousses, Gilberte avait appelé Henriette d'un signe, en les lui montrant avec un léger frisson. Toutes deux se prirent la main, restèrent là, silencieuses, mettant dans leur étreinte la sourde terreur, la pitié anxieuse qui les bouleversaient.

— Hein ? ma chère, dire qu'on pourrait vous couper quelque chose !
— Pauvres gens !

Sur la grande table, Bouroche venait de faire placer un matelas, qu'il garnissait d'une toile cirée, lorsqu'un piétinement de chevaux se fit entendre sous le porche. C'était une première voiture d'ambulance, qui entra dans la cour. Mais elle ne contenait que dix petits blessés, assis face à face, la plupart ayant un bras en écharpe, quelques-uns atteints à la tête, le front bandé. Ils descendirent, simplement soutenus ; et la visite commença.

Comme Henriette aidait doucement un soldat tout jeune, l'épaule traversée d'une balle, à retirer sa capote, ce qui lui arrachait des cris, elle remarqua le numéro de son régiment.

— Mais vous êtes du 106e ! Est-ce que vous appartenez à la compagnie Beaudoin ?

Non, il était de la compagnie Ravaud. Mais il connaissait tout de même le caporal Jean Macquart, il crut pouvoir dire que l'escouade de celui-ci n'avait pas encore été engagée. Et ce renseignement, si vague, suffit pour donner de la joie à la jeune femme : son frère vivait, elle serait tout à fait soulagée, lorsqu'elle aurait embrassé son mari, qu'elle continuait à attendre d'une minute à l'autre.

A ce moment, Henriette, ayant levé la tête, fut saisie d'apercevoir, à quelques pas d'elle, au milieu d'un groupe, Delaherche, racontant les terribles dangers qu'il venait de courir, de Bazeilles à Sedan. Comment se trouvait-il là ? Elle ne l'avait pas vu entrer.

— Et mon mari n'est pas avec vous ?

Mais Delaherche, que sa mère et sa femme questionnaient complaisamment, ne se hâtait point.

— Attendez, tout à l'heure.

Puis, reprenant son récit :

— De Bazeilles à Balan, j'ai failli être tué vingt fois. Une grêle, un ouragan de balles et d'obus !... Et j'ai rencontré l'empereur, oh ! très brave... Ensuite, de Balan ici, j'ai pris ma course...

Henriette lui secoua le bras.

— Mon mari?

— Weiss?.mais il est resté là-bas, Weiss!

— Comment, là-bas?

— Oui, il a ramassé le fusil d'un soldat mort, il se bat.

— Il se bat, pourquoi donc?

— Oh! un enragé! Jamais il n'a voulu me suivre, et je l'ai lâché, naturellement.

Les yeux fixes, élargis, Henriette le regardait. Il y eut un silence. Puis, tranquillement, elle se décida.

— C'est bon, j'y vais.

Elle y allait, comment? Mais c'était impossible, c'était fou! Delaherche reparlait des balles, des obus qui balayaient la route. Gilberte lui avait repris les mains pour la retenir, tandis que madame Delaherche s'épuisait aussi à lui démontrer l'aveugle témérité de son projet. De son air doux et simple, elle répéta :

— Non, c'est inutile, j'y vais.

Et elle s'obstina, n'accepta que la dentelle noire que Gilberte avait sur la tête. Espérant encore la convaincre, Delaherche finit par déclarer qu'il l'accompagnerait, au moins jusqu'à la porte de Balan. Mais il venait d'apercevoir le factionnaire qui, au milieu de la bousculade causée par l'installation de l'ambulance, n'avait pas cessé de marcher à petits pas devant la remise, où se trouvait enfermé le trésor du 7ᵉ corps; et il se souvint, il fut pris de peur, il alla s'assurer d'un coup d'œil que les millions étaient toujours là. Henriette, déjà, s'engageait sous le porche.

— Attendez-moi donc! Vous êtes aussi enragée que votre mari, ma parole!

D'ailleurs, une nouvelle voiture d'ambulance entrait, ils durent la laisser passer. Celle-ci, plus petite, à deux roues seulement, contenait deux grands blessés, couchés sur des sangles. Le premier qu'on descendit, avec toutes sortes de précautions, n'était plus qu'une masse de chairs sanglantes, une main cassée, le flanc labouré par un éclat d'obus. Le second avait la jambe droite broyée. Et tout de suite Bouroche, faisant placer celui-ci sur la toile cirée du matelas, commença la première opération, au milieu du continuel va-et-vient des infirmiers et de ses aides. Madame Delaherche et Gilberte, assises près de la pelouse, roulaient des bandes.

Dehors, Delaherche avait rattrapé Henriette.

— Voyons, ma chère madame Weiss, vous n'allez pas faire cette folie... Comment voulez-vous rejoindre Weiss là-bas? Il ne doit même plus y être, il s'est sans doute jeté à travers champs pour revenir... Je vous assure que Bazeilles est inabordable.

Mais elle ne l'écoutait pas, marchait plus vite, s'engageait dans la rue du Ménil, pour gagner la porte de Balan. Il était près de neuf heures, et Sedan n'avait plus le frisson noir du matin, le réveil désert et ⁺atonnant, dans l'épais brouillard. Un soleil lourd découpait nettement les ombres des maisons, le pavé s'encombrait d'une foule anxieuse, que traversaient de continuels galops d'estafettes. Des groupes surtout se formaient autour des quelques soldats sans armes qui étaient rentrés déjà, les uns blessés légèrement, les autres dans une exaltation nerveuse extraordinaire, gesticulant et criant. Et pourtant la ville aurait encore eu à peu près son aspect de tous les jours, sans les boutiques aux volets clos, sans les façades mortes, où pas une persienne ne s'ouvrait. Puis, c'était ce canon, ce canon continu, dont toutes les pierres, le sol, les murs, jusqu'aux ardoises des toits, tremblaient.

Delaherche était en proie à un combat intérieur fort désagréable, partagé entre son devoir d'homme brave qui lui commandait de ne pas quitter Henriette, et sa terreur de refaire le chemin de Bazeilles sous les obus. Tout d'un coup, comme ils arrivaient à la porte de Balan, un flot d'officiers à cheval qui rentraient, les sépara. Des gens s'écrasaient près de cette porte, attendant des nouvelles. Vainement, il courut, chercha la jeune femme : elle devait être hors de l'enceinte, hâtant le pas sur la route. Et, sans pousser le zèle plus loin, il se surprit à dire tout haut :

— Ah, tant pis ! c'est trop bête !

Alors, Delaherche flâna dans Sedan, en bourgeois curieux qui ne voulait rien perdre du spectacle, travaillé cependant d'une inquiétude croissante. Qu'est-ce que tout cela allait devenir ? et, si l'armée était battue, la ville n'aurait-elle pas à souffrir beaucoup ? Les réponses à ces questions qu'il se posait restaient obscures, trop dépendantes des événements. Mais il n'en commençait pas moins à trembler pour sa fabrique, son immeuble de la rue Maqua, d'où il avait dû reste déménagé toutes ses valeurs, enfouies en un lieu sûr. Il se rendit à l'Hôtel de Ville, y trouva le conseil municipal siégeant en permanence, s'y oublia longtemps, sans rien apprendre de nouveau, sinon que la bataille tournait fort mal. L'armée ne savait plus à qui obéir, rejetée en arrière par le général Ducrot, pendant les deux heures où il avait eu le commandement, ramenée en avant par le général de Wimpffen, qui venait de lui succéder ; et ces oscillations incompréhensibles, ces positions qu'il fallait reconquérir après les avoir abandonnées, toute cette absence de plan et d'énergique direction précipitait le désastre.

Puis, Delaherche poussa jusqu'à la Sous-Préfecture, pour savoir si l'empereur n'avait pas reparu. On ne put lui donner que des nouvelles du maréchal de Mac-Mahon, dont un chirurgien avait pansé la blessure peu dangereuse, et qui était tranquillement dans son lit. Mais, vers onze heures, comme il battait de nouveau le pavé, il fut arrêté un instant, dans la Grande-Rue, devant l'hôtel de l'Europe, par un lent cortège, des cavaliers couverts de poussière, dont les mornes chevaux marchaient au pas. Et, à la tête, il reconnut l'empereur, qui rentrait après avoir passé quatre heures sur le champ de bataille. La mort n'avait pas voulu de lui,

décidément. Sous la sueur d'angoisse de cette marche au travers de la
défaite, le fard s'en était allé des joues, les moustaches cirées s'étaient
amollies, pendantes, la face terreuse avait pris l'hébètement douloureux d'une agonie. Un officier, qui descendit devant l'hôtel, se mit à
expliquer au milieu d'un groupe la route parcourue, de la Moncelle à
Givonne, tout le long de la petite vallée, parmi les soldats du 1er corps,
que les Saxons avaient refoulés sur la rive droite du ruisseau; et l'on
était revenu par le chemin creux du Fond de Givonne, dans un tel
encombrement déjà, que même, si l'empereur avait désiré retourner sur
le front des troupes, il n'aurait pu le faire que très difficilement. D'ailleurs, à quoi bon?

Comme Delaherche écoutait ces détails, une détonation violente
ébranla le quartier. C'était un obus qui venait de démolir une cheminée,
rue Sainte-Barbe, près du Donjon. Il y eut un sauve-qui-peut, des cris
de femmes s'élevèrent. Lui, s'était collé contre un mur, lorsqu'une nouvelle détonation brisa les vitres d'une maison voisine. Cela devenait
terrible, si l'on bombardait Sedan; et il rentra au pas de course rue
Maqua, il fut pris d'un tel besoin de savoir, qu'il ne s'arrêta point, monta
vivement sur les toits, ayant là-haut une terrasse, d'où l'on dominait
la ville et les environs.

Tout de suite, il fut un peu rassuré. Le combat avait lieu par-dessus
la ville, les batteries allemandes de la Marfée et de Frénois allaient, au
delà des maisons, balayer le plateau de l'Algérie; et il s'intéressa même
au vol des obus, à la courbe immense de légère fumée qu'ils laissaient
sur Sedan, pareils à des oiseaux invisibles au fin sillage de plumes
grises. Il lui parut d'abord évident que les quelques obus qui avaient
crevé des toitures, autour de lui, étaient des projectiles égarés. On ne
bombardait pas encore la ville. Puis, en regardant mieux, il crut comprendre qu'ils devaient être des réponses aux rares coups tirés par les
canons de la place. Il se tourna, examina, vers le nord, la citadelle, tout
cet amas compliqué et formidable de fortifications, les pans de murailles
noirâtres, les plaques vertes des glacis, un pullulement géométrique de
bastions, surtout les trois cornes géantes, celles des Écossais, du Grand
Jardin et de la Rochette, aux angles menaçants; et c'était ensuite, comme
un prolongement cyclopéen, du côté de l'ouest, le fort de Nassau, que
suivait le fort du Palatinat, au-dessus du faubourg du Ménil. Il en eut à
la fois une impression mélancolique d'énormité et d'enfantillage. A quoi
bon, maintenant, avec ces canons, dont les projectiles volaient si aisément d'un bout du ciel à l'autre? La place, d'ailleurs, n'était pas armée,
n'avait ni les pièces nécessaires, ni les munitions, ni les hommes. Depuis
trois semaines à peine, le gouverneur avait organisé une garde natio-
nale, des citoyens de bonne volonté, qui devaient servir les quelques
pièces en état. Et c'était ainsi qu'au Palatinat trois canons tiraient, tandis
qu'il y en avait bien une demi-douzaine à la porte de Paris. Seulement,

on n'avait que sept ou huit gargousses à brûler par pièce, on ménageait
les coups, on n'en lâchait qu'un par demi-heure, et pour l'honneur simplement, car les obus ne portaient pas, tombaient dans les prairies, en
face. Aussi, dédaigneuses, les batteries ennemies ne répondaient-elles
que de loin en loin, comme par charité.

Là-bas, ce qui intéressait Delaherche, c'étaient ces batteries. Il fouillait de ses yeux vifs les coteaux de la Marfée, lorsqu'il eut l'idée de la
lunette d'approche qu'il s'amusait autrefois à braquer sur les environs,
du haut de la terrasse. Il descendit la chercher, remonta, l'installa; et,
comme il s'orientait, faisant à petits mouvements défiler les terres, les
arbres, les maisons, il tomba, au-dessus de la grande batterie de Frénois, sur le groupe d'uniformes que Weiss avait deviné de Bazeilles, à
l'angle d'un bois de pins. Mais lui, grâce au grandissement, aurait compté
les officiers de cet état-major, tellement il les voyait avec netteté. Plusieurs étaient à demi couchés dans l'herbe, d'autres debout formaient des
groupes; et, en avant, il y avait un homme seul, l'air sec et mince, à
l'uniforme sans éclat, dans lequel pourtant il sentit le maître. C'était
bien le roi de Prusse, à peine haut comme la moitié du doigt, un de ces
minuscules soldats de plomb des jouets d'enfant. Il n'en fut du reste
certain que plus tard, il ne l'avait plus quitté de l'œil, revenant toujours
à cet infiniment petit, dont la face, grosse comme une lentille, ne mettait qu'un point blême sous le vaste ciel bleu.

Il n'était pas midi encore, le roi constatait la marche mathématique,
inexorable de ses armées, depuis neuf heures. Elles allaient, elles allaient
toujours selon les chemins tracés, complétant le cercle, refermant pas à
pas, autour de Sedan, leur muraille d'hommes et de canons. Celle de
gauche, venue par la plaine rase de Donchery, continuait à déboucher du
défilé de Saint-Albert, dépassait Saint-Menges, commençait à gagner
Fleigneux; et il voyait distinctement, derrière le XI° corps violemment
aux prises avec les troupes du général Douay, se couler le V° corps, qui
profitait des bois pour se diriger sur le calvaire d'Illy; tandis que des
batteries s'ajoutaient aux batteries, une ligne de pièces tonnantes sans
cesse prolongée, l'horizon entier peu à peu en flammes. L'armée de
droite occupait désormais tout le vallon de la Givonne, le XII° corps
s'était emparé de la Moncelle, la garde venait de traverser Daigny
remontant déjà le ruisseau, en marche également vers le calvaire, après
avoir forcé le général Ducrot à se replier derrière le bois de la Garenne.
Encore un effort, et le prince royal de Prusse donnerait la main au
prince royal de Saxe, dans ces champs nus, à la lisière même de la forêt
des Ardennes. Au sud de la ville, on ne voyait plus Bazeilles, disparu
dans la fumée des incendies, dans la fauve poussière d'une lutte
enragée.

Et le roi, tranquille, regardait, attendait depuis le matin. Une heure,
deux heures encore, peut-être trois : ce n'était qu'une question de temps,

un rouage poussait l'autre, la machine à broyer était en branle et achè-
verait sa course. Sous l'infini du ciel ensoleillé, le champ de bataille se
rétrécissait, toute cette mêlée furieuse de points noirs se culbutait, se
tassait de plus en plus autour de Sedan. Des vitres luisaient dans la
ville, une maison semblait brûler, à gauche, vers le faubourg de la Cassine. Puis, au delà, dans les champs redevenus déserts, du côté de Donchery et du côté de Carignan, c'était une paix chaude et lumineuse, les
eaux claires de la Meuse, les arbres heureux de vivre, les grandes terres
fécondes, les larges prairies vertes, sous l'ardeur puissante de midi.

D'un mot, le roi avait demandé un renseignement. Sur l'échiquier
colossal, il voulait savoir et tenir dans sa main cette poussière d'hommes
qu'il commandait. A sa droite, un vol d'hirondelles, effrayées par le
canon, tourbillonna, s'enleva très haut, se perdit vers le sud.

Le pont de Donchery

IV

Sur la route de Balan, Henriette d'abord put marcher d'un pas rapide. Il n'était guère plus de neuf heures, la chaussée large, bordée de maisons et de jardins, se trouvait libre encore, obstruée pourtant de plus en plus, à mesure qu'on approchait du bourg, par les habitants qui fuyaient et par des mouvements de troupe. A chaque nouveau flot de foule, elle se serrait contre les murs, elle se glissait, passait quand même. Et, mince, effacée dans sa robe sombre, ses beaux cheveux blonds et sa petite face pâle à demi disparus sous le fichu de dentelle noire, elle échappait aux regards, rien ne ralentissait son pas léger et silencieux.

Mais, à Balan, un régiment d'infanterie de marine barrait la route. C'était une masse compacte d'hommes attendant des ordres, à l'abri des grands arbres qui les cachaient. Elle se haussa sur les pieds, n'en vit pas la fin. Cependant, elle essaya de se faire plus petite encore, de se faufiler. Des coudes la repoussaient, elle sentait dans ses flancs les crosses des fusils. Au bout de vingt pas, des cris, des protestations s'élevèrent. Un capitaine tourna la tête et s'emporta.

— Eh! la femme, êtes vous folle?... Où allez-vous?

— Je vais à Bazeilles.

— Comment, à Bazeilles!

Ce fut un éclat de rire général. On se la montrait, on plaisantait. Le capitaine, égayé lui aussi, venait de reprendre :

— A Bazeilles, ma petite, vous devriez bien nous y emmener avec vous !... Nous y étions tout à l'heure, j'espère que nous allons y retourner; mais je vous avertis qu'il n'y fait pas froid.

— Je vais à Bazeilles rejoindre mon mari, déclara Henriette de sa voix douce, tandis que ses yeux d'un bleu pâle gardaient leur tranquille décision.

Et tous deux galopèrent, côte à côte, pliant le dos, traversant ainsi
l'espace découvert (p. 213).

On cessa de rire, un vieux sergent la dégagea, la força de retourner
en arrière.

— Ma pauvre enfant, vous voyez bien qu'il vous est impossible de
passer... Ce n'est pas l'affaire d'une femme d'aller à Bazeilles en ce
moment... Vous le retrouverez plus tard, votre mari. Voyons, soyez raisonnable !

Elle dut céder, elle s'arrêta, debout, se haussant à chaque minute,
regardant au loin, dans l'entêtée résolution de continuer sa route. Ce
qu'elle entendait dire autour d'elle la renseignait. Des officiers se plaignaient amèrement de l'ordre de retraite qui leur avait fait abandonner
Bazeilles, dès huit heures un quart, lorsque le général Ducrot, succé-
dant au maréchal, s'était avisé de vouloir concentrer toutes les troupes
sur le plateau d'Illy. Le pis était que, le 1er corps ayant reculé trop tôt,
livrant le vallon de la Givonne aux Allemands, le 12e corps, attaqué déjà
vivement de front, venait d'être débordé sur son flanc gauche. Puis,
maintenant que le général de Wimpffen succédait au général Ducrot, le
premier plan de nouveau l'emportait, l'ordre arrivait de réoccuper
Bazeilles coûte que coûte, pour jeter les Bavarois à la Meuse. N'était-ce
pas imbécile de leur avoir fait abandonner une position, qu'il leur fallait
à cette heure reconquérir? On voulait bien se faire tuer, mais pas pour le
plaisir, vraiment !

Il y eut un grand mouvement d'hommes et de chevaux, le général de
Wimpffen parut, debout sur ses étriers, la face ardente, la parole exaltée,
criant :

— Mes amis, nous ne pouvons pas reculer, ce serait la fin de tout...
Si nous devons battre en retraite, nous irons sur Carignan et non sur
Mézières... Mais nous vaincrons, vous les avez battus ce matin, vous les
battrez encore!

Il galopa, s'éloigna par un chemin qui montait vers la Moncelle. Le
bruit courait qu'il venait d'avoir avec le général Ducrot une discussion
violente, chacun soutenant son plan, attaquant le plan contraire, l'un
déclarant que la retraite par Mézières n'était plus possible depuis le matin,
l'autre prophétisant qu'avant le soir, si l'on ne se retirait pas sur le plateau d'Illy, l'armée serait cernée. Et ils s'accusaient mutuellement de ne
connaître ni le pays, ni la situation vraie des troupes. Le pis était qu'ils
avaient tous les deux raison.

Mais, depuis un instant, Henriette se trouvait distraite dans sa hâte
d'avancer. Elle venait de reconnaître, échouée au bord de la route, toute
une famille de Bazeilles, de pauvres tisserands, le mari, la femme, avec
trois filles, dont la plus âgée n'avait que neuf ans. Ils étaient tellement
brisés, tellement éperdus de fatigue et de désespoir, qu'ils n'avaient pu
aller plus loin, tombés contre un mur.

— Ah! ma chère dame, répétait la femme à Henriette, nous n'avons
plus rien... Vous savez, notre maison était sur la place de l'Église. Alors,

voilà qu'un obus y a mis le feu. Je ne sais pas comment les enfants et nous autres, nous n'y sommes pas restés...

Les trois petites filles, à ce souvenir, se remirent à sangloter, en poussant des cris, tandis que la mère entrait dans les détails de leur désastre, avec des gestes fous.

— J'ai vu le métier brûler comme un fagot de bois sec... Le lit, les meubles ont flambé plus vite que des poignées de paille... Et il y avait même la pendule, oui ! la pendule que je n'ai pas eu le temps d'emporter dans mes bras.

— Tonnerre de bon Dieu ! jura l'homme, les yeux pleins de grosses larmes, qu'est-ce que nous allons devenir ?

Henriette, pour les calmer, leur dit simplement, d'une voix qui tremblait un peu :

— Vous êtes ensemble, sains et saufs tous les deux, et vous avez vos fillettes : de quoi vous plaignez-vous ?

Puis, elle les questionna, voulut savoir ce qui se passait dans Bazeilles, s'ils avaient vu son mari, comment ils avaient laissé sa maison, à elle. Mais, dans le grelottement de leur peur, les réponses étaient contradictoires. Non, ils n'avaient pas vu M. Weiss. Pourtant, une des petites filles cria qu'elle l'avait bien vu, elle, qu'il était sur le trottoir, avec un gros trou au milieu de la tête ; et son père lui allongea une claque, pour la faire taire, parce que, disait-il, elle mentait, à coup sûr. Quant à la maison, elle devait être debout, lorsqu'ils avaient fui ; même ils se souvenaient d'avoir remarqué, en passant, que la porte et les fenêtres étaient soigneusement closes, comme si pas une âme ne s'y fût trouvée. A ce moment-là, d'ailleurs, les Bavarois n'occupaient encore que la place de l'Église, et il leur fallait prendre le village rue par rue, maison par maison. Seulement, ils avaient dû faire du chemin, tout Bazeilles brûlait sans doute, à cette heure. Et ces misérables gens continuaient à parler de ces choses, avec des gestes tâtonnants d'épouvante, évoquant la vision affreuse, les toits qui flambaient, le sang qui coulait, les morts qui couvraient la terre.

— Alors, mon mari ? répéta Henriette.

Ils ne répondaient plus, ils sanglotaient entre leurs mains jointes. Et elle resta dans une anxiété atroce, sans faiblir, debout, les lèvres seulement agitées d'un petit frisson. Que devait-elle croire ? Elle avait beau se dire que l'enfant s'était trompée, elle voyait son mari en travers de la rue, la tête trouée d'une balle. Puis, c'était cette maison hermétiquement close qui l'inquiétait : pourquoi ? il ne s'y trouvait donc plus ? La certitude qu'il était tué lui glaça tout d'un coup le cœur. Mais peut-être n'était-il que blessé ; et le besoin d'aller là-bas, d'y être, la reprit si impérieusement, qu'elle aurait tenté encore de se frayer un passage, si, à cette minute, les clairons n'avaient sonné la marche en avant.

Beaucoup de ces jeunes soldats arrivaient de Toulon, de Rochefort ou de Brest, à peine instruits, sans avoir jamais fait le coup de feu ; et,

depuis le matin, ils se battaient avec une bravoure, une solidité de vétérans. Eux qui, de Reims à Mouzon, avaient marché si mal, alourdis
d'inaccoutumance, se révélaient comme les mieux disciplinés, les plus
fraternellement unis d'un lien de devoir et d'abnégation, devant
l'ennemi. Les clairons n'avaient eu qu'à sonner, ils retournaient au feu,
ils reprenaient l'attaque, malgré leurs cœurs gros de colère. Trois fois,
on leur avait promis, pour les soutenir, une division qui ne venait pas.
Ils se sentaient abandonnés, sacrifiés. C'était leur vie à tous qu'on leur
demandait, en les ramenant ainsi sur Bazeilles, après le leur avoir fait
évacuer. Et ils le savaient, et ils donnaient leur vie sans une révolte,
serrant les rangs, quittant les arbres qui les protégeaient, pour rentrer
sous les obus et les balles.

Henriette eut un soupir de profond soulagement. Enfin, on marchait
donc ! Elle les suivit, espérant arriver avec eux, prête à courir, s'ils couraient. Mais, de nouveau déjà, on s'était arrêté. A présent, les projectiles pleuvaient, il allait falloir, pour réoccuper Bazeilles, reconquérir
chaque mètre de la route, s'emparer des ruelles, des maisons, des jardins, à droite et à gauche. Les premiers rangs avaient ouvert le feu, on
n'avançait plus que par saccades, les moindres obstacles faisaient perdre
de longues minutes. Jamais elle n'arriverait, si elle restait ainsi en
queue, attendant la victoire. Et elle se décida, se jeta à droite, entre
deux haies, dans un sentier qui descendait vers les prairies.

Le projet d'Henriette fut alors d'atteindre Bazeilles par ces vastes
prés bordant la Meuse. Cela, d'ailleurs, n'était pas très net en elle. Soudain, elle resta plantée, au bord d'une petite mer immobile, qui, de ce
côté-ci, lui barrait le chemin. C'était l'inondation, les terres basses chan-
gées en un lac de défense, auxquelles elle n'avait point songé. Un instant, elle voulut retourner en arrière; puis, au risque d'y laisser ses
chaussures, elle continua, suivit le bord, dans l'herbe trempée, où elle
enfonçait jusqu'à la cheville. Pendant une centaine de mètres, ce fut
praticable. Ensuite, elle buta contre le mur d'un jardin : le terrain dévalait, l'eau battait le mur, profonde de deux mètres. Impossible de passer,
Ses petits poings se serrèrent, elle dut se raidir de toute sa force, pour
ne pas fondre en larmes. Après le premier saisissement, elle longea la
clôture, trouva une ruelle qui filait entre les maisons éparses. Cette fois,
elle se crut sauvée, car elle connaissait ce dédale, ces bouts de sentiers
enchevêtrés, dont l'écheveau aboutissait tout de même au village.

Là seulement, les obus tombaient. Henriette resta figée, très pâle,
dans l'assourdissement d'une effrayante détonation, dont le coup de vent
l'enveloppa. Un projectile venait d'éclater devant elle, à quelques mètres.
Elle tourna la tête, examina les hauteurs de la rive gauche, d'où montaient les fumées des batteries allemandes; et elle comprit, se remit en
marche, les yeux fixés sur l'horizon, guettant les obus, pour les éviter.
La témérité folle de sa course n'allait pas sans un grand sang-froid,

toute la tranquillité brave dont sa petite âme de bonne ménagère était capable. Elle voulait ne pas être tuée, retrouver son mari, le reprendre, vivre ensemble, heureux encore. Les obus ne cessaient plus, elle filait le long des murs, se jetait derrière les bornes, profitait des moindres abris. Mais il se présenta un espace découvert, un bout de chemin défoncé, déjà couvert d'éclats ; et elle attendait, à l'encoignure d'un hangar, lorsqu'elle aperçut, devant elle, au ras d'une sorte de trou, la tête curieuse d'un enfant, qui regardait. C'était un petit garçon de dix ans, pieds nus, habillé d'une seule chemise et d'un pantalon en lambeaux, quelque rôdeur de route, très amusé par la bataille. Ses minces yeux noirs pétillaient, et il s'exclamait d'allégresse, à chaque détonation.

— Oh ! ce qu'ils sont rigolo !... Bougez pas, en v'là encore un qui s'amène !... Boum ! a-t-il pété, celui-là !... Bougez pas, bougez pas !

Et, à chaque projectile, il faisait un plongeon au fond du trou, reparaissait, levait sa tête d'oiseau siffleur, pour replonger encore.

Henriette remarqua alors que les obus venaient du Liry, tandis que les batteries de Pont-Maugis et de Noyers ne tiraient plus que sur Balan. Elle voyait très nettement la fumée, à chaque décharge ; puis, elle entendait presque aussitôt le sifflement, que suivait la détonation. Il dut y avoir un court répit, des vapeurs légères se dissipaient lentement.

— Pour sûr qu'ils boivent un coup ! cria le petit. Vite, vite ! donnez-moi la main, nous allons nous cavaler !

Il lui prit la main, la força à le suivre ; et tous deux galopèrent, côte à côte, pliant le dos, traversant ainsi l'espace découvert. Au bout, comme ils se jetaient derrière une meule et qu'ils se retournaient, ils virent de nouveau un obus arriver, tomber droit sur le hangar, à la place qu'ils occupaient tout à l'heure. Le fracas fût épouvantable, le hangar s'abattit. Du coup, une joie folle fit danser le gamin, qui trouvait ça très farce.

— Bravo ! en v'là de la casse !... Hein ? tout de même, il était temps !

Mais, une seconde fois, Henriette se heurtait contre un obstacle infranchissable, des murs de jardin, sans chemin aucun. Son petit compagnon continuait à rire, disait qu'on passait toujours, quand on le voulait bien. Il grimpa sur le chaperon d'un mur, l'aida ensuite à le franchir. D'un saut, ils se trouvèrent dans un potager, parmi des planches de haricots et de pois. Des clôtures partout. Alors, pour en sortir, il leur fallut traverser une maison basse de jardinier. Lui, sifflant, les mains ballantes, allait le premier, ne s'étonnait de rien. Il poussa une porte, se trouva dans une chambre, passa dans une autre, où il y avait une vieille femme, la seule âme restée là sans doute. Elle semblait hébétée, debout près d'une table. Elle regarda ces deux personnes inconnues passer ainsi au travers de sa maison ; et elle ne leur dit pas un mot, et eux-mêmes ne lui adressèrent pas la parole. Déjà, de l'autre côté, ils ressortaient dans une ruelle, qu'ils purent suivre pendant un instant. Puis, d'autres difficultés se présentèrent, ce fut de la sorte, durant près d'un kilomètre, des murailles sautées, des haies franchies, une course qui coupait au plus court, par les portes des remises, les fenêtres des habitations, selon le hasard de la route qu'ils parvenaient à se frayer. Des chiens hurlaient, ils faillirent être renversés par une vache qui fuyait d'un galop furieux. Cependant, ils devaient approcher, une odeur d'incendie leur arrivait, de grandes fumées rousses, telles que de légers crêpes flottants, voilaient à chaque minute le soleil.

Tout d'un coup, le gamin s'arrêta, se planta devant Henriette.

— Dites donc, madame, comme ça, où donc allez-vous ?

— Mais tu le vois, je vais à Bazeilles.

Il siffla, il eut un de ses rires aigus de vaurien échappé de l'école, qui se faisait du bon sang.

— A Bazeilles... Ah! non, ça n'est pas mon affaire... Moi, je vas ailleurs. Bien le bonsoir !

Et il tourna sur les talons, il s'en alla comme il était venu, sans qu'elle pût savoir d'où il sortait ni où il rentrait. Elle l'avait trouvé dans un trou, elle le perdit des yeux au coin d'un mur; et jamais plus elle ne devait le revoir.

Quand elle fut seule, Henriette éprouva un singulier sentiment de peur. Ce n'était guère une protection, cet enfant chétif avec elle; mais il l'étourdissait de son bavardage. Maintenant, elle tremblait, elle si naturellement courageuse. Les obus ne tombaient plus, les Allemands avaient cessé de tirer sur Bazeilles, dans la crainte sans doute de tuer les leurs, maîtres du village. Seulement, depuis quelques minutes, elle entendait des balles siffler, ce bourdonnement de grosses mouches dont on lui avait parlé; et qu'elle reconnaissait. Au loin, c'était une confusion telle de toutes les rages, qu'elle ne distinguait même pas le bruit de la fusillade, dans la violence de cette clameur. Comme elle tournait l'angle d'une maison, il y eut, près de son oreille, un bruit mat, une chute de plâtre, qui la firent s'arrêter net : une balle venait d'écorner la façade, elle en restait toute pâle. Puis, avant qu'elle se fût demandé si elle aurait le courage de continuer, elle reçut au front comme un coup de marteau, elle tomba sur les deux genoux, étourdie. Une seconde balle, qui ricochait, l'avait effleurée un peu au-dessus du sourcil gauche, en ne laissant là qu'une forte meurtrissure. Quand elle eut porté les deux mains à son front, elle les retira rouges de sang. Mais elle avait senti le crâne solide, intact, sous les doigts; et elle répéta tout haut, pour s'encourager :

— Ce n'est rien, ce n'est rien... Voyons, je n'ai pas peur, non! je n'ai pas peur...

Et c'était vrai, elle se releva, elle marcha dès lors parmi les balles avec une insouciance de créature dégagée d'elle-même, qui ne raisonne plus, qui donne sa vie. Elle ne cherchait même plus à se protéger, allant

tout droit, la tête haute, n'allongeant le pas que dans le désir d'arriver.
Les projectiles s'écrasaient autour d'elle, vingt fois elle manqua d'être
tuée, sans paraître le savoir. Sa hâte légère, son activité de femme silencieuse, semblaient l'aider, la faire passer si fine, si souple dans le péril,
qu'elle y échappait. Elle était enfin à Bazeilles, elle coupa au milieu d'un
champ de luzerne, pour rejoindre la route, la grande rue qui traverse le
village. Comme elle y débouchait, elle reconnut sur la droite, à deux
cents pas, sa maison qui brûlait, sans qu'on vît les flammes au grand
soleil, le toit à demi effondré déjà, les fenêtres vomissant des tourbillons
de fumée noire. Alors, un galop l'emporta, elle courut à perdre
haleine.

Weiss, dès huit heures, s'était trouvé enfermé là, séparé des troupes
qui se repliaient. Tout de suite, le retour à Sedan était devenu impossible, car les Bavarois, débordant par le parc de Montivilliers, avaient
coupé la ligne de retraite. Il était seul, avec son fusil et les cartouches
qui lui restaient, lorsqu'il aperçut devant sa porte une dizaine de soldats demeurés comme lui en arrière, isolés de leurs camarades, cherchant
des yeux un abri, pour vendre au moins chèrement leur peau. Vivement,
il descendit leur ouvrir, et la maison dès lors eut une garnison, un capitaine, un caporal, huit hommes, tous hors d'eux, enragés, résolus à ne
pas se rendre.

— Tiens ! Laurent, vous en êtes ! s'écria Weiss, surpris de voir
parmi eux un grand garçon maigre, qui tenait un fusil, ramassé à côté
de quelque cadavre.

Laurent, en pantalon et en veste de toile bleue, était un garçon jardinier du voisinage, âgé d'une trentaine d'années, et qui avait perdu
récemment sa mère et sa femme, emportées par la même mauvaise fièvre.

— Pourquoi donc que je n'en serais pas ? répondit-il. Je n'ai que ma
carcasse, je puis bien la donner... Et puis, vous savez, ça m'amuse, à
cause que je ne tire pas mal, et que ça va être drôle d'en démolir un à
chaque coup, de ces bougres-là !

Déjà, le capitaine et le caporal inspectaient la maison. Rien à faire
du rez-de-chaussée, on se contenta de pousser les meubles contre la
porte et les fenêtres, pour les barricader le plus solidement possible. Ce
fut ensuite dans les trois petites pièces du premier étage et dans le grenier qu'ils organisèrent la défense, approuvant du reste les préparatifs
déjà faits par Weiss, les matelas garnissant les persiennes, les meurtrières ménagées de place en place, entre les lames. Comme le capitaine
se hasardait à se pencher, pour examiner les alentours, il entendit des
cris, des larmes d'enfant.

— Qu'est-ce donc ? demanda-t-il.

Weiss revit alors, dans la teinturerie voisine, le petit Auguste malade,
la face pourpre de fièvre entre ses draps blancs, demandant à boire,
appelant sa mère, qui ne pouvait plus lui répondre, gisante sur le

carreau, la tête broyée. Et, à cette vision, il eut un geste douloureux, il
répondit :

— Un pauvre petit dont un obus a tué la mère, et qui pleure, là, à
côté.

— Tonnerre de Dieu! murmura Laurent, ce qu'il va falloir leur faire
payer tout ça!

Il n'arrivait encore dans la façade que des balles perdues. Weiss et
le capitaine, accompagnés du garçon jardinier et de deux hommes,
étaient montés dans le grenier, d'où ils pouvaient mieux surveiller la
route. Ils la voyaient obliquement, jusqu'à la place de l'Église. Cette
place était maintenant au pouvoir des Bavarois; mais ils n'avançaient
toujours qu'avec beaucoup de peine et une extrême prudence. Au coin
d'une ruelle, une poignée de fantassins les tint encore en échec pendant près d'un quart d'heure, d'un feu tellement nourri, que les morts
s'entassaient. Ensuite, ce fut une maison, à l'autre encoignure, dont ils
durent s'emparer, avant de passer outre. Par moments, dans la fumée,
on distinguait une femme, avec un fusil, tirant d'une des fenêtres. C'était
la maison d'un boulanger, des soldats s'y trouvaient oubliés, mêlés aux
habitants; et, la maison prise, il y eut des cris, une effroyable bousculade
roula jusqu'au mur d'en face, un flot dans lequel apparut la jupe de la
femme, une veste d'homme, des cheveux blancs hérissés; puis, un feu
de peloton gronda, du sang jaillit jusqu'au chaperon du mur. Les Allemands étaient inflexibles : toute personne prise les armes à la main,
n'appartenant point aux armées belligérantes, était fusillée sur l'heure,
comme coupable de s'être mise en dehors du droit des gens. Devant la
furieuse résistance du village, leur colère montait, et les pertes effroyables qu'ils éprouvaient depuis bientôt cinq heures, leur poussaient à
d'atroces représailles. Les ruisseaux coulaient rouges, les morts barraient la route, certains carrefours n'étaient plus que des charniers, d'où
s'élevaient des râles. Alors, dans chaque maison qu'ils emportaient de
haute lutte, on les vit jeter de la paille enflammée; d'autres couraient
avec des torches, d'autres badigeonnaient les murs de pétrole; et bientôt
des rues entières furent en feu, Bazeilles flamba.

Cependant, au milieu du village, il n'y avait plus que la maison de
Weiss, avec ses persiennes closes, qui gardait son air menaçant de citadelle, résolue à ne pas se rendre.

— Attention! les voici! cria le capitaine

Une décharge, partie du grenier et du premier étage, coucha par
terre trois des Bavarois qui s'avançaient, en rasant les murs. Les autres
se replièrent, s'embusquèrent à tous les angles de la route; et le siège
de la maison commença, une telle pluie de balles fouetta la façade qu'on
aurait dit un ouragan de grêle. Pendant près de dix minutes, cette fusillade ne cessa pas, trouant le plâtre, sans faire grand mal. Mais un des
hommes que le capitaine avait pris avec lui dans le grenier, ayant

Et, de lui-même, il l'avait jetée entre les bras du Bavarois, qui l'emportait (p. 223).

commis l'imprudence de se montrer à une lucarne, fut tué raide d'une balle en plein front.

— Nom d'un chien ! un de moins ! gronda le capitaine. Méfiez-vous donc, nous ne sommes pas assez pour_nous faire tuer par plaisir ! .

Lui-même avait pris un fusil, et il tirait, abrité derrière un volet. Mais Laurent, le garçon jardinier, faisait surtout son admiration. A genoux, le canon de son chassepot appuyé dans l'étroite fente d'une meurtrière, comme à l'affût, il ne lâchait un coup qu'en toute certitude ; et il en annonçait même le résultat à l'avance.

— Au petit officier bleu, là-bas, dans le cœur... A l'autre, plus loin, le grand sec, entre les deux yeux.... Au gros qui a une barbe rousse et qui m'embête, dans le ventre:..

Et, chaque fois, l'homme tombait, foudroyé, frappé à l'endroit qu'il désignait ; et lui continuait paisiblement, ne se hâtait pas, ayant de quoi faire, disait-il, car il lui aurait fallu du temps, pour les tuer tous de la sorte, un à un.

— Ah ! si j'avais des yeux ! répétait furieusement Weiss.

Il venait de casser ses lunettes, il en était désespéré. Son binocle lui restait, mais il n'arrivait pas à le faire tenir solidement sur son nez, dans la sueur qui lui inondait la face ; et, souvent, il tirait au hasard, enfiévré, les mains tremblantes. Toute une passion croissante emportait son calme ordinaire.

— Ne vous pressez pas, ça ne sert absolument à rien, disait Laurent. Tenez, visez-le avec soin, celui qui n'a plus de casque, au coin de l'épicier... Mais c'est très bien, vous lui avez cassé la patte, et le voilà qui gigote dans son sang.

Weiss, un peu pâle, regardait. Il murmura :

— Finissez-le.

— Gâcher une balle, ah ! non, par exemple ! Vaut mieux en démolir un autre.

Les assaillants devaient avoir remarqué ce tir redoutable, qui partait des lucarnes du grenier. Pas un homme ne pouvait avancer, sans rester par terre. Aussi firent-ils entrer en ligne des troupes fraîches, avec l'ordre de cribler de balles la toiture. Dès lors, le grenier devint intenable : les ardoises étaient percées aussi aisément que de minces feuilles de papier, les projectiles pénétraient de toutes parts, ronflant comme des abeilles. A chaque seconde, on courait le risque d'être tué.

— Descendons, dit le capitaine. On peut tenir encore au premier.

Mais, comme il se dirigeait vers l'échelle, une balle l'atteignit dans l'aine et le renversa.

— Trop tard, nom d'un chien !

Weiss et Laurent, aidés du soldat qui restait, s'entêtèrent à le descendre, bien qu'il leur criât de ne pas perdre leur temps à s'occuper de lui : il avait son compte, il pouvait tout aussi bien crever en haut qu'en bas. Pourtant, dans une chambre du premier étage, lorsqu'on l'eut couché sur un lit, il voulut encore diriger la défense.

— Tirez dans le tas, ne vous occupez pas du reste. Tant que votre feu ne se ralentira point, ils sont bien trop prudents pour se risquer.

En effet, le siège de la petite maison continuait, s'éternisait. Vingt fois elle avait paru devoir être emportée dans la tempête de fer dont elle était battue; et, sous les rafales, au milieu de la fumée, elle se montrait de nouveau debout, trouée, déchiquetée, crachant quand même des balles par chacune de ses fentes. Les assaillants exaspérés d'être arrêtés si long-temps et de perdre tant de monde, devant une pareille bicoque, hurlaient, tiraillaient à distance, sans avoir l'audace de se ruer pour enfoncer la porte et les fenêtres, en bas.

— Attention! cria le caporal, voilà une persienne qui tombe!

La violence des balles venait d'arracher une persienne de ses gonds. Mais Weiss se précipita, poussa une armoire contre la fenêtre; et Laurent, embusqué derrière, put continuer son tir. Un des soldats gisait à ses pieds, la mâchoire fracassée, perdant beaucoup de sang. Un autre reçut une balle dans la gorge, roula jusqu'au mur, où il râla sans fin, avec un frisson convulsif de tout le corps. Ils n'étaient plus que huit, en ne comptant pas le capitaine, qui, trop affaibli pour parler, adossé au fond du lit, donnait encore des ordres, par gestes. De même que le grenier, les trois chambres du premier étage commençaient à devenir intenables, car les matelas en lambeaux n'arrêtaient plus les projectiles : des éclats de plâtre sautaient des murs et du plafond, les meubles s'écornaient, les flancs de l'armoire se fendaient comme sous des coups de hache. Et le pis était que les munitions allaient manquer.

— Est-ce dommage! grogna Laurent. Ça marche si bien!

Weiss eut une idée brusque.

— Attendez !

Il venait de songer au soldat mort, là-haut, dans le grenier. Et il monta, le fouilla, pour prendre les cartouches qu'il devait avoir. Tout un pan de la toiture s'était effondré, il vit le ciel bleu, une nappe de gaie lumière qui l'étonna. Pour ne pas être tué, il se traînait sur les genoux. Puis, lorsqu'il tint les cartouches, une trentaine encore, il se hâta, redescendit au galop.

Mais, en bas, comme il partageait cette provision nouvelle avec le garçon jardinier, un soldat jeta un cri, tomba sur le ventre. Ils n'étaient plus que sept; et, tout de suite, ils ne furent plus que six, le caporal ayant reçu, dans l'œil gauche, une balle qui lui fit sauter la cervelle.

Weiss, à partir de ce moment, n'eut plus conscience de rien. Lui et les cinq autres continuaient à tirer comme des fous, achevant les cartouches, sans même avoir l'idée qu'ils pouvaient se rendre. Dans les trois petites pièces, le carreau était obstrué par les débris des meubles. Des morts barraient les portes, un blessé, dans un coin, jetait une plainte affreuse et continue. Partout, du sang collait sous les semelles. Un filet rouge avait coulé, descendant les marches. Et l'air n'était plus respirable, un air épaissi et brûlant de poudre, une fumée, une poussière âcre, nauséabonde, une nuit presque complète que rayaient les flammes des coups de feu.

— Tonnerre de Dieu! cria Weiss, ils amènent du canon!

C'était vrai. Désespérant de venir à bout de cette poignée d'enragés, qui les attardaient ainsi, les Bavarois étaient en train de mettre en position une pièce, au coin de la place de l'Église. Peut-être enfin passeraient-ils, lorsqu'ils auraient jeté la maison par terre, à coups de boulets. Et cet honneur qu'on leur faisait, cette artillerie braquée sur eux, là-bas, acheva d'égayer furieusement les assiégés, qui ricanaient, pleins de mépris. Ah! les bougres de lâches, avec leur canon! Toujours agenouillé, Laurent visait soigneusement les artilleurs, tuant son homme chaque fois; si bien que le service de la pièce ne pouvait se faire, et qu'il se passa cinq ou six minutes avant que le premier coup fût tiré. Trop haut, d'ailleurs, il n'emporta qu'un morceau de la toiture.

Mais la fin approchait. Vainement, on fouillait les morts, il n'y avait plus une seule cartouche. Exténués, hagards, les six tâtonnaient, cherchaient ce qu'ils pourraient jeter par les fenêtres, pour écraser l'ennemi. Un d'eux, qui se montra, vociférant, brandissant les poings, fut criblé d'une volée de plomb; et ils ne restèrent plus que cinq. Que faire? descendre, tâcher de s'échapper par le jardin et les prairies? A ce moment, un tumulte éclata en bas, un flot furieux monta l'escalier: c'étaient les Bavarois qui venaient enfin de faire le tour, enfonçant la porte de derrière, envahissant la maison. Une mêlée terrible s'engagea dans les petites pièces, parmi les corps et les meubles en miettes. Un des soldats eut la poitrine trouée d'un coup de baïonnette, et les deux autres furent faits prisonniers; tandis que le capitaine, qui venait d'exhaler son dernier souffle, demeurait la bouche ouverte, le bras levé encore, comme pour donner un ordre.

Cependant, un officier, un gros blond, armé d'un revolver, et dont les yeux, injectés de sang, semblaient sortir des orbites, avait aperçu Weiss et Laurent, l'un avec son paletot, l'autre avec sa veste de toile bleue; et il les apostrophait violemment en français:

— Qui êtes-vous? qu'est-ce que vous fichez là, vous autres?

Puis, les voyant noirs de poudre, il comprit, il les couvrit d'injures, en allemand, la voix bégayante de fureur. Déjà, il levait son pistolet pour leur casser la tête, lorsque les soldats qu'il commandait, se ruèrent, s'emparèrent de Weiss et de Laurent, qu'ils poussèrent dans l'escalier. Les deux hommes étaient portés, charriés, au milieu de cette vague humaine, qui les jeta sur la route; et ils roulèrent jusqu'au mur d'en face, parmi de telles vociférations, que la voix des chefs ne s'entendait plus. Alors, durant deux ou trois minutes encore, tandis que le gros officier blond tâchait de les dégager, pour procéder à leur exécution, ils purent se remettre debout et voir.

D'autres maisons s'allumaient, Bazeilles n'allait plus être qu'un brasier Par les hautes fenêtres de l'église, des gerbes de flammes commençaient à sortir. Des soldats, qui chassaient une vieille dame de chez elle, venaient de la forcer à leur donner des allumettes, pour mettre le feu à son lit et à ses rideaux. De proche en proche, les incendies gagnaient, sous les brandons de paille jetés, sous les flots de pétrole répandus ; et ce n'était plus qu'une guerre de sauvages, enragés par la longueur de la lutte, vengeant leurs morts, leurs tas de morts, sur lesquels ils marchaient. Des bandes hurlaient parmi la fumée et les étincelles, dans l'effrayant vacarme fait de tous les bruits, des plaintes d'agonie, des coups de feu, des écroulements. A peine se voyait-on, de grandes poussières livides s'envolaient, cachaient le soleil, d'une insupportable odeur de suie et de sang, comme chargées des abominations du massacre. On tuait encore, on détruisait dans tous les coins : la brute lâchée, l'imbécile colère, la folie furieuse de l'homme en train de manger l'homme.

Et Weiss, enfin, devant lui, aperçut sa maison qui brûlait. Des soldats étaient accourus avec des torches, d'autres activaient les flammes, en y lançant les débris des meubles. Rapidement, le rez-de-chaussée flamba, la fumée sortit par toutes les plaies de la façade et de la toiture. Mais, déjà, la teinturerie voisine prenait également feu ; et, chose affreuse, on entendit encore la voix du petit Auguste, couché dans son lit, délirant de fièvre, qui appelait sa mère ; tandis que les jupes de la malheureuse, étendue sur le seuil, la tête broyée, s'allumaient.

— Maman, j'ai soif... Maman, donne-moi de l'eau...

Les flammes ronflèrent, la voix cessa, on ne distingua plus que les hourras assourdissants des vainqueurs.

Mais, par-dessus les bruits, par-dessus les clameurs, un cri terrible domina. C'était Henriette qui arrivait et qui venait de voir son mari, contre le mur, en face d'un peloton préparant ses armes.

Elle se rua à son cou.

— Mon Dieu ! qu'est-ce qu'il y a ? Ils ne vont pas te tuer !

Weiss, stupide, la regardait. Elle ! sa femme, désirée si longtemps, adorée d'une tendresse idolâtre ! Et un frémissement le réveilla, éperdu. Qu'avait-il fait ? pourquoi était-il resté, à tirer des coups de fusil, au lieu d'aller la rejoindre, ainsi qu'il l'avait juré ? Dans un éblouissement, il voyait son bonheur perdu, la séparation violente, à jamais. Puis, le sang qu'elle avait au front, le frappa ; et la voix machinale, bégayante :

— Est-ce que tu es blessée ?... C'est fou d'être venue...

D'un geste emporté, elle l'interrompit.

— Oh ! moi, ce n'est rien, une égratignure... Mais toi, toi ! pourquoi te gardent-ils ? Je ne veux pas qu'ils te tuent !

L'officier se débattait au milieu de la route encombrée, pour que le peloton eût un peu de recul. Quand il aperçut cette femme au cou d'un des prisonniers, il reprit violemment, en français :

— Oh! non, pas de bêtises, hein!... D'où sortez-vous? Que voulez-vous?

— Je veux mon mari.

— Votre mari, cet homme-là?... Il a été condamné, justice doit être faite.

— Je veux mon mari.

— Voyons, soyez raisonnable... Écartez-vous, nous n'avons pas envie de vous faire du mal.

— Je veux mon mari.

Renonçant alors à la convaincre, l'officier allait donner l'ordre de l'arracher des bras du prisonnier, lorsque Laurent, silencieux jusque-là, l'air impassible, se permit d'intervenir.

— Dites donc, capitaine, c'est moi qui vous ai démoli tant de monde, et qu'on me fusille, ça va bien. D'autant plus que je n'ai personne, ni mère, ni femme, ni enfant... Tandis que monsieur est marié... Dites, lâchez-le donc, puis vous me réglerez mon affaire...

Hors de lui, le capitaine hurla :

— En voilà des histoires! Est-ce qu'on se fiche de moi?... Un homme de bonne volonté pour emporter cette femme!

Il dut redire cet ordre en allemand. Et un soldat s'avança, un Bavarois trapu, à l'énorme tête embroussaillée de barbe et de cheveux roux, sous lesquels on ne distinguait qu'un large nez carré et que de gros yeux bleus. Il était souillé de sang, effroyable, tel qu'un de ces ours des cavernes, une de ces bêtes poilues toutes rouges de la proie dont elles viennent de faire craquer les os.

Henriette répétait, dans un cri déchirant :

— Je veux mon mari, tuez-moi avec mon mari.

Mais l'officier s'appliquait de grands coups de poing dans la poitrine, en disant que, lui, n'était pas un bourreau, que s'il y en avait qui tuaient les innocents, ce n'était pas lui. Elle n'avait pas été condamnée, il se couperait la main, plutôt que de toucher à un cheveu de sa tête.

Alors, comme le Bavarois s'approchait, Henriette se colla au corps de Weiss, de tous ses membres, éperdument.

— Oh! mon ami, je t'en supplie, garde-moi, laisse-moi mourir avec toi...

Weiss pleurait de grosses larmes; et, sans répondre, il s'efforçait de détacher, de ses épaules et de ses reins, les doigts convulsifs de la malheureuse.

— Tu ne m'aimes donc plus, que tu veux mourir sans moi... Garde-moi, ça les fatiguera, ils nous tueront ensemble.

Il avait dégagé une des petites mains, il la serrait contre sa bouche, il la baisait, tandis qu'il travaillait pour faire lâcher prise à l'autre.

— Non, non! garde-moi... Je veux mourir...

Enfin, à grand'peine, il lui tenait les deux mains. Muet jusque-là, ayant évité de parler, il ne dit qu'un mot :

— Adieu, chère femme.

Et, déjà, de lui-même, il l'avait jetée entre les bras du Bavarois, qui l'emportait. Elle se débattait, criait, tandis que, pour la calmer sans doute, le soldat lui adressait tout un flot de rauques paroles. D'un violent effort, elle avait dégagé sa tête, elle vit tout.

Cela ne dura pas trois secondes. Weiss, dont le binocle avait glissé, dans les adieux, venait de le remettre vivement sur son nez, comme s'il avait voulu bien voir la mort en face. Il recula, s'adossa contre le mur, en croisant les bras; et, dans son veston en lambeaux, ce gros garçon paisible avait une figure exaltée, d'une admirable beauté de courage. Près de lui, Laurent s'était contenté de fourrer les mains dans ses poches. Il semblait indigné de la cruelle scène, de l'abomination de ces sauvages, qui tuaient les hommes sous les yeux de leurs femmes. Il se redressa, les dévisagea, leur cracha d'une voix de mépris :

— Sales cochons !

Mais l'officier avait levé son épée, et les deux hommes tombèrent comme des masses, le garçon jardinier la face contre terre, l'autre, le comptable, sur le flanc, le long du mur. Celui-ci, avant d'expirer, eut une convulsion dernière, les paupières battantes, la bouche tordue. L'officier, qui s'approcha, le remua du pied, voulant s'assurer qu'il avait bien cessé de vivre.

Henriette avait tout vu, ces yeux mourants qui la cherchaient, ce sursaut affreux de l'agonie, cette grosse botte poussant le corps. Elle ne cria même pas, elle mordit silencieusement, furieusement, ce qu'elle put, une main que ses dents rencontrèrent. Le Bavarois jeta une plainte d'atroce douleur. Il la renversa, faillit l'assommer. Leurs visages se touchaient, jamais elle ne devait oublier cette barbe et ces cheveux rouges, éclaboussés de sang, ces yeux bleus, élargis et chavirés de rage.

Plus tard, Henriette ne put se rappeler nettement ce qui s'était passé ensuite. Elle n'avait eu qu'un désir, retourner près du corps de son mari, le prendre, le veiller. Seulement, comme dans les cauchemars, toutes sortes d'obstacles se dressaient, l'arrêtaient à chaque pas. De nouveau, une vive fusillade venait d'éclater, un grand mouvement avait lieu parmi les troupes allemandes qui occupaient Bazeilles : c'était l'arrivée enfin de l'infanterie de marine ; et le combat recommençait avec une telle violence, que la jeune femme fut rejetée à gauche, dans une ruelle, parmi un troupeau affolé d'habitants. D'ailleurs, le résultat de la lutte ne pouvait être douteux, il était trop tard pour reconquérir les positions abandonnées. Pendant près d'une demi-heure encore, l'infanterie s'acharna, se fit tuer, avec un emportement superbe ; mais, sans cesse, les ennemis recevaient des renforts, débordaient de partout, des prairies, des routes, du parc de Montivilliers. Rien désormais ne les aurait délogés de ce village, si chèrement acheté, où plusieurs milliers des leurs gisaient dans le sang et les flammes. Maintenant, la destruction achevait son œuvre, il n'y avait plus là qu'un charnier de membres épars et de débris fumants, et Bazeilles égorgé, anéanti, s'en allait en cendre.

Une dernière fois, Henriette aperçut au loin sa petite maison dont les planchers s'écroulaient, au milieu d'un tourbillon de flammèches. Toujours, elle revoyait, en face, le long du mur, le corps de son mari. Mais un nouveau flot l'avait reprise, les clairons sonnaient la retraite, elle fut emportée, sans savoir comment, parmi les troupes qui se repliaient. Alors, elle devint une chose, une épave roulée, charriée dans un piétinement confus de foule, coulant à pleine route. Et elle ne savait plus, elle finit par se retrouver à Balan, chez des gens qu'elle ne connaissait pas, et elle sanglotait dans une cuisine, la tête tombée sur une table.

Et trois hommes encore furent tués (p. 231).

V

Sur le plateau de l'Algérie, à dix heures, la compagnie Beaudoin était toujours couchée parmi les choux, dans le champ dont elle n'avait pas bougé depuis le matin. Les feux croisés des batteries du Hattoy et de la presqu'île d'Iges, qui redoublaient de violence, venaient encore de lui tuer deux hommes; et aucun ordre de marcher en avant n'arrivait: allait-on passer la journée là, à se laisser mitrailler, sans se battre?

Même les hommes n'avaient plus le soulagement de décharger leurs chassepots. Le capitaine Beaudoin était parvenu à faire cesser le feu, cette furieuse et inutile fusillade contre le petit bois d'en face, où pas un Prussien ne paraissait être resté. Le soleil devenait accablant, on brûlait, ainsi allongé par terre, sous le ciel en flammes.

Jean, qui se tourna, fut inquiet de voir que Maurice avait laissé tomber sa tête, la joue contre le sol, les yeux fermés. Il était très pâle, la face immobile.

— Eh bien! quoi donc?

Mais, simplement, Maurice s'était endormi. L'attente, la fatigue, l'avaient terrassé, malgré la mort qui volait de toutes parts. Et il s'éveilla brusquement, ouvrit de grands yeux calmes, où reparut aussitôt l'effarement trouble de la bataille. Jamais il ne put savoir combien de temps il avait sommeillé. Il lui semblait sortir d'un néant infini et délicieux.

— Tiens, est-ce drôle, murmura-t-il, j'ai dormi!... Ah! ça m'a fait du bien.

En effet, il sentait moins, à ses tempes et à ses côtes, le douloureux serrement, cette ceinture de la peur dont craquent les os. Il plaisanta Lapoulle qui, depuis la disparition de Chouteau et de Loubet, s'inquiétait d'eux, parlait d'aller les chercher. Une riche idée, pour se mettre à l'abri derrière un arbre et fumer une pipe! Pache prétendait qu'on les avait

gardés à l'ambulance, où les brancardiers manquaient. Encore un métier
pas commode, que d'aller ramasser les blessés, sous le feu ! Puis, tourmenté des superstitions de son village, il ajouta que ça ne portait pas
chance de toucher aux morts : on en mourait.

— Taisez-vous donc, tonnerre de Dieu ! cria le lieutenant Rochas.
Est-ce qu'on meurt !

Sur son grand cheval, le colonel de Vineuil avait tourné la tête. Et il
eut un sourire, le seul depuis le matin. Puis, il retomba dans son immobilité, toujours impassible sous les obus, attendant des ordres.

Maurice, qui s'intéressait maintenant aux brancardiers, suivait leurs
recherches, dans les plis de terrain. Il devait y avoir, au bout du chemin
creux, derrière un talus, une ambulance volante de premiers secours,
dont le personnel s'était mis à explorer le plateau. Rapidement, on dressait une tente, tandis qu'on déballait du fourgon le matériel nécessaire,
les quelques outils, les appareils, le linge, de quoi procéder à des panse-
ments hâtifs, avant de diriger les blessés sur Sedan, au fur et à mesure
qu'on pouvait se procurer des voitures de transport, qui bientôt allaient
manquer. Il n'y avait là que des aides. Et c'étaient surtout les brancardiers qui faisaient preuve d'un héroïsme têtu et sans gloire. On les voyait,
vêtus de gris, avec la croix rouge de leur casquette et de leur brassard,
se risquer lentement, tranquillement, sous les projectiles, jusqu'aux
endroits où étaient tombés des hommes. Ils se traînaient sur les genoux,
tâchaient de profiter des fossés, des haies, de tous les accidents de terrain, sans mettre de la vantardise à s'exposer inutilement. Puis, dès qu'ils
trouvaient des hommes par terre, leur dure besogne commençait, car
beaucoup étaient évanouis, et il fallait reconnaître les blessés des morts.
Les uns étaient restés sur la face, la bouche dans une mare de sang, en
train d'étouffer ; les autres avaient la gorge pleine de boue, comme s'ils
venaient de mordre la terre ; d'autres gisaient jetés pêle-mêle, en tas, les
bras et les jambes contractés, la poitrine écrasée à demi. Soigneusement,
les brancardiers dégageaient, ramassaient ceux qui respiraient encore,
allongeant leurs membres, leur soulevant la tête, qu'ils nettoyaient le
mieux possible. Chacun d'eux avait un bidon d'eau fraîche, dont il était
très avare. Et souvent on pouvait ainsi les voir à genoux, pendant de
longues minutes, s'efforçant de ranimer un blessé, attendant qu'il eût
rouvert les yeux.

A une cinquantaine de mètres, sur la gauche, Maurice en regarda un
qui tâchait de reconnaître la blessure d'un petit soldat, dont une manche
laissait couler un filet de sang, goutte à goutte. Il y avait là une hémorragie, que l'homme à la croix rouge finit par trouver et par arrêter, en
comprimant l'artère. Dans les cas pressants, ils donnaient de la sorte les
premiers soins, évitaient les faux mouvements pour les fractures, ban-
daient et immobilisaient les membres, de façon à rendre sans danger le
transport. Et ce transport enfin devenait la grande affaire : ils soutenaient

ceux qui pouvaient marcher, portaient les autres, dans leurs bras, ainsi que des petits enfants, ou bien à califourchon sur leur dos, les mains ramenées autour de leur cou ; ou bien encore, ils se mettaient à deux, à trois, à quatre, selon la difficulté, leur faisaient un siège de leurs poings unis, les emportaient couchés, par les jambes et par les épaules. En dehors des brancards réglementaires, c'étaient aussi toutes sortes d'inventions ingénieuses, de brancards improvisés avec des fusils, liés à l'aide de bretelles de sac. Et, de partout, dans la plaine rase que labouraient les obus, on les voyait, isolés ou en groupe, qui filaient avec leurs fardeaux, baissant la tête, tâtant la terre du pied, d'un héroïsme prudent et admirable.

Comme Maurice en regardait un, sur la droite, un garçon maigre et chétif, qui emportait un lourd sergent pendu à son cou, les jambes brisées, de l'air d'une fourmi laborieuse qui transporte un grain de blé trop gros, il les vit culbuter et disparaître tous les deux dans l'explosion d'un obus. Quand la fumée se fut dissipée, le sergent reparut sur le dos, sans blessure nouvelle, tandis que le brancardier gisait, le flanc ouvert. Et une autre arriva, une autre fourmi active, qui, après avoir retourné et flairé le camarade mort, reprit le blessé à son cou et l'emporta.

Alors, Maurice plaisanta Lapoulle.

— Dis, si le métier te plaît davantage, va donc leur donner un coup de main !

Depuis un moment, les batteries de Saint-Menges faisaient rage, la grêle des projectiles augmentait ; et le capitaine Beaudoin, qui se promenait toujours devant sa compagnie, nerveusement, finit par s'approcher du colonel. C'était une pitié, d'épuiser le moral des hommes, pendant de si longues heures, sans les employer.

— Je n'ai pas d'ordre, répéta stoïquement le colonel.

On vit encore le général Douay passer au galop, suivi de son état-major. Il venait de se rencontrer avec le général de Wimpffen, accouru pour le supplier de tenir, ce qu'il avait cru pouvoir promettre de faire, mais à la condition formelle que le calvaire d'Illy, sur sa droite, serait défendu. Si l'on perdait la position d'Illy, il ne répondait plus de rien, la retraite devenait fatale. Le général de Wimpffen déclara que des troupes du 1er corps allaient occuper le calvaire ; et, en effet, on vit presque aussitôt un régiment de zouaves s'y établir ; de sorte que le général Douay, rassuré, consentit à envoyer la division Dumont au secours du 12e corps, très menacé. Mais, un quart d'heure plus tard, comme il revenait de constater l'attitude solide de sa gauche, il s'exclama en levant les yeux et en remarquant que le calvaire était vide : plus de zouaves, on avait abandonné le plateau, que le feu d'enfer des batteries de Fleigneux rendait d'ailleurs intenable. Et, désespéré, prévoyant le désastre, il se portait rapidement sur la droite, lorsqu'il tomba dans une déroute de la division Dumont, qui se repliait en désordre, affolée, mêlée aux débris du 1er corps. Ce dernier, après son mouvement de retraite, n'avait pu reconquérir ses positions du matin, laissant Daigny au XIIe corps saxon et Givonne à la garde prussienne, forcé de remonter vers le nord, à travers le bois de la Garenne, canonné par les batteries que l'ennemi installait sur toutes les crêtes, d'un bout à l'autre du vallon. Le terrible cercle de fer et de flammes se resserrait, une partie de la garde continuait sa marche sur Illy, de l'est à l'ouest, en tournant les coteaux ; tandis que, de l'ouest à l'est, derrière le XIe corps, maître de Saint-Menges, le Ve cheminait toujours, dépassait Fleigneux, portait sans cesse ses canons plus en avant, avec une impudente témérité, si convaincu de l'ignorance et de l'impuissance des troupes françaises, qu'il n'attendait même pas l'infanterie pour les soutenir. Il était midi, l'horizon entier s'embrasait, tonnant, croisant les feux sur le 7e et le 1er corps.

Le général Douay, alors, pendant que l'artillerie ennemie préparait de la sorte l'attaque suprême du calvaire, résolut de faire un dernier effort pour le reconquérir. Il envoya des ordres, il se jeta en personne parmi les fuyards de la division Dumont, réussit à former une colonne, qu'il lança sur le plateau. Elle y tint bon pendant quelques minutes ; mais les balles sifflaient si drues, une telle trombe d'obus balayait les champs vides, sans un arbre, que la panique tout de suite se déclara, remportant les hommes le long des pentes, les roulant ainsi que des pailles surprises par un orage. Et le général s'entêta, fit avancer d'autres régiments.

Une estafette, qui passait au galop, cria au colonel de Vineuil un ordre, dans l'effrayant vacarme. Déjà, le colonel était debout sur les étriers, la face ardente ; et, d'un grand geste de son épée, montrant le calvaire :

— Enfin, mes enfants, c'est notre tour !... En avant, là-haut !

Le 106e, entraîné, s'ébranla. Une des premières, la compagnie Beaudoin s'était mise debout, au milieu des plaisanteries, les hommes disant qu'ils étaient rouillés, qu'ils avaient de la terre dans les jointures. Mais, dès les premiers pas, on dut se jeter au fond d'une tranchée-abri qu'on rencontra, tellement le feu devenait vif. Et l'on fila en pliant l'échine.

— Mon petit, répétait Jean à Maurice, attention ! c'est le coup de chien... Ne montre pas le bout de ton nez, car pour sûr on te le démolirait... Et ramasse bien tes os sous ta peau, si tu ne veux pas en laisser en route. Ceux qui en reviendront, cette fois, seront des bons.

Maurice entendait à peine, dans le bourdonnement, la clameur de foule qui lui emplissait la tête. Il ne savait plus s'il avait peur, il courait emporté par le galop des autres, sans volonté personnelle, n'ayant que le désir d'en finir tout de suite. Et il était à ce point devenu un simple flot de ce torrent en marche, qu'un brusque recul s'étant produit, à l'extrémité de la tranchée, devant les terrains nus qu'il restait à gravir, il avait aussitôt senti la panique le gagner, prêt à prendre la fuite. C'était, en lui, l'instinct débridé, une révolte des muscles, obéissant aux souffles épars.

Dès hommes déjà retournaient en arrière, lorsque le colonel se précipita.

— Voyons, mes enfants, vous ne me ferez pas cette peine, vous n'allez pas vous conduire comme des lâches... Souvenez-vous ! jamais le 106° n'a reculé, vous seriez les premiers à salir notre drapeau...

Il poussait son cheval, barrait le chemin aux fuyards, trouvait des paroles pour chacun, parlait de la France, d'une voix où tremblaient des larmes.

Le lieutenant Rochas en fut si ému, qu'il entra dans une terrible colère, levant son épée, tapant sur les hommes comme avec un bâton.

— Sales bougres, je vas vous monter là-haut à coups de botte dans le derrière, moi ! Voulez-vous bien obéir, ou je casse la gueule au premier qui tourne les talons.

Mais ces violences, ces soldats menés au feu à coups de pied, répugnaient au colonel.

— Non, non, lieutenant, ils vont tous me suivre... N'est-ce pas, mes enfants, vous n'allez pas laissez votre vieux colonel se débarbouiller tout seul avec les Prussiens?... En avant, là-haut !

Et il partit, et tous en effet le suivirent, tellement il avait dit cela en brave homme de père, qu'on ne pouvait abandonner, sans être des pas grand'chose. Lui seul, du reste, traversa tranquillement les champs nus, sur son grand cheval, tandis que les hommes s'éparpillaient, se jetaient en tirailleurs, profitant des moindres abris. Les terrains montaient, il y avait bien cinq cents mètres de chaumes et de carrés de betteraves, avant d'atteindre le calvaire. Au lieu de l'assaut classique, tel qu'il se passe dans les manœuvres, par lignes correctes, on ne vit bientôt que des dos arrondis qui filaient au ras de terre, des soldats isolés ou par petits groupes, rampant, sautant soudain ainsi que des insectes, gagnant la crête à force d'agilité et de ruse. Les batteries ennemies avaient dû les voir, les obus labouraient le sol, si fréquents, que les détonations ne cessaient point. Cinq hommes furent tués, un lieutenant eut le corps coupé en deux.

Maurice et Jean avaient eu la chance de rencontrer une haie, derrière laquelle ils purent galoper sans être vus. Une balle pourtant y troua la tempe d'un de leurs camarades, qui tomba dans leurs jambes. Ils durent l'écarter du pied. Mais les morts ne comptaient plus, il y en avait trop. L'horreur du champ de bataille, un blessé qu'ils aperçurent, hurlant, retenant à deux mains ses entrailles, un cheval qui se traînait encore, les cuisses rompues, toute cette effroyable agonie finissait par ne plus les toucher. Et ils ne souffraient que de l'accablante chaleur du soleil de midi qui leur mangeait les épaules.

— Ce que j'ai soif ! bégaya Maurice. Il me semble que j'ai de la suie

dans la gorge. Tu ne sens pas cette odeur de roussi, de laine brûlée?
Jean hocha la téte.

— Ça sentait la même chose à Solférino. Peut-être bien que c'est
l'odeur de la guerre... Attends, j'ai encore de l'eau-de-vie, nous allons
boire un coup.

Derrière la haie, tranquillement, ils s'arrêtèrent une minute. Mais
l'eau-de-vie, au lieu de les désaltérer, leur brûlait l'estomac. C'était exaspérant, ce goût de roussi dans la bouche. Et ils se mouraient aussi d'inanition, ils auraient volontiers mordu à la moitié de pain que Maurice avait
dans son sac; seulement, était-ce possible? Derrière eux, le long de la
haie, d'autres hommes arrivaient sans cesse, qui les poussaient. Enfin,
d'un bond, ils franchirent la dernière pente. Ils étaient sur le plateau,
au pied même du calvaire, la vieille croix rongée par les vents et la pluie,
entre deux maigres tilleuls.

— Ah! bon sang, nous y voilà! cria Jean. Mais le tout est d'y rester!

Il avait raison, l'endroit n'était pas précisément agréable, comme le
fit remarquer Lapoulle d'une voix dolente, ce qui égaya la compagnie.
Tous, de nouveau, s'allongèrent dans un chaume; et trois hommes
encore n'en furent pas moins tués. C'était, là-haut, un véritable ouragan
déchaîné, les projectiles arrivaient en si grand nombre de Saint-Menges,
de Fleigneux et de Givonne, que la terre semblait en fumer comme sous
une grosse pluie d'orage. Évidemment, la position ne pourrait être
gardée longtemps, si de l'artillerie ne venait au plus tôt soutenir les
troupes engagées avec tant de témérité. Le général Douay, disait-on,
avait fait donner l'ordre d'avancer à deux batteries de l'artillerie de
réserve; et, à chaque seconde, anxieusement, les hommes se retournaient, dans l'attente de ces canons qui n'arrivaient pas.

— C'est ridicule, ridicule! répétait le capitaine Beaudoin, qui avait
repris sa promenade saccadée. On n'envoie pas ainsi un régiment en
l'air, sans l'appuyer tout de suite.

Puis, ayant aperçu un pli de terrain, sur la gauche, il cria à Rochas :

— Dites donc, lieutenant, la compagnie pourrait se terrer là.

Rochas, debout, immobile, haussa les épaules.

— Oh! mon capitaine, ici ou là-bas, allez! la danse est la même... Le
mieux est encore de ne pas bouger.

Alors, le capitaine Beaudoin, qui ne jurait jamais, s'emporta.

— Mais, nom de Dieu! nous allons y rester tous! On ne peut pas
se laisser détruire ainsi!

Et il s'entêta, voulut se rendre compte personnellement de la position
meilleure qu'il indiquait. Mais il n'avait pas fait dix pas, qu'il dispa-
raissait dans une brusque explosion, la jambe droite fracassée par un
éclat d'obus. Il culbuta sur le dos, en jetant un cri aigu de femme surprise.

C'était sûr, murmura Rochas. Ça ne vaut rien de tant remuer, et ce
qu'on doit gober, on le gobe.

Des hommes de la compagnie, en voyant tomber leur capitaine, se soulevèrent ; et, comme il appelait à l'aide, suppliant qu'on l'emportât, Jean finit par courir jusqu'à lui, suivi aussitôt de Maurice.

— Mes amis, au nom du ciel ! ne m'abandonnez pas, emportez-moi à l'ambulance !

— Dame ! mon capitaine, ce n'est guère commode... On peut toujours essayer...

Déjà, ils se concertaient pour savoir par quel bout le prendre, lorsqu'ils aperçurent, abrités derrière la haie qu'ils avaient longée, deux brancardiers, qui paraissaient attendre de la besogne. Ils leur firent des signes énergiques, ils les décidèrent à s'approcher. C'était le salut, s'ils pouvaient regagner l'ambulance, sans mauvaise aventure. Mais le chemin était long, et la grêle de fer augmentait encore.

Comme les brancardiers, après avoir bandé fortement la jambe, pour la maintenir, emportaient le capitaine assis sur leurs poings noués, un bras passé au cou de chacun d'eux, le colonel de Vineuil, averti, arriva, en poussant son cheval. Il avait connu le jeune homme dès sa sortie de Saint-Cyr, il l'aimait et se montrait très ému.

— Mon pauvre enfant, ayez du courage... Ce ne sera rien, on vous sauvera...

Le capitaine eut un geste de soulagement, comme si beaucoup de bravoure lui était venue enfin.

— Non, non, c'est fini, j'aime mieux ça. Ce qui est exaspérant, c'est d'attendre ce qu'on ne peut éviter.

On l'emporta, les brancardiers eurent la chance d'atteindre sans encombre la haie, le long de laquelle ils filèrent rapidement, avec leur fardeau. Lorsque le colonel les vit disparaître derrière le bouquet d'arbres, où se trouvait l'ambulance, il eut un soupir de soulagement.

— Mais, mon colonel, cria soudain Maurice, vous êtes blessé, vous aussi !

Il venait d'apercevoir la botte gauche de son chef couverte de sang. Le talon avait dû être arraché, et un morceau de la tige était même entré dans les chairs.

M. de Vineuil se pencha tranquillement sur la selle, regarda un instant son pied, qui devait le brûler et peser lourd, au bout de sa jambe.

— Oui, oui, murmura-t-il, j'ai attrapé ça tout à l'heure... Ce n'est rien, ça ne m'empêche pas de me tenir à cheval...

Et il ajouta, en retournant prendre sa place, à la tête de son régiment :

— Quand on est à cheval et qu'on peut s'y tenir, ça va toujours.

Enfin, les deux batteries de l'artillerie de réserve arrivaient. Ce fut pour les hommes anxieux un soulagement immense, comme si ces canons étaient le rempart, le salut, la foudre qui allait faire taire, là-bas, les canons ennemis. Et c'était d'ailleurs superbe, cette arrivée

Un obus brisa une pièce, tua un lieutenant et deux hommes (p. 237).

correcte des batteries, dans leur ordre de bataille, chaque pièce suivie de
son caisson, les conducteurs montés sur les porteurs, tenant la bride
des sous-verges, les servants assis sur les coffres, les brigadiers et les
maréchaux des logis galopant à leur place réglementaire. On les aurait
dits à la parade, soucieux de conserver leurs distances, tandis qu'ils
s'avançaient d'un train fou, au travers des chaumes, avec un sourd grondement d'orage.

Maurice, qui s'était de nouveau couché dans un sillon, se souleva,
enthousiasmé, pour dire à Jean :

— Tiens ! là, celle qui s'établit à gauche, c'est la batterie d'Honoré.
Je reconnais les hommes.

D'un revers de main, Jean l'avait déjà rejeté sur le sol.

— Allonge-toi donc ! et fais le mort !

Mais tous deux, la joue collée à la terre, ne perdirent plus de vue la
batterie, très intéressés par la manœuvre, le cœur battant à grands coups,
de voir la bravoure calme et active de ces hommes, dont ils attendaient
encore la victoire.

Brusquement, à gauche, sur une crête nue, la batterie venait de s'arrêter ; et ce fut l'affaire d'une minute, les servants sautèrent des coffres,
décrochèrent les avant-trains, les conducteurs laissèrent les pièces en
position, firent exécuter un demi-tour à leurs bêtes, pour se porter à
quinze mètres en arrière, face à l'ennemi, immobiles. Déjà les six pièces
étaient braquées, espacées largement, accouplées en trois sections que
des lieutenants commandaient, toutes les six réunies sous les ordres d'un
capitaine maigre et très long, qui jalonnait fâcheusement le plateau. Et
l'on entendit ce capitaine crier, après qu'il eut rapidement fait son
calcul :

— La hausse à seize cents mètres !

L'objectif allait être la batterie prussienne, à gauche de Fleigneux,
derrière des broussailles, dont le feu terrible rendait le calvaire d'Illy
intenable.

— Tu vois, se remit à expliquer Maurice, qui ne pouvait se taire, la
pièce d'Honoré est dans la section du centre. Le voilà qui se penche
avec le pointeur... C'est le petit Louis, le pointeur : nous avons bu la
goutte ensemble à Vouziers, tu te souviens ?... Et, là-bas, le conducteur
de gauche, celui qui se tient si raide sur son porteur, une bête alezane
superbe, c'est Adolphe...

La pièce avec ses six servants et son maréchal des logis, plus loin
l'avant-train et ses quatre chevaux montés par les deux conducteurs,
plus loin le caisson, ses six chevaux, ses trois conducteurs, plus loin
encore la prolonge, la fourragère, la forge, toute cette queue d'hommes,
de bêtes et de matériel s'étendait sur une ligne droite, à une centaine
de mètres en arrière ; sans compter les haut-le-pied, le caisson de
rechange, les bêtes et les hommes destinés à boucher les trous, et qui

attendaient à droite, pour ne pas rester inutilement exposés, dans l'enfilade du tir.

Mais Honoré s'occupait du chargement de sa pièce. Les deux servants du centre revenaient déjà de chercher la gargousse et le projectile au caisson, où veillaient le brigadier et l'artificier ; et, tout de suite, les deux servants de la bouche, après avoir introduit la gargousse, la charge de poudre enveloppée de serge, qu'ils poussèrent soigneusement à l'aide du refouloir, glissèrent de même l'obus, dont les ailettes grinçaient le long des rainures. Vivement, l'aide-pointeur, ayant mis la poudre à nu d'un coup de dégorgeoir, enfonça l'étoupille dans la lumière. Et Honoré voulut pointer lui-même ce premier coup, à demi couché sur la flèche, manœuvrant la vis de réglage pour trouver la portée, indiquant la direction, d'un petit geste continu de la main, au pointeur, qui, en arrière, armé du levier, poussait insensiblement la pièce plus à droite ou plus à gauche.

— Ça doit y être, dit-il en se relevant.

Le capitaine, son grand corps plié en deux, vint vérifier la hausse. A chaque pièce, l'aide-pointeur tenait en main la ficelle, prêt à tirer le rugueux, la lame en dents de scie qui allumait le fulminate. Et les ordres furent criés, par numéros, lentement :

— Première pièce, feu !... Deuxième pièce, feu !...

Les six coups partirent, les canons reculèrent, furent ramenés, pendant que les maréchaux des logis constataient que leur tir était beaucoup trop court. Ils le réglèrent, et la manœuvre recommença, toujours la même, et c'était cette lenteur précise, ce travail mécanique fait avec sang-froid, qui maintenait le moral des hommes. La pièce, la bête aimée, groupait autour d'elle une petite famille, que resserrait une occupation commune. Elle était le lien, le souci unique, tout existait pour elle, le caisson, les voitures, les chevaux, les hommes. De là venait la grande cohésion de la batterie entière, une solidité et une tranquillité de bon ménage.

Parmi le 106e, des acclamations avaient accueilli la première salve. Enfin, on allait donc leur clouer le bec, aux canons prussiens ! Tout de suite, il y eut pourtant une déception, lorsqu'on se fut aperçu que les obus restaient en chemin, éclataient pour la plupart en l'air, avant d'avoir atteint les broussailles, là-bas, où se cachait l'artillerie ennemie.

— Honoré, reprit Maurice, dit que les autres sont des clous, à côté de la sienne... Ah ! la sienne, il coucherait avec, jamais on n'en trouvera la pareille ! Vois donc de quel œil il la couve, et comme il la fait essuyer, pour qu'elle n'ait pas trop chaud !

Il plaisantait avec Jean, tous deux ragaillardis par cette belle bravoure calme des artilleurs. Mais, en trois coups, les batteries prussiennes venaient de régler leur tir : d'abord trop long, il était devenu d'une telle précision, que les obus tombaient sur les pièces françaises ; tandis que celles-ci, malgré les efforts pour allonger la portée, n'arrivaient toujours pas. Un des servants d'Honoré, celui de la bouche, à gauche, fut tué. On poussa le corps, le service continua avec la même régularité soigneuse, sans plus de hâte. De toutes parts, les projectiles pleuvaient, éclataient ; et c'étaient, autour de chaque pièce, les mêmes mouvements méthodiques, la gargousse et l'obus introduits, la hausse réglée, le coup tiré, les roues ramenées, comme si ce travail avait absorbé les hommes au point de les empêcher de voir et d'entendre.

Mais ce qui frappa surtout Maurice, ce fut l'attitude des conducteurs, à quinze mètres en arrière, raidis sur leurs chevaux, face à l'ennemi. Adolphe était là, large de poitrine, avec ses grosses moustaches blondes dans son visage rouge ; et il fallait vraiment un fier courage pour ne pas même battre des yeux, à regarder ainsi les obus venir droit sur soi, sans avoir seulement l'occupation de mordre ses pouces pour se distraire. Les servants qui travaillaient, eux, avaient de quoi penser à autre chose ; tandis que les conducteurs, immobiles, ne voyaient que la mort, avec tout le loisir d'y songer et de l'attendre. On les obligeait de faire face à l'ennemi, parce que, s'ils avaient tourné le dos, l'irrésistible besoin de fuite aurait pu emporter les hommes et les bêtes. A voir le danger, on le brave. Il n'y a pas d'héroïsme plus obscur ni plus grand.

Un homme encore venait d'avoir la tête emportée, deux chevaux d'un caisson râlaient, le ventre ouvert, et le tir ennemi continuait, tellement meurtrier, que la batterie entière allait être démontée, si l'on s'entêtait sur la même position. Il fallait dérouter ce tir terrible, malgré les inconvénients d'un changement de place. Le capitaine n'hésita plus, cria l'ordre :

— Amenez les avant-trains !

Et la dangereuse manœuvre s'exécuta avec une rapidité foudroyante : les conducteurs refirent leur demi-tour, ramenant les avant-trains, que les servants raccrochèrent aux pièces. Mais, dans ce mouvement, ils avaient développé un front étendu, ce dont l'ennemi profitait pour redoubler son feu. Trois hommes encore y restèrent. Au grand trot, la batterie filait, décrivait parmi les terres un arc de cercle, pour aller s'installer à une cinquantaine de mètres plus à droite, de l'autre côté du 106e, sur un petit plateau. Les pièces furent décrochées, les conducteurs se retrouvèrent face à l'ennemi, et le feu recommença, sans un arrêt, dans un tel branle, que le sol n'avait pas cessé de trembler.

Cette fois, Maurice poussa un cri. De nouveau, en trois coups, les batteries prussiennes venaient de rétablir leur tir, et le troisième obus était tombé droit sur la pièce d'Honoré. On vit celui-ci qui se précipitait, qui tâtait d'une main tremblante la blessure fraîche, tout un coin écorné de la bouche de bronze. Mais elle pouvait être chargée encore, la manœuvre reprit, après qu'on eut débarrassé les roues du cadavre d'un autre servant, dont le sang avait éclaboussé l'affût.

— Non, ce n'est pas le petit Louis, continua à penser tout haut Maurice. Le voilà qui pointe, et il doit être blessé pourtant, car il ne se sert que de son bras gauche... Ah! ce petit Louis, dont le ménage allait si bien avec Adolphe, à la condition que le servant, l'homme à pied, malgré son instruction plus grande, serait l'humble valet du conducteur, l'homme à cheval...

Jean, qui se taisait, l'interrompit, d'un cri d'angoisse :

— Jamais ils ne tiendront, c'est foutu !

En effet, cette seconde position, en moins de cinq minutes, était devenue aussi intenable que la première. Les projectiles pleuvaient avec la même précision. Un obus brisa une pièce, tua un lieutenant et deux hommes. Pas un des coups n'était perdu, à ce point que, si l'on s'obstinait là davantage, il ne resterait bientôt plus ni un canon ni un artilleur. C'était un écrasement balayant tout.

Alors, le cri du capitaine retentit une seconde fois :

— Amenez les avant-trains !

La manœuvre recommença, les conducteurs galopèrent, refirent demi-tour, pour que les servants pussent raccrocher les pièces. Mais, cette fois, pendant le mouvement, un éclat troua la gorge, arracha la mâchoire de Louis, qui tomba en travers de la flèche, qu'il était en train de soulever. Et, comme Adolphe arrivait, au moment où la ligne des attelages se présentait de flanc, une bordée furieuse s'abattit : il culbuta, la poitrine fendue, les bras ouverts. Dans une dernière convulsion, il avait pris l'autre, ils restèrent embrassés, farouchement tordus, mariés jusque dans la mort.

Déjà, malgré les chevaux tués, malgré le désordre que la bordée meurtrière avait jeté parmi les rangs, toute la batterie remontait une pente, venait s'établir plus en avant, à quelques mètres de l'endroit où Maurice et Jean étaient couchés. Pour la troisième fois, les pièces furent décrochées, les conducteurs se retrouvèrent face à l'ennemi, tandis que les servants, tout de suite, rouvraient le feu, avec un entêtement d'héroïsme invincible.

— C'est la fin de tout ! dit Maurice, dont la voix se perdit.

Il semblait, en effet, que la terre et le ciel se fussent confondus. Les pierres se fendaient, une épaisse fumée cachait par instants le soleil. Au milieu de l'effroyable vacarme, on apercevait les chevaux étourdis, abêtis, la tête basse. Partout, le capitaine apparaissait, trop grand. Il fut coupé en deux; il se cassa et tomba, comme la hampe d'un drapeau.

Mais, autour de la pièce d'Honoré surtout, l'effort continuait, sans hâte et obstiné. Lui, malgré ses galons, dut se mettre à la manœuvre, car il ne restait que trois servants. Il pointait, tirait le rugueux, pendant que les trois allaient au caisson, chargeaient, maniaient l'écouvillon et le refouloir. On avait fait demander des hommes et des chevaux haut-le-pied, pour boucher les trous creusés par la mort; et ils tardaient à venir, il fallait se suffire en attendant. La rage était qu'on n'arrivait toujours pas, que les projectiles lancés éclataient presque tous en l'air, sans faire grand mal à ces terribles batteries adverses, dont le feu était si efficace. Et, brusquement, Honoré poussa un juron, qui domina le bruit de la foudre : toutes les malechances, la roue droite de sa pièce venait d'être broyée ! Tonnerre de Dieu ! une patte cassée, la pauvre bougresse fichue sur le flanc, son nez par terre, bancale et bonne à rien ! Il en pleurait de grosses larmes, il lui avait pris le cou entre ses mains égarées, comme s'il avait voulu la remettre d'aplomb, par la seule chaleur de sa tendresse. Une pièce qui était la meilleure, qui était la seule à avoir envoyé quelques obus là-bas ! Puis, une résolution folle l'envahit, celle de remplacer la roue immédiatement, sous le feu. Lorsque, aidé d'un servant, il fut allé lui-même chercher dans la prolonge une roue de rechange, la manœuvre de force commença, la plus dangereuse qui pût être faite sur le champ de bataille. Heureusement, les hommes et les chevaux haut-le-pied avaient fini par arriver, deux nouveaux servants donnèrent un coup de main.

Cependant, une fois encore, la batterie était démontée. On ne pouvait pousser plus loin la folie héroïque. L'ordre allait être crié de se replier définitivement.

— Dépêchons, camarades ! répétait Honoré. Nous l'emmènerons au moins, et ils ne l'auront pas !

C'était son idée, sauver sa pièce, ainsi qu'on sauve le drapeau. Et il parlait encore, lorsqu'il fut foudroyé, le bras droit arraché, le flanc gauche ouvert. Il était tombé sur la pièce, il y resta comme étendu sur un lit d'honneur, la tête droite, la face intacte et belle de colère, tournée là-bas, vers l'ennemi. Par son uniforme déchiré, venait de glisser une lettre, que ses doigts crispés avaient prise et que le sang tachait, goutte à goutte.

Le seul lieutenant qui ne fût pas mort, jeta le commandement :

— Amenez les avant-trains !

Un caisson avait sauté, avec un bruit de pièces d'artifice qui fusent et éclatent. On dut se décider à prendre les chevaux d'un autre caisson, pour sauver une pièce dont l'attelage était par terre. Et, cette dernière fois, quand les conducteurs eurent fait demi-tour et qu'on eut raccroché les quatre canons qui restaient, on galopa, on ne s'arrêta qu'à un millier de mètres, derrière les premiers arbres du bois de la Garenne.

Maurice avait tout vu. Il répétait, avec un petit grelottement d'horreur, d'une voix machinale :

— Oh ! le pauvre garçon ! le pauvre garçon !

Cette peine semblait augmenter encore la douleur grandissante qui lui tordait l'estomac. La bête, en lui, se révoltait : il était à bout de force, il se mourait de faim. Sa vue se troublait, il n'avait même plus conscience du danger où se trouvait le régiment, depuis que la batterie avait dû se replier. D'une minute à l'autre, des masses considérables pouvaient attaquer le plateau.

— Écoute, dit-il à Jean, il faut que je mange... J'aime mieux manger et qu'on me tue tout de suite !

Il avait ouvert son sac, il prit le pain de ses deux mains tremblantes, il se mit à mordre dedans, avec voracité. Les balles sifflaient, deux obus éclatèrent à quelques mètres. Mais plus rien n'existait, il n'y avait que sa faim à satisfaire.

— Jean, en veux-tu?

Celui-ci le regardait, hébété, les yeux gros, l'estomac déchiré du même besoin.

— Oui, tout de même, je veux bien, je souffre trop.

Ils partagèrent, ils achevèrent goulûment le pain, sans s'inquiéter d'autre chose, tant qu'il en resta une bouchée. Et ce fut seulement ensuite qu'ils revirent leur colonel, sur son grand cheval, avec sa botte sanglante. De toutes parts, le 106ᵉ était débordé. Déjà, des compagnies avaient dû fuir. Alors, obligé de céder au torrent, levant son épée, les yeux pleins de larmes :

— Mes enfants, cria M. de Vineuil, à la garde de Dieu qui n'a pas voulu de nous !

Des bandes de fuyards l'entouraient, il disparut dans un pli de terrain.

Puis, sans savoir comment, Jean et Maurice se trouvèrent derrière la haie, avec les débris de leur compagnie. Une quarantaine d'hommes au plus restaient, commandés par le lieutenant Rochas ; et le drapeau était avec eux, le sous-lieutenant qui le portait venait d'en rabattre la soie autour de la hampe, pour tâcher de le sauver. On fila jusqu'au bout de la haie, on se jeta parmi de petits arbres, sur une pente, où Rochas fit recommencer le feu. Les hommes, dispersés en tirailleurs, abrités, pouvaient tenir; d'autant plus qu'un grand mouvement de cavalerie avait lieu sur leur droite, et qu'on ramenait des régiments en ligne, afin de l'appuyer.

Maurice, alors, comprit l'étreinte lente, invincible, qui achevait de s'accomplir. Le matin, il avait vu les Prussiens déboucher par le défilé de Saint-Albert, gagner Saint-Menges, puis Fleigneux; et, maintenant, derrière le bois de la Garenne, il entendait tonner les canons de la garde, il commençait à apercevoir d'autres uniformes allemands, qui arrivaient par les coteaux de Givonne. Encore quelques minutes, et le cercle se fermerait, et la garde donnerait la main au Vᵉ corps, enveloppant l'armée française d'un mur vivant, d'une ceinture foudroyante d'artillerie. Ce devait être dans la pensée désespérée de faire un dernier effort, de chercher à rompre cette muraille en marche, qu'une division de la cavalerie de réserve, celle du général Margueritte, se massait derrière un pli de terrain, prête à charger. On allait charger à la mort, sans résultat possible, pour l'honneur de la France, et Maurice, qui pensait à Prosper, assista au terrible spectacle.

Depuis le petit jour, Prosper ne faisait que pousser son cheval, dans des marches et des contremarches continuelles, d'un bout à l'autre du plateau d'Illy. On les avait réveillés à l'aube, homme par homme, sans sonneries ; et, pour le café, ils s'étaient ingéniés à envelopper chaque feu d'un manteau, afin de ne pas donner l'éveil aux Prussiens. Puis, ils n'avaient plus rien su, ils entendaient le canon, ils voyaient des fumées, de lointains mouvements d'infanterie, ignorant tout de la bataille, son importance, ses résultats, dans l'inaction absolue où les généraux les laissaient. Prosper, lui, tombait de sommeil. C'était la grande souffrance, les nuits mauvaises, la fatigue amassée, une somnolence invincible au bercement du cheval. Il avait des hallucinations, se voyait par terre, ronflant sur un matelas de cailloux, rêvait qu'il était dans un bon lit, avec des draps blancs. Pendant des minutes, il s'endormait réellement sur la selle, n'était plus qu'une chose en marche, emportée au hasard du trot. Des camarades, parfois, avaient ainsi culbuté de leur bête. On était si las, que les sonneries ne les réveillaient plus ; et il fallait les mettre debout, les tirer de ce néant à coups de pied.

— Mais qu'est-ce qu'on fiche, qu'est-ce qu'on fiche de nous ? répétait Prosper, pour secouer cette torpeur irrésistible.

Le canon tonnait depuis six heures. En montant sur un coteau, il avait eu deux camarades tués par un obus, à côté de lui ; et, plus loin, trois autres encore étaient restés par terre, la peau trouée de balles, sans qu'on pût savoir d'où elles venaient. C'était exaspérant, cette promenade militaire, inutile et dangereuse, au travers du champ de bataille. Enfin, vers une heure, il comprit qu'on se décidait à les faire tuer au moins proprement. Toute la division Margueritte, trois régiments de chasseurs d'Afrique, un de chasseurs de France et un de hussards, venait d'être réunie dans un pli de terrain, un peu au-dessous du calvaire, à gauche de la route. Les trompettes avaient sonné « Pied à terre ! » Et le commandement des officiers retentit :

— Sanglez les chevaux, assurez les paquetages !

Descendu de cheval, Prosper s'étira, flatta Zéphir de la main. Ce pauvre Zéphir, il était aussi abruti que son maître, éreinté du bête de métier qu'on lui faisait faire. Avec ça, il portait un monde : le linge dans les fontes et le manteau roulé par-dessus, la blouse, le pantalon, le bissac avec les objets de pansage, derrière la selle, et en travers encore le sac des vivres, sans compter la peau de bouc, le bidon, la gamelle. Une pitié tendre noyait le cœur du cavalier, tandis qu'il serrait les sangles et qu'il s'assurait que tout cela tenait bien.

Ce fut un rude moment. Prosper, qui n'était pas plus poltron qu'un autre, alluma une cigarette, tant il avait la bouche sèche. Quand on va charger, chacun peut se dire : « Cette fois, j'y reste ! » Cela dura bien

Bientôt, ce fut une course diabolique, un train d'enfer... (p. 242).

cinq ou six minutes, on racontait que le général Margueritte était allé en avant, pour reconnaître le terrain. On attendait. Les cinq régiments s'étaient formés en trois colonnes, chaque colonne avait sept escadrons de profondeur, de quoi donner à manger aux canons.

Tout d'un coup, les trompettes sonnèrent : A cheval! Et, presque aussitôt, une autre sonnerie éclata : Sabre à la main!

Le colonel de chaque régiment avait déjà galopé, prenant sa place de bataille, à vingt-cinq mètres en avant du front. Les capitaines étaient à leur poste, en tête de leurs hommes. Et l'attente recommença, dans un silence de mort. Plus un bruit, plus un souffle sous l'ardent soleil. Les cœurs seuls battaient. Un ordre encore, le dernier, et cette masse immobile allait s'ébranler, se ruer d'un train de tempête.

Mais, à ce moment, sur la crête du coteau, un officier parut, à cheval, blessé, et que deux hommes soutenaient. On ne le reconnut pas d'abord. Puis, un grondement s'éleva, roula en une clameur furieuse. C'était le général Margueritte, dont une balle venait de traverser les joues, et qui devait en mourir. Il ne pouvait parler, il agita le bras, là-bas, vers l'ennemi.

La clameur grandissait toujours.

— Notre général... Vengeons-le, vengeons-le !

Alors, le colonel du premier régiment, levant en l'air son sabre, cria d'une voix de tonnerre :

— Chargez !

Les trompettes sonnaient, la masse s'ébranla, d'abord au trot. Prosper se trouvait au premier rang, mais presque à l'extrémité de l'aile droite. Le grand danger est au centre, où le tir de l'ennemi s'acharne d'instinct. Lorsqu'on fut sur la crête du calvaire et que l'on commença à descendre de l'autre côté, vers la vaste plaine, il aperçut très nettement, à un millier de mètres, les carrés prussiens sur lesquels on les jetait. D'ailleurs, il trottait comme dans un rêve, il avait une légèreté, un flottement d'être endormi, un vide extraordinaire de cervelle, qui le laissait sans une idée. C'était la machine qui allait, sous une impulsion irrésistible. On répétait : « Sentez la botte ! sentez la botte ! » pour serrer les rangs le plus possible et leur donner une résistance de granit. Puis, à mesure que le trot s'accélérait, se changeait en galop enragé, les chasseurs d'Afrique poussaient, à la mode arabe, des cris sauvages, qui affolaient leurs montures. Bientôt, ce fut une course diabolique, un train d'enfer, ce furieux galop, ces hurlements féroces, que le crépitement des balles accompagnait d'un bruit de grêle, en tapant sur tout le métal, les gamelles, les bidons, le cuivre des uniformes et des harnais. Dans cette grêle, passait l'ouragan de vent et de foudre dont le sol tremblait, laissant au soleil une odeur de laine brûlée et de fauves en sueur.

A cinq cents mètres, Prosper culbuta, sous un remous effroyable, qui emportait tout. Il saisit Zéphir à la crinière, put se remettre en selle. Le centre criblé, enfoncé par la fusillade, venait de fléchir, tandis que les deux ailes tourbillonnaient, se repliaient pour reprendre leur élan. C'était l'anéantissement fatal et prévu du premier escadron. Les chevaux tués barraient le terrain, les uns foudroyés du coup, les autres se débattant dans une agonie violente ; et l'on voyait les cavaliers démontés courir de toute la force de leurs petites jambes, cherchant un cheval. Déjà, les morts semaient la plaine, beaucoup de chevaux libres continuaient de galoper, revenaient d'eux-mêmes à leur place de combat, pour retourner au feu d'un train fou, comme attirés par la poudre. La charge fut reprise, le deuxième escadron s'avançait dans une furie grandissante, les hommes couchés sur l'encolure, tenant le sabre au genou, prêts à sabrer. Deux cents mètres encore furent franchis, au milieu de l'assourdissante clameur de tempête. Mais, de nouveau, sous les balles, le centre se creusait, les hommes et les bêtes tombaient, arrêtaient la course, de l'inextricable embarras de leurs cadavres. Et le deuxième escadron fut ainsi fauché à son tour, anéanti, laissant la place à ceux qui le suivaient.

Alors, dans l'entêtement héroïque, lorsque la troisième charge se produisit, Prosper se trouva mêlé à des hussards et à des chasseurs de France. Les régiments se confondaient, ce n'était plus qu'une vague énorme qui se brisait et se reformait sans cesse, pour remporter tout ce qu'elle rencontrait. Il n'avait plus notion de rien, il s'abandonnait à son cheval, ce brave Zéphir qu'il aimait tant et qu'une blessure à l'oreille semblait affoler. Maintenant, il était au centre, d'autres chevaux se cabraient, se renversaient autour de lui, des hommes étaient jetés à terre, comme par un coup de vent, tandis que d'autres, tués raides, restaient en selle, chargeaient toujours, les paupières vides. Et, cette fois, derrière les deux cents mètres que l'on gagna de nouveau, les chaumes reparurent couverts de morts et de mourants. Il y en avait dont la tête s'était enfoncée en terre. D'autres, tombés sur le dos, regardaient le soleil avec des yeux de terreur, sortis des orbites. Puis, c'était un grand cheval noir, un cheval d'officier, le ventre ouvert et qui tâchait vainement de se remettre debout, les deux pieds de devant pris dans ses entrailles. Sous le feu qui redoublait, les ailes tourbillonnèrent une fois encore, se replièrent pour revenir acharnées.

Enfin, ce ne fut que le quatrième escadron, à la quatrième reprise, qui tomba dans les lignes prussiennes. Prosper, le sabre haut, tapa sur des casques, sur des uniformes sombres, qu'il voyait dans un brouillard. Du sang coulait, il remarqua que Zéphir avait la bouche sanglante, et il s'imagina que c'était d'avoir mordu dans les rangs ennemis. La clameur autour de lui devenait telle, qu'il ne s'entendait plus crier, la gorge arrachée pourtant par le hurlement qui devait en sortir. Mais, derrière la première ligne prussienne, il y en avait une autre, et puis une autre, et puis une autre. L'héroïsme demeurait inutile, ces masses profondes d'hommes étaient comme des herbes hautes où chevaux et cavaliers disparaissaient. On avait beau en raser, il y en avait toujours. Le feu continuait avec une telle intensité, à bout portant, que des uniformes s'enflammèrent. Tout sombra, un engloutissement parmi les baïonnettes, au milieu des poitrines défoncées et des crânes fendus. Les régiments allaient y laisser les deux tiers de leur effectif, il ne restait de cette charge fameuse que la glorieuse folie de l'avoir tentée. Et, brusquement, Zéphir, atteint d'une balle en plein poitrail, s'abattit, écrasant sous lui la hanche droite de Prosper, dont la douleur fut si vive, qu'il perdit connaissance.

Maurice et Jean, qui avaient suivi l'héroïque galop des escadrons, eurent un cri de colère :

— Tonnerre de Dieu, ça ne sert à rien d'être brave !

Et ils continuèrent à décharger leur chassepot, accroupis derrière les broussailles du petit mamelon, où ils se trouvaient en tirailleurs. Rochas lui-même, qui avait ramassé un fusil, faisait le coup de feu. Mais le plateau d'Illy était bien perdu cette fois, les troupes prussiennes l'envahissaient de toutes parts. Il pouvait être environ deux heures, la jonction s'achevait enfin, le V⁰ corps et la garde venaient de se rejoindre, fermant la boucle.

Jean, tout d'un coup, fut renversé.

— J'ai mon affaire, bégaya-t-il.

Il avait reçu, sur le sommet de la tête, comme un fort coup de marteau, et son képi, déchiré, emporté, gisait derrière lui. D'abord, il crut que son crâne était ouvert, qu'il avait la cervelle à nu. Pendant quelques secondes, il n'osa y porter la main, certain de trouver là un trou. Puis, s'étant hasardé, il ramena ses doigts rouges d'un épais flot de sang. Et la sensation fut si forte, qu'il s'évanouit.

A ce moment, Rochas donnait l'ordre de se replier. Une compagnie prussienne n'était plus qu'à deux ou trois cents mètres. On allait être pris.

— Ne vous pressez pas, retournez-vous et lâchez votre coup. . Nous nous rallierons là-bas, derrière ce petit mur.

Mais Maurice se désespérait.

— Mon lieutenant, nous n'allons pas laisser là notre caporal ?

— S'il a son compte, que voulez-vous y faire ?

— Non, non ! il respire... Emportons-le !

D'un haussement d'épaules, Rochas sembla dire qu'on ne pouvait s'embarrasser de tous ceux qui tombaient. Sur le champ de bataille, les blessés ne comptent plus. Alors, suppliant, Maurice s'adressa à Pache et à Lapoulle.

— Voyons, donnez-moi un coup de main. Je suis trop faible, à moi tout seul.

Ils ne l'écoutaient pas, ne l'entendaient pas, ne songeaient qu'à eux, dans l'instinct surexcité de la conservation. Déjà, ils se glissaient sur les genoux, disparaissaient, au galop, vers le petit mur. Les Prussiens n'étaient plus qu'à cent mètres.

Et, pleurant de rage, Maurice, resté seul avec Jean évanoui, l'empoigna dans ses bras, voulut l'emporter. Mais, en effet, il était trop faible, chétif, épuisé de fatigue et d'angoisse. Tout de suite, il chancela, tomba avec son fardeau. Si encore il avait aperçu quelque brancardier ! Il cherchait de ses regards fous, croyait en reconnaître parmi les fuyards, faisait de grands gestes. Personne ne revenait. Il réunit ses dernières forces, reprit Jean, réussit à s'éloigner d'une trentaine de pas ; et, un obus ayant éclaté près d'eux, il crut que c'était fini, qu'il allait mourir, lui aussi, sur le corps de son compagnon.

Lentement, Maurice s'était relevé. Il se tâtait, n'avait rien, pas une égratignure. Pourquoi donc ne fuyait-il pas ? Il était temps encore, il pouvait atteindre le petit mur en quelques sauts, et ce serait le salut. La peur renaissait, l'affolait. D'un bond, il prenait sa course, lorsque des liens plus forts que la mort le retinrent. Non ! ce n'était pas possible, il ne pouvait abandonner Jean. Toute sa chair en aurait saigné, la fraternité qui avait grandi entre ce paysan et lui, allait au fond de son être, à la racine même de la vie. Cela remontait peut-être aux premiers jours du monde, et c'était aussi comme s'il n'y avait plus eu que deux hommes, dont l'un n'aurait pu renoncer à l'autre, sans renoncer à lui-même.

Si Maurice, une heure auparavant, n'avait pas mangé son croûton de pain sous les obus, jamais il n'aurait trouvé la force de faire ce qu'il fit alors.. D'ailleurs, il lui fut impossible plus tard de se souvenir. Il devait avoir chargé Jean sur ses épaules, puis s'être traîné, en s'y reprenant à vingt fois, au milieu des chaumes et des broussailles, buttant à chaque pierre, se remettant quand même debout. Une volonté invincible le soutenait, une résistance qui lui aurait fait porter une montagne. Derrière le petit mur, il retrouva Rochas et les quelques hommes de l'escouade, tirant toujours, défendant le drapeau, que le sous-lieutenant tenait sous son bras.

En cas d'insuccès, aucune ligne de retraite n'avait été indiquée aux corps d'armée. Dans cette imprévoyance et cette confusion, chaque général était libre d'agir à sa guise, et tous, à cette heure, se trouvaient rejetés dans Sedan, sous la formidable étreinte des armées allemandes victorieuses. La deuxième division du 7e corps se repliait en assez bon ordre, tandis que les débris de ses autres divisions, mêlés à ceux du 1er corps, roulaient déjà vers la ville en une affreuse cohue, un torrent de colère et d'épouvante, charriant les hommes et les bêtes.

Mais, à ce moment, Maurice s'aperçut avec joie que Jean rouvrait les yeux ; et, comme il courait à un ruisseau voisin, voulant lui laver la figure, il fut très surpris de revoir, à sa droite, au fond du vallon écarté, protégé par des pentes rudes, le paysan qu'il avait vu le matin et qui continuait à labourer sans hâte, poussant sa charrue attelée d'un grand cheval blanc. Pourquoi perdre un jour? Ce n'était pas parce qu'on se battait, que le blé cesserait de croître et le monde de vivre.

VI

Sur la terrasse haute, où il était monté pour se rendre compte de la situation, Delaherche finit par être agité d'une nouvelle impatience de savoir. Il voyait bien que les obus passaient par-dessus la ville, et que les trois ou quatre qui avaient crevé les toits des maisons environnantes, ne devaient être que de rares réponses au tir si lent, si peu efficace du Palatinat. Mais il ne distinguait rien de la bataille, et c'était en lui un besoin immédiat de renseignements, que fouettait la peur de perdre dans la catastrophe sa fortune et sa vie. Il descendit, laissant la lunette braquée là-bas, vers les batteries allemandes.

En bas, pourtant, l'aspect du jardin central de la fabrique le retint un moment. Il était près d'une heure, et l'ambulance s'encombrait de blessés. La file des voitures ne cessait plus sous le porche. Déjà, les voitures réglementaires, celles à deux roues, celles à quatre roues, manquaient. On voyait apparaître des prolonges d'artillerie, des fourragères, des fourgons à matériel, tout ce qu'on pouvait réquisitionner sur le champ de bataille ; même il finissait par arriver des carrioles et des charrettes de cultivateurs, prises dans les fermes, attelées de chevaux errants. Et, là dedans, on empilait les hommes ramassés par les ambulances volantes de premiers secours, pansés à la hâte. C'était un déchargement affreux de pauvres gens, les uns d'une pâleur verdâtre, les autres violacés de congestion ; beaucoup étaient évanouis, d'autres poussaient des plaintes aiguës ; il y en avait, frappés de stupeur, qui s'abandonnaient aux infirmiers avec des yeux épouvantés, tandis que quelques-uns, dès qu'on les touchait, expiraient dans la secousse. L'envahissement devenait tel, que tous les matelas de la vaste salle basse allaient être occupés, et que le major Bouroche donnait des ordres, pour qu'on utilisât la paille dont il

avait fait faire une large litière, à l'une des extrémités. Lui et ses aides,
cependant, suffisaient encore aux opérations. Il s'était contenté de
demander une nouvelle table, avec un matelas et une toile cirée, sous le
hangar où l'on opérait. Vivement, un aide tamponnait une serviette
imbibée de chloroforme sous le nez des patients. Les minces couteaux
d'acier luisaient, les scies avaient à peine un petit bruit de râpe, le sang
coulait par jets brusques, arrêtés tout de suite. On apportait, on rempor-
tait les opérés, dans un va-et-vient rapide, à peine le temps de donner un
coup d'éponge sur la toile cirée. Et, au bout de la pelouse, derrière un
massif de cytises, dans le charnier qu'on avait dû établir et où l'on se
débarrassait des morts, on allait jeter aussi les jambes et les bras coupés,
tous les débris de chair et d'os restés sur les tables.

Assises au pied d'un des grands arbres, madame Delaherche et Gilberte
n'arrivaient plus à rouler assez de bandes. Bouroche qui passa, la face
enflammée, son tablier déjà rouge, jeta un paquet de linge à Delaherche,
en criant :

— Tenez! faites donc quelque chose, rendez-vous utile!

Mais le fabricant protesta.

— Pardon ! il faut que je retourne aux nouvelles. On ne sait plus si
l'on vit.

Puis, effleurant de ses lèvres les cheveux de sa femme :

— Ma pauvre Gilberte, dire qu'un obus peut tout allumer ici ! C'est
effrayant.

Elle était très pâle, elle leva la tête, jeta un coup d'œil autour d'elle,
avec un frisson. Puis, l'involontaire, l'invincible sourire revint sur ses
lèvres.

— Oh! oui, effrayant, tous ces hommes que l'on coupe... C'est drôle
que je reste-là, sans m'évanouir.

Madame Delaherche avait regardé son fils baiser les cheveux de la jeune
femme. Elle eut un geste, comme pour l'écarter, en songeant à l'autre, à
l'homme qui avait dû baiser aussi ces cheveux-là, la nuit dernière. Mais
ses vieilles mains tremblèrent, elle murmura : ʼ

— Que de souffrances, mon Dieu! On oublie les siennes.

Delaherche partit, en expliquant qu'il allait revenir tout de suite, avec
des renseignements certains. Dès la rue Maqua, il fut surpris du nombre
de soldats qui rentraient, sans armes, l'uniforme en lambeaux, souillé
de poussière. Il ne put d'ailleurs tirer aucun détail précis de ceux qu'il
s'efforça d'interroger : les uns répondaient, hébétés, qu'ils ne savaient
pas; les autres en disaient si long, dans une telle furie de gestes, une
telle exaltation de paroles, qu'ils ressemblaient à des fous. Machinalement,
alors, il se dirigea de nouveau vers la Sous-Préfecture, avec la pensée
que toutes les nouvelles affluaient là. Comme il traversait la place du
Collège, deux canons, sans doute les deux seules pièces qui restaient
d'une batterie, arrivèrent au galop, s'échouèrent contre un trottoir. Dans

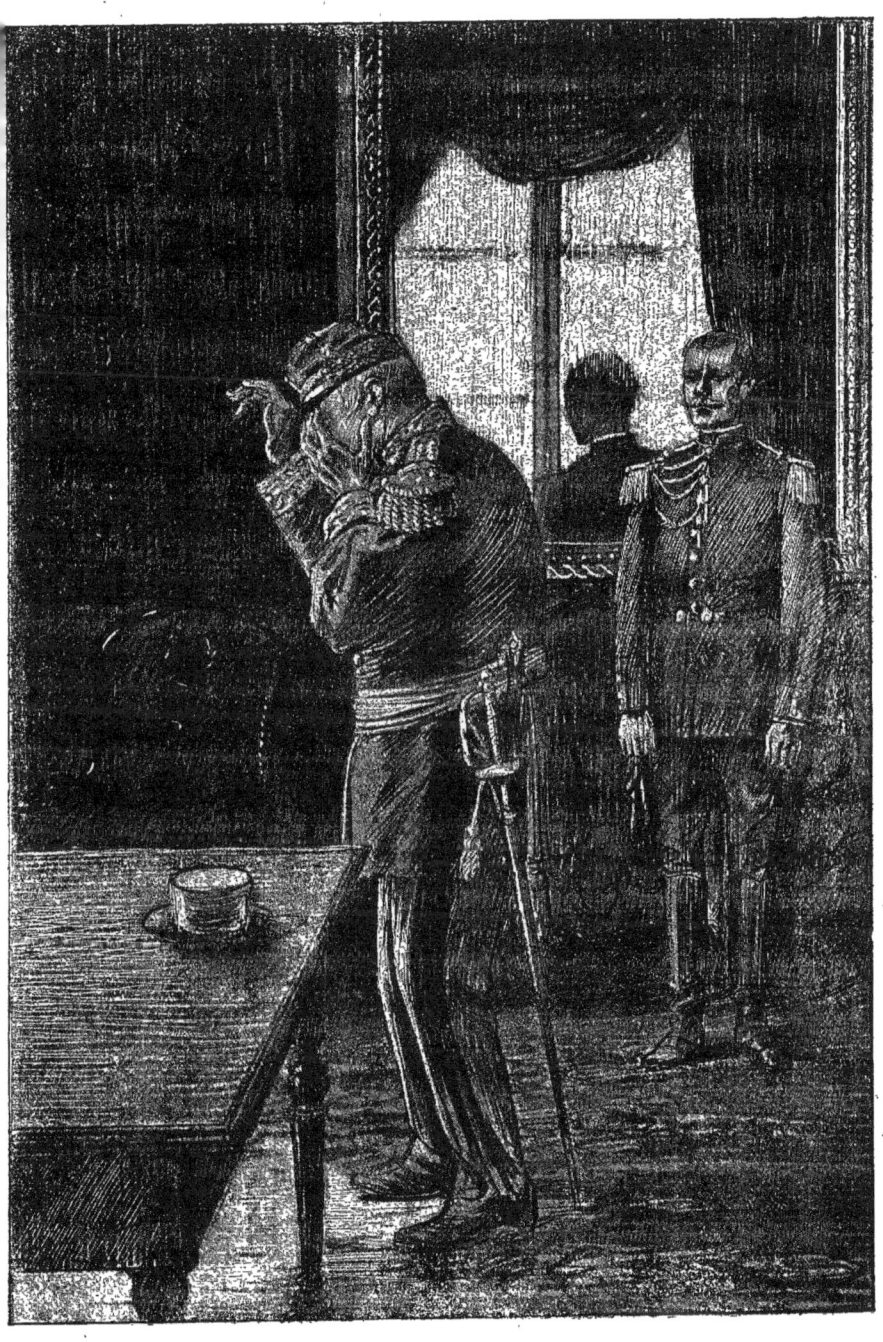

— Oh ! ce canon, ce canon qui ne cesse pas ! (p. 251).

la Grande-Rue, il dut s'avouer que la ville commençait à s'encombrer des premiers fuyards : trois hussards démontés, assis sous une porte, se partageaient un pain ; deux autres, à petits pas, menaient leurs chevaux par la bride, ignorant à quelle écurie les conduire ; des officiers couraient éperdus, sans avoir l'air de savoir où ils allaient. Sur la place Turenne, un sous-lieutenant lui conseilla de ne pas s'attarder, car des obus y tombaient fréquemment, un éclat venait même d'y briser la grille qui entourait la statue du grand capitaine, vainqueur du Palatinat. Et, en effet, comme il filait rapidement dans la rue de la Sous-Préfecture, il vit deux projectiles éclater, avec un fracas épouvantable, sur le pont de Meuse.

Il restait planté devant la loge du concierge, cherchant un prétexte pour demander et questionner un des aides de camp, lorsqu'une voix jeune l'appela.

— Monsieur Delaherche !... Entrez vite, il ne fait pas bon dehors.

C'était Rose, son ouvrière, à laquelle il ne songeait pas. Grâce à elle, toutes les portes allaient s'ouvrir. Il entra dans la loge, consentit à s'asseoir.

— Imaginez-vous que maman en est malade, elle s'est couchée. Vous voyez, il n'y a que moi, parce que papa est garde national à la citadelle... Tout à l'heure, l'empereur a voulu montrer encore qu'il était brave, et il est ressorti, il a pu aller au bout de la rue, jusqu'au pont. Un obus est même tombé devant lui, le cheval d'un de ses écuyers a été tué. Et puis, il est revenu... N'est-ce pas, que voulez-vous qu'il fasse ?

— Alors, vous savez où nous en sommes... Qu'est-ce qu'ils disent, ces messieurs ?

Elle le regarda, étonnée. Elle restait d'une fraîcheur gaie, avec ses cheveux fins, ses yeux clairs d'enfant qui s'agitait, empressée, au milieu de ces abominations, sans trop les comprendre.

— Non, je ne sais rien... Vers midi, j'ai monté une lettre pour le maréchal de Mac-Mahon. L'empereur était avec lui... Ils sont restés près d'une heure enfermés ensemble, le maréchal dans son lit, l'empereur assis contre le matelas, sur une chaise... Ça, je le sais, parce que je les ai vus, quand on a ouvert la porte.

— Alors, qu'est-ce qu'ils se disaient ?

De nouveau, elle le regarda, et elle ne put s'empêcher de rire.

— Mais je ne sais pas, comment voulez-vous que je sache ? Personne au monde ne sait ce qu'ils se sont dit.

C'était vrai, il eut un geste pour s'excuser de sa question sotte. Pourtant, l'idée de cette conversation suprême le tracassait : quel intérêt elle avait dû offrir ! à quel parti avaient-ils pu s'arrêter ?

— Maintenant, reprit Rose, l'empereur est rentré dans son cabinet, où il est en conférence avec deux généraux qui viennent d'arriver du champ de bataille...

— Tenez ! en voici un, de ces généraux... Et, tenez ! voici l'autre.

Vivement, il sortit, reconnut le général Douay et le général Ducrot, dont les chevaux attendaient. Il les regarda se remettre en selle, puis galoper. Après l'abandon du plateau d'Illy, ils étaient accourus, chacun de son côté, pour avertir l'empereur que la bataille était perdue. Ils donnaient des détails précis sur la situation, l'armée et Sedan se trouvaient dès lors enveloppés de toutes parts, le désastre allait être effroyable.

Dans son cabinet, l'empereur se promena quelques minutes en silence, de son pas vacillant de malade. Il n'y avait plus là qu'un aide de camp, debout et muet, près d'une porte. Et lui marchait toujours, de la cheminée à la fenêtre, la face ravagée, tiraillée à présent par un tic nerveux. Le dos semblait se courber davantage, comme sous l'écroulement d'un monde; tandis que l'œil mort, voilé des paupières lourdes, disait la résignation du fataliste qui avait joué et perdu contre le destin la partie dernière. Chaque fois, pourtant, qu'il revenait devant la fenêtre entr'ouverte, un tressaillement l'y arrêtait une seconde.

A une de ces stations si courtes, il eut un geste tremblant, il murmura :

— Oh ! ce canon, ce canon qu'on entend depuis ce matin !

De là, en effet, le grondement des batteries de la Marfée et de Frénois arrivait avec une violence extraordinaire. C'était un roulement de foudre dont tremblaient les vitres et les murs eux-mêmes, un fracas obstiné, incessant, exaspérant. Et il devait songer que la lutte, désormais, était sans espoir, que toute résistance devenait criminelle. A quoi bon du sang versé encore, des membres broyés, des têtes emportées, des morts toujours, ajoutés aux morts épars dans la campagne? Puisqu'on était vaincu, que c'était fini, pourquoi se massacrer davantage? Assez d'abomination et de douleur criait sous le soleil.

L'empereur, revenu devant la fenêtre, se remit à trembler, en levant les mains.

— Oh ! ce canon, ce canon qui ne cesse pas !

Peut-être la pensée terrible des responsabilités se levait-elle en lui, avec la vision des cadavres sanglants que ses fautes avaient couchés là-bas, par milliers ; et peut-être n'était-ce que l'attendrissement de son cœur pitoyable de rêveur, de bon homme hanté de songeries humanitaires. Dans cet effrayant coup du sort qui brisait et emportait sa fortune, ainsi qu'un brin de paille, il trouvait des larmes pour les autres, éperdu de la boucherie inutile qui continuait, sans force pour la supporter davantage. Maintenant, cette canonnade scélérate lui cassait la poitrine, redoublait son mal.

— Oh! ce canon, ce canon, faites-le taire tout de suite, tout de suite !

Et cet empereur qui n'avait plus de trône, ayant confié ses pouvoirs à l'impératrice-régente, ce chef d'armée qui ne commandait plus, depuis qu'il avait remis au maréchal Bazaine le commandement suprême, eut alors

un réveil de sa puissance, l'irrésistible besoin d'être le maître une dernière fois. Depuis Châlons, il s'était effacé, n'avait pas donné un ordre,
résigné à n'être qu'une inutilité sans nom et encombrante, un paquet
gênant, emporté parmi les bagages des troupes. Et il ne se réveillait
empereur que pour la défaite ; le premier, le seul ordre qu'il devait donner
encore, dans la pitié effarée de son cœur, allait être de hisser le drapeau
blanc sur la citadelle, afin de demander un armistice.

— Oh ! ce canon, ce canon !... Prenez un drap, une nappe, n'importe
quoi ! Courez vite, dites qu'on le fasse taire !

L'aide de camp se hâta de sortir, et l'empereur continua sa marche
vacillante, de la cheminée à la fenêtre, pendant que les batteries tonnaient toujours, secouant la maison entière.

En bas, Delaherche causait encore avec Rose, lorsqu'un sergent de
service accourut.

— Mademoiselle, on ne trouve plus rien, je ne puis pas mettre la main
sur une bonne... Vous n'auriez pas un linge, un morceau de linge
blanc ?

— Voulez-vous une serviette ?

— Non, non, ce n'est pas assez grand... Une moitié de drap par
exemple.

Déjà, Rose, obligeante, s'était précipitée vers l'armoire.

— C'est que je n'ai pas de drap coupé... Un grand linge blanc, non !
je ne vois rien qui fasse l'affaire... Ah ! tenez, voulez-vous une nappe ?

— Une nappe, parfait ! c'est tout à fait ça.

Et il ajouta, en s'en allant :

— On va en faire un drapeau blanc, qu'on hissera sur la citadelle,
pour demander la paix... Merci bien, mademoiselle.

Delaherche eut un sursaut de joie involontaire. Enfin on allait donc
être tranquille ! Puis, cette joie lui parut antipatriotique, il la refréna.
Mais son cœur soulagé battait quand même, et il regarda un colonel et
un capitaine, suivis du sergent, qui sortaient à pas précipités de la Sous-
Préfecture. Le colonel portait, sous le bras, la nappe roulée. Il eut l'idée
de les suivre, il quitta Rose, laquelle était très fière d'avoir fourni ce linge.
A ce moment, deux heures sonnaient.

Devant l'Hôtel de Ville, Delaherche fut bousculé par tout un flot de
soldats hagards qui descendaient du faubourg de la Cassine. Il perdit de
vue le colonel, il renonça à la curiosité d'aller voir hisser le drapeau
blanc. On ne le laisserait certainement pas entrer dans le Donjon ; et,
d'autre part, comme il entendait raconter que des obus tombaient sur le
collège, il était envahi d'une inquiétude nouvelle : peut-être bien que sa
fabrique flambait, depuis qu'il l'avait quittée. Il se précipita, repris de sa
fièvre d'agitation, se satisfaisant à courir ainsi. Mais des groupes barraient les rues, des obstacles déjà renaissaient à chaque carrefour. Rue
Maqua seulement, il eut un soupir d'aise, quand il aperçut la monumen-

tale façade de sa maison intacte, sans une fumée ni une étincelle. Il entra, il cria de loin à sa mère et à sa femme :

— Tout va bien, on hisse le drapeau blanc, on va cesser le feu !

Puis, il s'arrêta, car l'aspect de l'ambulance était vraiment effroyable. Dans le vaste séchoir, dont on laissait la grande porte ouverte, non seulement tous les matelas étaient occupés, mais il ne restait même plus de place sur la litière étalée au bout de la salle. On commençait à mettre de la paille entre les lits, on serrait les blessés les uns contre les autres. Déjà, on en comptait près de deux cents, et il en arrivait toujours. Les larges fenêtres éclairaient d'une clarté blanche toute cette souffrance humaine entassée. Parfois, à un mouvement trop brusque, un cri involontaire s'élevait. Des râles d'agonie passaient dans l'air moite. Tout au fond, une plainte douce, presque chantante, ne cessait pas. Et le silence se faisait plus profond, une sorte de stupeur résignée, le morne accablement d'une chambre de mort, que coupaient seuls les pas et les chuchotements des infirmiers. Les blessures, pansées à la hâte sur le champ de bataille, quelques-unes même demeurées à vif, étalaient leur détresse, entre les lambeaux des capotes et des pantalons déchirés. Des pieds s'allongeaient, chaussés encore, broyés et saignants. Des genoux et des coudes, comme rompus à coups de marteau, laissaient pendre des membres inertes. Il y avait des mains cassées, des doigts qui tombaient, retenus à peine par un fil de peau. Les jambes et les bras fracturés semblaient les plus nombreux, raidis de douleur, d'une pesanteur de plomb. Mais, surtout, les inquiétantes blessures étaient celles qui avaient troué le ventre, la poitrine ou la tête. Des flancs saignaient par des déchirures affreuses, des nœuds d'entrailles s'étaient faits sous la peau soulevée, des reins entamés, hachés, tordaient les attitudes en des contorsions frénétiques. De part en part, des poumons étaient traversés, les uns d'un trou si mince, qu'il ne saignait pas, les autres d'une fente béante d'où la vie coulait en un flot rouge ; et les hémorragies internes, celles qu'on ne voyait point, foudroyaient les hommes, tout d'un coup délirants et noirs. Enfin, les têtes avaient souffert plus encore : mâchoires fracassées, bouillie sanglante des dents et de la langue ; orbites défoncées, l'œil à moitié sorti ; crânes ouverts, laissant voir la cervelle. Tous ceux dont les balles avaient touché la moelle ou le cerveau, étaient comme des cadavres, dans l'anéantissement du coma ; tandis que les autres, les fracturés, les fiévreux, s'agitaient, demandaient à boire, d'une voix basse et suppliante.

Puis, à côté, sous le hangar où l'on opérait, c'était une autre horreur. Dans cette première bousculade, on ne procédait qu'aux opérations urgentes, celles que nécessitait l'état désespéré des blessés. Toute crainte d'hémorragie décidait Bouroche à l'amputation immédiate. De même, il n'attendait pas pour chercher les projectiles au fond des plaies et les enlever, s'ils s'étaient logés dans quelque zone dangereuse, la base du cou, la région de l'aisselle, la racine de la cuisse, le pli du coude ou le jarret. Les autres blessures, qu'il préférait laisser en observation, étaient simplement pansées par les infirmiers, sur ses conseils. Déjà, il avait fait pour sa part quatre amputations, en les espaçant, en se donnant le repos d'extraire quelques balles entre les opérations graves ; et il commençait à se fatiguer. Il n'y avait que deux tables, la sienne et une autre, où travaillait un de ses aides. On venait de tendre un drap entre les deux, afin que les opérés ne pussent se voir. Et l'on avait beau les laver à l'éponge, les· tables restaient rouges; tandis que les seaux qu'on allait jeter à quelques pas, sur une corbeille de marguerites, ces seaux dont un verre de sang suffisait à rougir l'eau claire, semblaient être des seaux de sang pur, des volées de sang noyant les fleurs de la pelouse. Bien que l'air entrât librement, une nausée montait de ces tables, de ces linges, de ces trousses, dans l'odeur fade du chloroforme.

. Pitoyable en somme, Delaherche frémissait de compassion, lorsque l'entrée d'un landau, sous le porche, l'intéressa. On n'avait plus trouvé sans doute que cette voiture de maître, et l'on y avait entassé des blessés. Ils y tenaient huit, les uns sur les autres. Le fabricant eut un cri de surprise terrifiée, en reconnaissant, dans le dernier qu'on descendit, le capitaine Beaudoin.

— Oh ! mon pauvre ami !... Attendez ! je vais appeler ma mère et ma femme.

Elles accoururent, laissant le soin de rouler des bandes à deux servantes. Les infirmiers qui avaient saisi le capitaine, l'emportaient dans la salle ;. et ils allaient le coucher en travers d'un tas de paille, lorsque Delaherche aperçut, sur un matelas, un soldat qui ne bougeait plus, la face terreuse, les yeux ouverts.

— Dites-donc, mais il est mort, celui-là !

— Tiens ! c'est vrai, murmura un infirmier. Pas la peine qu'il encombre !

Lui et un camarade prirent le corps, l'emportèrent au charnier qu'on avait établi derrière les cytises. Une douzaine de morts, déjà, s'y trouvaient rangés, raidis dans le dernier râle, les uns les pieds étirés, comme allongés par la souffrance, les autres déjetés, tordus en des postures atroces. Il y en avait qui ricanaient, les yeux blancs, les dents à nu sous les lèvres retroussées, tandis que plusieurs, la figure longue, affreusement triste, pleuraient encore de grosses larmes. Un, très jeune, petit et maigre, la tête à moitié emportée, serrait sur son cœur, de ses deux mains convulsives, une photographie de femme, une de ces pâles photographies de faubourg, éclaboussée de sang. Et, aux pieds des morts, pêle-mêle, des jambes et des bras coupés s'entassaient aussi, tout ce qu'on rognait, tout ce qu'on abattait sur les tables d'opération, le coup de balai de la boutique d'un boucher, poussant dans un coin les déchets, la chair et les os.

Devant le capitaine Beaudoin, Gilberte avait frémi. Mon Dieu ! qu'il

était pâle, couché sur ce matelas, la face toute blanche sous la saleté qui
la souillait! Et la pensée que, quelques heures auparavant, il l'avait
tenue entre ses bras, plein de vie et sentant bon, la glaçait d'effroi. Elle
s'était agenouillée.

— Quel malheur, mon ami! Mais ce n'est rien, n'est-ce pas?

Et, machinalement, elle avait tiré son mouchoir, elle lui en essuyait
la figure, ne pouvant le tolérer ainsi, sali de sueur, de terre et de poudre.
Il lui semblait qu'elle le soulageait, en le nettoyant un peu.

— N'est-ce pas? ce n'est rien, ce n'est que votre jambe.

Le capitaine, dans une sorte de somnolence, ouvrait les yeux péniblement. Il avait reconnu ses amis, il s'efforçait de leur sourire.

— Oui, la jambe seulement... Je n'ai pas même senti le coup, j'ai cru
que je faisais un faux pas et que je tombais...

Mais il parlait avec difficulté.

— Oh! j'ai soif, j'ai soif!

Alors, madame Delaherche, penchée à l'autre bord du matelas, s'em-
pressa. Elle courut chercher un verre et une carafe d'eau, dans laquelle
on avait versé un peu de cognac. Et, lorsque le capitaine eut vidé le verre
avidement, elle dut partager le reste de la carafe aux blessés voisins :
toutes les mains se tendaient, des voix ardentes la suppliaient. Un zouave,
qui ne put en avoir, sanglota.

Delaherche, cependant, tâchait de parler au major, afin d'obtenir,
pour le capitaine, un tour de faveur. Bouroche venait d'entrer dans la
salle, avec son tablier sanglant, sa large face en sueur, que sa crinière
léonine semblait incendier ; et, sur son passage, les hommes se soulevaient, voulaient l'arrêter, chacun brûlant de passer tout de suite, d'être
secouru et de savoir : « A moi, monsieur le major, à moi! » Des balbutie-
ments de prière le suivaient, des doigts tâtonnants effleuraient ses vêtements. Mais lui, tout à son affaire, soufflant de lassitude, organisait son
travail, sans écouter personne. Il se parlait à voix haute, il les comptait
du doigt, leur donnait des numéros, les classait : celui-ci, celui-là, puis
cet autre ; un, deux, trois ; une mâchoire, un bras, une cuisse ; tandis
que l'aide qui l'accompagnait, tendait l'oreille, pour tâcher de se souvenir.

— Monsieur le major, dit Delaherche, il y a là un capitaine, le capitaine
Beaudoin...

Bouroche l'interrompit.

— Comment, Beaudoin est ici!... Ah! le pauvre bougre!

Il alla se planter devant le blessé. Mais, d'un coup d'œil, il dut voir
la gravité du cas, car il reprit aussitôt, sans même se baisser pour examiner la jambe atteinte :

— Bon! on va me l'apporter tout de suite, dès que j'aurai fait l'opération qu'on prépare.

Et il retourna sous le hangar, suivi par Delaherche, qui ne voulait
pas le lâcher, de crainte qu'il n'oubliât sa promesse.

Cette fois, il s'agissait de la désarticulation d'une épaule, d'après la méthode de Lisfranc, ce que les chirurgiens appelaient une jolie opération, quelque chose d'élégant et de prompt, en tout quarante secondes à peine. Déjà, on chloroformait le patient, pendant qu'un aide lui saisissait l'épaule à deux mains, les quatre doigts sous l'aisselle, le pouce en dessus. Alors, Bouroche, armé du grand couteau long, après avoir crié : « Asseyez-le ! » empoigna le deltoïde, transperça le bras, trancha le muscle ; puis, revenant en arrière, il détacha la jointure d'un seul coup ; et le bras était tombé, abattu en trois mouvements. L'aide avait fait glisser ses pouces, pour boucher l'artère humorale. « Recouchez-le ! » Bouroche eut un rire involontaire en procédant à la ligature, car il n'avait mis que trente-cinq secondes. Il ne restait plus qu'à rabattre le lambeau de chair sur la plaie, ainsi qu'une épaulette à plat. Cela était joli, à cause du danger, un homme pouvant se vider de tout son sang en trois minutes par l'artère humorale, sans compter qu'il y a péril de mort, chaque fois qu'on assoit un blessé, sous l'action du chloroforme.

Delaherche, glacé, aurait voulu fuir. Mais il n'en eut pas le temps, le bras était déjà sur la table. Le soldat amputé, une recrue, un paysan solide, qui sortait de sa torpeur, aperçut ce bras qu'un infirmier emportait, derrière les cytises. Il regarda vivement son épaule, la vit tranchée et saignante. Et il se fâcha, furieux.

— Ah ! nom de Dieu ! c'est bête, ce que vous avez fait là !

Bouroche, exténué, ne répondait point. Puis, l'air brave homme :

— J'ai fait pour le mieux, je ne voulais pas que tu claques, mon garçon... D'ailleurs, je t'ai consulté, tu m'as dit oui.

— J'ai dit oui, j'ai dit oui ! est-ce que je savais, moi !

Et sa colère tomba, il se mit à pleurer à chaudes larmes.

— Qu'est-ce que vous voulez que je foute, maintenant ?

On le remporta sur la paille, on lava violemment la toile cirée et la table ; et les seaux d'eau rouge qu'on jeta de nouveau, à la volée, au travers de la pelouse, ensanglantèrent la corbeille blanche de marguerites.

Mais Delaherche s'étonnait d'entendre toujours le canon. Pourquoi donc ne se taisait-il pas ? La nappe de Rose, maintenant, devait être hissée sur la citadelle. Et on aurait dit, au contraire, que le tir des batteries prussiennes augmentait d'intensité. C'était un vacarme à ne pas s'entendre, un ébranlement secouant les moins nerveux de la tête aux pieds, dans une angoisse croissante. Cela ne devait guère être bon, pour les opérateurs et pour les opérés, ces secousses qui vous arrachaient le cœur. L'ambulance entière en était bousculée, enfiévrée, jusqu'à l'exaspération.

— C'était fini, qu'ont-ils donc à continuer ? s'écria Delaherche, qui prêtait anxieusement l'oreille, croyant à chaque seconde entendre le dernier coup.